本书系中央党校创新工程"马克思主义史观与中国道路"资助成果

王学斌 著

清季民初的北学研究

——基于谱系建构与学风交融视角

QINGJI MINCHU DE BEIXUE YANJIU

JIYU PUXI JIANGOU YU XUEFENG JIAORONG SHIJIAO

人民出版社

序

在中国学术的演进历程中，历来存在以地域之名来命名学术的现象，如"齐学""鲁学""湘学""蜀学""岭学"等，这些地域性的学术各有特色，发展状况多姿多彩，历史进程波澜起伏，是学术史的重要研究对象。近年来，由于区域文化研究的兴盛和学术史研究的愈益深入，这些地域性的学术颇为学界关注，特别是本地学者出于对地方性知识的热爱与弘扬，已出版和发表了很多相关论著，不仅极大丰富了地域学术史、文化史的研究，而且对于整个中国学术史研究体系的健全和深化，也发挥了重要作用。但就全国整体状况而言，研究并不平衡，与这些相对显赫的地域学术相比，有些地域具有特色的学术现象及其发展史尚未受到很多关注，"北学"即是如此。可喜的是，王学斌所著《清季民初的北学研究》一书的问世，将大大扭转这一局面。

何谓"北学"，学术界有不同的看法和界定，大体有三种含义：第一种含义指南北朝时期北朝的经学；第二种含义泛指北方学术；第三种含义则是特指以河北地区为核心的北方之学。《清季民初的北学研究》所言之"北学"，是在第三种含义上使用，专就今河北地区为核心的北方之学的演进历程，选取清季民初这一重要历史时段展开探讨。作者认为，北学具有三种学术特质，即学术精神上崇尚慷慨节义、学术风格上强调简朴厚重、学术宗旨上追求经世致用，这样一种学问渊源于荀子，历经汉、唐、宋、元的经学、理学流变，在明末清初发展到一个高峰，之后沉寂百余年，于清季民初之时呈现复兴之态势。引发这股北学重振潮流的学术中心，是晚清著名的莲池书院。启其端绪者乃时任直隶总督的一代名臣曾国藩，进入民国后，显宦徐世昌又接续起复兴北学的重任。在清季民初的时代变局中，中西学术的交融碰撞，使得中国学术格局发生了前所未有的巨变，面貌一新，北学也不例外。以变局中的北学为研究对象，在以往大家所熟知的古代儒学脉络外，呈现一个不同于古典时代的融汇中西学术的北学，其意义之重大，是不言而喻的。

在具体论述上，该书作者采用谱系建构和实际运行相结合的研究视角，一方面通过对《北学编》《续北学编》《大清畿辅先哲传》等著述的研究，探讨北学谱系是如何一步步被北学中人建构起来的；另一方面通过对曾国藩倡导北学新风、李鸿章大兴直隶文教、莲池书院之建设等方面的论述，辅之以王灏与《畿辅丛书》的编纂、黄彭年与莲池书院的学风转移、张裕钊与莲池文派之兴起、吴汝纶与直隶学术共同体的建设、贾恩绂与《定武学记》等个案，在实际运行层面上系统梳理了清季民初北学复兴的历史史实。这样的叙述策略，体现了自我和他者的双重认同，且既有纵向的学术梳理，又有横向的思想阐释，特别是在做思想阐释时，注重引入政治运作、社会回应等视角，突出学术与政治的纠葛和互动，以此来深入研讨直隶地区所独有的学术与政治文化特色。从全书的实际情况看，应该说基本达到了作者的预设目标。

总体而言，作为学界首部全面探讨清季民初北学问题的学术专著，该书可谓是对学术研究薄弱环节的重要弥补，创新性强，而且内容充实，个案鲜明，说理充分，叙述得当。不过尽管如此，瑕不掩瑜，该书的个别论述还是有再讨论的空间的，如清季民初的北学是一特有的学术现象，还是属于一个学派的学问，书中的论述就稍显模糊，相信作者一定会在未来的研究中予以补充完善。

是为序。

李帆

2019 年 9 月 20 日于北京师范大学历史学院

自　序

钱穆先生曾在《政学私言》一书中如此论述古代中国政学关系：

> "学治"之精义，在能以学术指导政治，运用政治，以达学术之所蕲向。为求跻此，故学术必先独立于政治之外，不受政治之干预与支配。学术有自由，而后政治有向导。学术者，乃政治之灵魂而非其工具，惟其如此，乃有当于学治之精义。①

学术与政治，既要融洽配合，又当各尽厥职，此原则自然是古代士大夫看待政学关系的理想状态。亦正是秉持此理念，历代学人开山建派、著书立说，以期凭己之学问规范与影响政治。学人来自五湖四海，是故学派亦出自四面八方。数千

---

① 钱穆：《道统与治统》，《政学私言》，九州出版社 2011 年版，第 81 页。

载来，以儒家学说为圭臬，以地域为指代，中国产生了诸多学派，如关学、洛学、闽学、湘学、蜀学、浙学、岭南学派等，北学乃其中渊源甚久且专注淑世的一支。从战国时的荀况、西汉时的董仲舒，到明末的孙奇逢、清初的颜李，无不是追求经世致用，力求改变学风、世风乃至政风，形成了颇具地域特色与学术品质的流派。

然而步入近代，在古今中西融会的大变局中，诸多地域学术流派争奇斗艳，作为北学大本营的直隶，却显得相对寂寥。与此相对，彼时不少具有深厚学养的直隶籍显宦如李鸿藻、张之洞、张佩纶、徐世昌等人借助北学资源预闻政坛，颇能体现区域学术的特征。如此的政学纠葛与反差，以及所形成的独特政治文化现象，尚需学界进一步详加探讨。

自 2008 年开始，笔者开始关注直隶学术这一课题，由研究颜李学派的学术主张、到考察该学派在近代的兴衰境遇，直至逐渐扩大到清季民初的北学，十一年间，先后出版了《颜李学在晚清民国的复兴与命运》（台湾花木兰文化出版社 2013 年版）、《颜李学的近代境遇》（商务印书馆 2017 年版）两部专著。

随着研究方向的不断深入，研究视野的不断拓展，笔者深感近代直隶地区学术与政治之间纠葛与互动问题，值得深入挖掘。以颜李学的近代复兴为例，进入民国，颜李学的发展轨迹变得颇为复杂。出于复兴北学、抵御新文化和加强意识形态控制之需，显宦徐世昌等为代表的政学群体于民初极力推崇颜李学。通过一系列的政治运作，徐世昌将颜元、李塨二人塑造为国家学术偶像，享受从祀孔庙之厚遇。同时，徐又通过设立四存学会、创办《四存月刊》、开办四存中学等措施，强化颜李学对社会的影响。当然，徐世昌的如上活动，自然是逆时代潮流之举，不过客观上也促使更多的学者来关注和研治颜李学。要之，政治与学术的复杂交织是彼时期颜李学发展的一大特色。颜李学是北学重要一支，以局部而窥整体，可知将学术视阈延展到清季民初的北学，这当是探讨空间颇大的课题。

限于学养，笔者对该问题的研究定是多有瑕疵与不见。唯愿为该领域积一跬步，为后来者千里之行贡献微薄绵力。

王学斌

识于京西沧浪云书斋

2019 年 7 月 30 日

目　录

绪 论

一、北学涵义、特质、流变与复兴

（一）何为"北学"？

一代有一代之学术，一地自当有一地之学术。揆诸学界，历来存在以地域之别来命名、划分学术流派的传统，如称山东之学为"齐学""鲁学"，湖南之学为"湘学"，四川之学为"蜀学"，广东之学为"岭学"。甚至更为细致的划分则具体到一府一州之学，张舜徽先生在论及清代学术时曾言：

> 余尝考论清代学术，以为吴学最专，徽学最精，扬州之学最通。无吴、皖之专精，则清学不能盛；无扬州之通学，则清学不能大。①

---

① 张舜徽：《清代扬州学记、顾亭林学记》，华中师范大学出版社2005年版，第6页。

吴学即惠氏之学，徽学又称皖学，即以戴震为代表的汉学流派，扬州之学则以阮元为魁首。由此可见，以地域命名学派在学界非常流行，几成通例。但"北学"这一概念却不仅指河北一地学术。综观中国学术史，作为学术范畴的"北学"一词，最早出现于史籍当是在唐初编纂的《隋书·儒林传》中："大抵南人约简，得其英华；北学深芜，穷其枝叶。"[1] 这可视为北学的第一种含义，即指南北朝时期北朝的经学。如皮锡瑞在论述南北朝经学分立情形时，就写道"自刘、石十六国并入北魏，与南朝对立，为南北朝分立时代；而其时说经者亦有'南学'、'北学'之分"[2]，"北学反胜于南者，由于北人俗尚朴纯，未染清言之风，浮华之习，故能专宗郑、服，不为伪孔、王、杜所惑。此北学所以纯正胜南也"[3]。与之对应，南朝的经学则称南学。故钱穆曾论道："北人守旧，犹重朴学，理晚汉之坠绪。南人趋新，多尚清谈，有两晋之遗风。"[4] 易言之，北朝经学继承汉代传统，特别是郑玄之学，注重章句训诂，排斥玄学清谈；南朝经学则受到魏晋新学风的影响，注重义理，这是南北学风最显著的差异。北学的第二种含义泛指北方学术。从传统意义上讲，北方学术包括河北、河南、山西、山东、陕西等中

---

① 《隋书》卷七十五《儒林传》，中华书局 1973 年版，第 1706 页。
② 皮锡瑞：《经学历史》，中华书局 2008 年版，第 170 页。
③ 皮锡瑞：《经学历史》，中华书局 2008 年版，第 182 页。
④ 钱穆：《国学概论》，商务印书馆 1997 年版，第 169 页。

原地区的思想文化，内容涵盖诸子学、经学、理学、文学、佛学、道教、书法、美术、音乐、工艺等诸多学科。刘师培就从地域角度断定学分南北，"三代之时，学术兴于北方，而大江以南无学；魏晋以后，南方之地学术日昌，致北方学者反瞠乎其后。……就近代之学术观之，则北逊于南；而就古代之学术观之，则南逊于北。盖北方之地乃学术发源之区也"[①]。并从诸子学、经学、理学、考证学、文学诸领域对南北学术之差异进行比较。若从地理位置角度考察，即存在一个历史上"北"与"燕赵"的指代问题。"北"指北方，"燕赵"明清以来则专指河北省。不同的历史时期，"南北"的含义不尽相同。魏晋时期及以前，多以黄河划分南北；南北朝隋唐至明清前，多以秦岭、淮河为界划分南北；明清以来，多以长江划分南北。于传统的北方主流文化中，中州文化曾经属于"南"，三秦文化一定程度上属于"西"，齐鲁文化一定程度上属于"东"，唯独"燕赵"始终保持在"北"的核心位置。自古以来，河北省的南部是以黄河划界的，其地域包括今河南省和山东省黄河以北的地界，是名副其实的河北。因此，陕西、山西、河南、河北、山东，唯河北堪称"北"。北学的第三种含义，则是特指以河北地区为核心的北方之学。清初孙奇逢命弟子魏一鳌和

---

① 刘师培：《南北学派不同论》，《刘师培全集》第一册，中央党校出版社 1997 年版，第 546 页。

汤斌分别辑录《北学编》和《洛学编》①，后来尹会一接续前贤，补撰《续北学编》和《续洛学编》，可见在他们看来，河北之学与河南之学互有差异，不可混淆。同时，孙、尹等人的字里行间，透露出鲜明的地域文化意识。如孙奇逢就指出："余谓学术之废兴系世运之升降，前有创而后有承，人杰地灵，相需甚殷，亦后学之大幸也。居其乡，居其国，而不能尽友乡国之善，士何能进而友天下、友千古哉？"② 将传承与扬播本土学术视为己任。尹会一认为总结北学有助于学术整体繁荣，故"余续订是编，在北言北，亦犹之乎在洛言洛，在关言关耳。至于学无南北，惟道是趋，五事五伦，昭如大路。学者读是书而兴起，拔乎俗而不为，苟同志于道而不为，苟异千里百里犹若比肩而立者，孔曾思孟道而还，濂洛关闽其揆一也，畴得而歧之，视此为北方之学也哉"③。因而他们所言之"北"即河北地区，所倡扬之"北学"亦即河北一域的学术。

本书所讲之"北学"，取自第三种含义，即特指以今河北地区为核心的北方之学。

---

① 在孙奇逢之前，明儒冯从吾已辑有《关学编》，对陕西一地的学术进行了梳理、检讨。

② 孙奇逢：《〈北学编〉序》，《孙奇逢集》中册，中州古籍出版社 2003 年版，第 624 页。

③ 尹会一：《〈续北学编〉序》，《北学编》，莲池书院藏本，同治七年（1868）重刊。

（二）学术特质

"北学"能独成一派，自然有其与众不同的学术特质。古今学人对北学的诸种特色多有谈及，其中以刘师培的说法最具代表性。在《幽蓟颜门学案序》中，刘把北学特质言简意赅地归纳为：

> 燕赵之地，古称多感慨悲歌之士，读高达夫《燕歌行》，振武之风自昔已著。又地土境瘠，民风重厚而朴质，故士之产其间者，率治趋实之学，与南学浮华无根者迥殊。①

虽短短一句，刘氏已由表及里将北学的三种特质道尽无遗。

第一，北学在学术精神上崇尚慷慨节义。自古燕赵多慷慨悲歌之士，他们前后相因，代不乏人。东汉卢植不畏董卓之淫威，对其篡权行径大加驳斥，魏一鳌慕卢之高风行义，赞其"不肯随董卓废立，方是读书人"②。有明一代，河北仗节死义者更是层出不穷。杨继盛弹劾奸臣严嵩，备受迫害，堪为北人燕赵精神的集中体现，无怪乎孙奇逢认为"明代忠臣多矣！

———

① 刘师培：《幽蓟颜门学案序》，《刘师培全集》第三册，中央党校出版社1997年版，第562页。
② 魏一鳌：《卢子幹先生》，《北学编》，莲池书院藏本，同治七年（1868）重刊。

如公之轰烈惊天动地者，实为第一"①！时至明末，魏忠贤暴虐横行，东林党人深受其害，河北孙奇逢、鹿正、张果中冒死营救左光斗、杨涟等义士，被时人誉为"范阳三烈士"。而孙奇逢也因之成为北学后辈眼中的正气楷模，"吾乡尚气节而蹈道为难，先生周旋左魏诸公之难，一似慷慨之为，而卒远于祸。观其在白沟邂逅浮邱，语□□，心气和平，虽缇骑环伺，莫能乘其隙，盖心泰而诚，至物自无忤焉。然则先生之养可知矣"②。这种精神渗透于学术研究中，便体现为一种崇尚节义的风貌。如孙奇逢在《理学宗传》义例中就强调节义之重要，"是编有素推节义者。盖节义与侠气不同，学问须除侠气，而不能不本之节义。第有所以处死之道，而不外乎天，则非可与徒慕其名，而轻蹈白刃者比"③。其后孙氏辑录《畿辅人物考》，更单独安排义节一卷，来表彰河北慷慨忠烈，他于卷首特意对"义节"加以阐发：

> 义节者，孔孟所谓杀身成仁、舍生取义者也。从古圣贤豪杰，际明良之盛，庆鱼水之欢，亦何乐乎？以节义

① 孙奇逢：《畿辅人物考》，《孙奇逢集》中册，中州古籍出版社2003年版，第352页。
② 尹会一：《孙征君先生》，《续北学编》，莲池书院藏本，同治七年（1868）重刊。
③ 孙奇逢：《理学宗传》，《孙奇逢集》上册，中州古籍出版社2003年版，第623页。

见。以节义见，则世道之不幸，亦士君子之不幸也。愿陛下使我为良臣，不愿陛下使我为忠臣。身名俱泰，皋夔蛟龙，比何如哉？吾乡节义杨忠愍，震耀今昔，前乎忠愍者若而人，后乎忠愍者若而人，死之事不必同，要同归于义。义所不可而强袭节烈之名，无关君国之实，此匹夫轻生者流，不足录也。①

此可谓对北学之慷慨节义精神的最佳注脚②。

　　第二，北学在学术风格上强调简朴厚重。这种学术风格的形成，与河北一地的自然环境、民众风俗息息相关。梁启超在《论中国学术思想变迁之大势》中曾对此有过经典总结：

　　　　北地苦寒硗瘠，谋生不易，其民族销磨精神日力，以奔走衣食，维持社会，犹恐不给，无余裕以驰骛于玄妙之哲理。故其学术思想常务实际，切人事，贵力行，重经验，而修身齐家治国利群之道术最发达焉。惟然，故重家族，以族长制度为政治之本，敬老年，尊先祖，随而崇古

────────────────

　　①　孙奇逢：《畿辅人物考》，《孙奇逢集》中册，中州古籍出版社2003年版，第342页。
　　②　尹会一在《续北学编》中，亦秉承了这种对节义精神的重视，并于《凡例》中写道："敦行为正学督脉，故兹编所载，重在事实，间取著述之多者，亦必生平节行，无甚可议。若言虽多名虽盛，而出处大节，未免有亏，则不敢随声滥入，致遗诟病。"

之念重，保守之情深，排外之力强。则古昔，称先王；内
其国，外夷狄；重礼文，系亲爱；守法律，畏天命：此北
学之精神也。①

恶劣的自然条件促使北方民众趋于务实，日久形成质朴的民
风，而在此环境与民风的熏染下，河北学者自然陶铸出追求简
朴厚重，不喜求异求新的学术风格。并且此风格一旦形成，便
于河北一地流衍不绝。刘师培在表述南北朝时期经学大貌时，
就曾评论道："北儒学崇实际，喜以训诂章句说经，……盖北
方大儒，抱残守缺，不尚空言，耻谈新理"。② 当然刘氏所指
并不限于河北一域，但这确也体现出该地的学术风格。清初颜
元崛起于河北，其学力追三代，向原始儒学复归，其言其行无
不散发出北学所独有的厚朴特色。如在政治制度上，颜元主张
恢复封建，再设井田，重开征辟；在治学上他要求士人勿耽于
文墨，"人之岁月精神有限，诵说中度一日，便习行中错一日，
纸墨上多一分，便身世上少一分"③。而去精研"六府、三事、
三物"之学。为了让弟子拿出更多时间精力于习行上面，颜元

---

① 梁启超：《论中国学术思想变迁之大势》，《饮冰室合集》文集之七，
中华书局 1989 年版，第 18 页。
② 刘师培：《南北学派不同论》，《刘师培全集》第一册，中央党校出
版社 1997 年版，第 547 页。
③ 颜元著，王星贤、张芥尘、郭征点校：《总论诸儒讲学》，《存学编》
卷一，《颜元集》（上），中华书局 1987 年版，第 42 页。

甚至力诋诗、文、棋、画，将四者斥为"乾坤四蠹"①，体现出轻视艺术的倾向。当然，颜元的某些做法不免偏激、迂腐，但总体而言其学术恰是北学简朴厚重的代表。

第三，北学在学术宗旨上追求经世致用。注重经世致用是北学当中最为核心的特质。虽然经世致用历来被公认为中国学术的普遍特征，但北学的经世致用传统与诸种南方之学相比，还是具有明显的地域色彩。不妨以湘学为例，与北学做一比较。湘学虽亦以注重经世致用而闻名于世，但其经世传统是基于浓厚的理学氛围之下，走的是以理学经世、由内圣到外王的路径。正如杨念群对近代湖南知识群体之剖析所言：

> 近代湖湘士子深受朱熹、张栻等地域化儒学大师"居敬穷理"话语规则的控驭，常常把外界的变动作为内心探寻的外在对象和前提。明末清初思想家王夫之更是打通传统概念中的"理""势"关系，从而把形而上学的"理"诠释为可以把握的客体认知目标。湖湘儒生总是对外界社会政治的变动十分敏感，并有一种把内在感知对象化于政治客体的强烈欲望。受助于这种"政治思想"与话语形构规则，湖湘士子虽然崛起于内地，却首先在行动上对西方

---

① 颜元著，王星贤、张芥尘、郭征点校：《颜习斋先生年谱》卷下，《颜元集》（下），中华书局1987年版，第766页。

坚船利炮的物质器技层面作出反应。[①]

作为湘学经世传统的近代杰出代表，曾国藩治学以理学为宗，且不废他家，“为学之术有四：曰义理，曰考据，曰辞章，曰经济。义理者，在孔门为德行之科，今世目为宋学者也。考据者，在孔门为文学之科，今世目为汉学者也。辞章者，在孔门为言语之科，从古艺文及今世制义诗赋皆是也。经济者，在孔门为政事之科，前代典礼、政书及当世掌故皆是也。人之才智，上哲少而中下多；有生又不过数十寒暑，势不能求此四术遍现而尽取之。是以君子贵慎其所择，而充其所急。择其切于吾身心不可造次离者，则莫急于义理之学……苟通义理之学，而经济该乎其中矣”[②]。可见他借整合理学与经世之学，既强调了理学的事功内涵，又使经世之学不脱义理之底色。道德为本，经济为用，这便是湘学经世传统的近代形态。

与湘学颇为异趣的是，北学历来不甚重视内圣方面的修养之功，而是直奔外王主题、经世主旨，其实用性的色彩极为鲜明。被尹会一誉为“北地儒宗”[③]的董仲舒，便以荀子的现实主

① 杨念群：《儒学地域化的近代形态——三大知识群体互动的比较研究》，生活·读书·新知三联书店1997年版，第85页。

② 曾国藩：《劝学篇示直隶士子》，《曾国藩全集·诗文》，岳麓书社2011年版，第486—487页。

③ 尹会一：《董江都先生》，《续北学编》，莲池书院藏本，同治七年（1868）重刊。

义和实用主义作为其思想资源，敏锐把握西汉政治之脉动，将儒家学说改造成为现实政治服务的官方哲学。而后世北学传人亦多如此。如孙奇逢便强调儒生积极入世，注重践履外王之学，"吾儒以经世为业，可以兼二氏之长；二氏以出世为心，自不能合并吾儒为用"①。"学问之事，要得趣于日用饮食，而有裨于纲常名教"②。在孙氏看来，即使是理学亦应当突出其社会功用，士人们当"以天下为己任，区区辞章记诵，腐儒而不适于用者也。孔子志在东周，孟子志在天下，此是孔孟之学术"③。最终，内圣之学与外王之学相融为一，互为奥援，"学术之兴废，系世运之升降，前有创而后有取，人杰地灵，相需甚殷，亦后学之大幸也"④。"内圣之学，舍三纲五常无学术，外王之道，舍三纲五常无道术"⑤。此外，孙奇逢还将经世实践的范围扩展到"三礼学"领域，"以其对古礼的践履，揭开了清代复兴礼学的序幕"⑥。继孙奇逢

---

①　孙奇逢：《夏峰先生集》，《孙奇逢集》中册，中州古籍出版社2003年版，第283页。

②　孙奇逢：《日谱》卷八，《孙奇逢集》下册，中州古籍出版社2003年版，第288页。

③　孙奇逢：《夏峰先生集》，《孙奇逢集》中册，中州古籍出版社2003年版，第120页。

④　孙奇逢：《夏峰先生集》，《孙奇逢集》中册，中州古籍出版社2003年版，第120页。

⑤　孙奇逢：《日谱》卷十四，《孙奇逢集》下册，中州古籍出版社2003年版，第594页。

⑥　林存阳：《清初三礼学》，社会科学文献出版社2002年版，第92页。

而起的颜李学派，其实践特征更加明显。这从其强调六艺之学的言论中可见一斑：

> 孔门习行礼、乐、射、御之学，健人筋骨，和人血气，调人性情，长人仁义。一时学行，受一时之福；一日习行，受一日之福；一人体之，锡福一人；一家体之，锡福一家；一国、天下皆然。小之却一身之疾，大之措民物之安，为其动生阳和，不积痰郁气，安内悍外也。①

用之于个人，则强健体魄、陶冶性情；用之于社会，则可收齐家治国平天下之效，这种学即所用，用即所学的主张恰恰折射出北学经世致用的主旨，难怪梁启超把颜李学称之为"实践实用主义"。可以说，正是夏峰学派和颜李学派于明末清初的学术实践，使得北学之经世特质愈发彰著，"时北方学者有孙夏峰、李二曲，夏峰讲学百泉，持朱陆之平，不废阳明之说，从其学者多躬行实践之士，……至颜李巨儒以实学为天下倡，而幽豫之士无复以空言相尚矣"②。

除却以上三种特质，河北社会科学院的梁世和先生认为北

---

① 颜元著，王星贤、张芥尘、郭征点校：《刁过之》第十九，《颜习斋先生言行录》卷下，《颜元集》（下），中华书局1987年版，第693页。

② 刘师培：《南北学派不同论》，《刘师培全集》第一册，中央党校出版社1997年版，第551页。

学在治学方法上有兼收并蓄的特点①。不过就笔者愚见，任何地域之学都是在综合多种学术流派学说的基础之上，先因后创，最终定型。故兼收并蓄实乃地域学术形成过程中的必经阶段，将之归为北学特质，略显牵强。

（三）千年流变

目前公认的北学开山鼻祖当为荀子。荀子学说在先秦诸子中最具实用和综合精神，它"奠定了北学的基础，规范了北学的发展方向，确立了北学的基本特征"②。其对外王之学的追求也成为留给北学后人的精神遗产。荀卿之后，董仲舒扛起扬播北学之大旗，秉承荀子精神，研治《春秋公羊学》，积极为现实政治提供理论支持，其"《贤良三策》实能见道之大原，而深契乎内圣外王之学，其告君必以尧舜而求其端于天，推其本于正心，尽其事于设诚，致行举其要于择吏养贤立教，更化久为艺林所传诵，故不具载，考其生平，可谓知仁谊重礼节，安处善乐循理矣。盖孔孟后继承道统之人，匪直北地儒宗也"③。

钱穆曾言："论一时代之学术者，首贵乎明其思想主潮之

---

①　梁世和：《北学与燕赵文化》，《河北学刊》2004 年第 4 期。

②　梁世和：《北学与燕赵文化》，《河北学刊》2004 年第 4 期。

③　尹会一：《董江都先生》，《续北学编》，莲池书院藏本，同治七年（1868）重刊。

所在"①，两汉至南北朝时期，儒学进入经学时代，北学之主流亦乃是学。一时间，燕赵间经学硕儒层出不穷。东汉末年卢植"名著海内，学为儒宗，士之楷模，国之桢干也"②。魏晋南北朝时期，"时天下承平，学业大盛。故燕齐赵魏之间，横经著录，不可胜数"③。中山有张吾贵，武邑有刘兰，博陵有刘献之，阜城有熊安生，熊之弟子刘焯、刘炫更是青出于蓝，"拔萃出类，学通南北，博极今古，后生钻仰"④，蔚为一代儒宗。这种局面一直持续至唐初，北学大师孔颖达撰《五经正义》兼采南北经学，自此"天下统一之后，经学亦统一，而北学从此绝矣"⑤，"北学终亡，南宗独盛"⑥。北学因之折入理学时期。

理学时期，北学的第一位旗帜性人物为邵雍。虽然邵氏的学术体系、治学方法、路数均迥异于之前的北学诸人，但其对北学经世宗旨的承继上与前辈并无二致。"康节先生本是经世之学，为他精《易》数，于事物之成败始终，人之祸福修短，算得来无毫发差错，却看小了他学问"⑦。其后北学之重镇是元

① 钱穆：《国学概论》，商务印书馆1997年版，第163页。
② 《后汉书》卷六十四《吴延史卢赵列传》，中华书局1965年版，第2119页。
③ 《魏书》卷八十四《儒林》，中华书局1974年版，第1842页。
④ 《北史》卷八十一《儒林传上》，中华书局1974年版，第2707页。
⑤ 皮锡瑞：《经学历史》，中华书局2008年版，第196页。
⑥ 钱穆：《国学概论》，商务印书馆1997年版，第170页。
⑦ 孙奇逢：《理学宗传》，《孙奇逢集》上册，中州古籍出版社2003年版，第747页。

儒刘因。孙奇逢对刘因推崇有加，"畿辅理学以静修为开山，文章节义为有元一代大儒。嗣后，衍薪传之绪，大约皆宗静修"[①]。"先生身在运会之中，道超运会之外，教授燕赵，成就英才甚多"[②]。由此可知刘因在传承北学中的重要作用。

明末清初，北学发展到一个高峰。其代表人物便是孙奇逢和颜元。其时，以孙奇逢为代表的北学，与黄宗羲的南学、李颙的关学鼎足而立。孙氏之学兼容并包，气象宏大，北方学者无不受其熏染，其弟子如汤斌、费密、耿介、王余佑、魏一鳌、申涵光、杜越、赵御众等皆名重士林，形成著名的夏峰学派，故孙氏"诚不愧当时北学之冠冕"[③]。颜元正是"得交苏门弟子王五修、王介祺，盖有闻于夏峰之规模而兴者"[④]。颜李学派更将北学的经世品质发挥得淋漓尽致，"先生之学以事物为归，而生平未尝以空言立教"[⑤]。其对事功之学孜孜以求的态度是北学经世宗旨的最佳诠释，可归为北学之左翼。

---

① 孙奇逢：《畿辅人物考》，《孙奇逢集》中册，中州古籍出版社 2003 年版，第 275 页。

② 孙奇逢：《重修静修先生祠记》，《孙奇逢集》中册，中州古籍出版社 2003 年版，第 582 页。

③ 钱穆：《〈清儒学案〉序》，《中国学术思想史论丛》（八），安徽教育出版社 2004 年版，第 364 页。

④ 钱穆：《〈清儒学案〉序》，《中国学术思想史论丛》（八），安徽教育出版社 2004 年版，第 364 页。

⑤ 尹会一：《颜习斋先生》，《续北学编》，莲池书院藏本，同治七年（1868）重刊。

学术发展自有其盛衰枯荣之规律，夏峰学派和颜李学派盛极一时之际，亦正是其学术即将日过中天之刻。康熙中叶后，北学的两座重镇便迅即衰落，归于沉寂。夏峰学派后学多居中州，代代传承，不绝如缕，而颜李学派则后继乏人，就此中绝。北学也由此一蹶不振。虽然，直隶籍的清廷重臣尹会一续撰《北学编》，力图挽回河北"正学之失传久矣"[1]的尴尬局面。然而，具有讽刺意味的是，尹会一所辑的这部《续北学编》，于百余年后，居然"板久无存，吾乡鲜知有是书者"[2]。北学衰微之严重，实令人难以置信。

（四）短暂复兴

经历百余年之沉寂，晦而不彰的北学曾于清季民国一度呈现复兴之态势，而引发这股北学重振潮流的学术中心，正是清代著名省级书院——保定莲池书院[3]。在以莲池书院为核心的

---

① 尹会一：《序》，《续北学编》，莲池书院藏本，同治七年（1868）重刊。

② 陈桂：《重刻北学编跋》，《续北学编》，莲池书院藏本，同治七年（1868）重刊。

③ 近年来，有关莲池书院在晚清河北社会文化变迁、教育近代化中的地位与作用的研究渐成热点，相关成果主要有：尤文远、陈美健：《论莲池书院的办学特色》，《文物春秋》1996年第3期；彭小舟、周晓丽：《曾国藩与莲池书院》，《贵州社会科学》2006年第3期；柳春蕊：《莲池书院与以吴汝纶为中心的古文圈子的形成》，《东方论坛》2008年第1期；吴洪成、李占萍：《传统向现代的失落——保定莲池书院个案研究》，《保定学院学报》2008年

这一学术场域中，直隶官绅群体于晚清民国变局中聚拢内外人才，融汇中西学术，因创结合，最终实现了北学再振。

启其端绪者乃晚清名臣曾国藩。1868 年，曾氏出任直隶总督，于短短近两载任期中，撰写《劝学篇示直隶士子》一文，采取三路并进的方式，一是振兴直隶文教事业，二是秉持湘学精神，三是倡导桐城文风，同时结合北学传统，改化直隶学风、文风与士风。其以此重铸以莲池为中心的直隶士子灵魂，莲池新风由此开启。经过大儒黄彭年及曾门弟子张裕钊、吴汝纶的拓展及其后继者的坚守、倡扬，北学于清季民国的新式学术共同体——莲池学派孕育而生。此派绵延近百年，相承历六代，其成员主要任职于教育界、政界、新闻界，有姓名可考者约四百人，有文学成果者不下百人。此派是晚清民国学坛、政坛的重要组成部分。

进入民国，徐世昌又接续复兴北学重任。莲池学派诸人虽

第 4 期；靳志朋：《从经世致用到融合中西——晚清莲池书院研究》，《河北经贸大学学报（综合版）》2008 年第 4 期；靳志朋：《莲池书院与晚清直隶文化》，《燕山大学学报（哲学社会科学版）》2009 年第 1 期；刘志琴：《近代直隶省会保定城的城市功能衍变——以直隶总督署、莲池书院、保定军校为例》，《河北大学学报（哲学社会科学版）》2015 年第 4 期；吴洪成、张珍珍：《清代书院历史命运的一个缩影——保定莲池书院述评》，《南昌师范学院学报》2018 年第 1 期。另有南开大学靳志朋的 2007 届硕士学位论文《从经世致用到融合中西：近代莲池书院的研究》、陕西师范大学贺庆为的 2011 届历史学硕士学位论文《晚清莲池书院研究（1840—1908）》、河北大学张倩的 2012 届硕士学位论文《张裕钊与莲池书院》三篇。

然或从政，或任教，或出国，或隐居，星散各地，分任其职，但他们并未放弃对北学的传播与倡扬。1914 年由徐世昌牵头组织编纂的《大清畿辅先哲传》即是他们欲图复兴北学的一次尝试。此书保存了清代一朝的北方文献，分名臣、名将、师儒、文学、高士、贤能、忠义、孝友，并附以列女传，共计九大类，"有清一代畿辅先哲，大半具于是编"①，为今后学界研究清代北学发展提供了重要参考资料。同时，诚如沈云龙先生所言，该丛书"重在扶名教而植纲常，正人心而维教化，不只于表彰先达，保存一乡一邦之文献而已"②。于这次编纂过程中，颜李学被徐世昌等人视为"畿辅自有之学派"，从而一跃跻身为北学之最佳代表，这也就为后来"颜李从祀事件"和创办四存学会埋下伏笔。通过编纂《大清畿辅先哲传》，徐世昌诸人已将颜李学升格为"北学之魁首"，然而若想使"一地学"跃升为"天下学"，使颜李二人跻身孔门圣贤的行列，从而博取更多的学术话语权，则必须依靠强大的政治资源方可实现。于是待徐世昌当选民国大总统后，更宏大的推崇颜李学风潮——"颜李从祀事件"由之兴起③。下野之后，徐氏仍不忘

---

① 《例言》，《大清畿辅先哲传》，北京古籍出版社 1993 年版，第 4 页。
② 沈云龙：《徐世昌评传》，台湾传记文学出版社 1979 年版，第 718—719 页。
③ 至于"颜李从祀事件"之具体过程，可参见拙文《学术与政治的复杂交织：1919 年"颜李从祀事件"探析》，《社会科学战线》2018 年第 7 期。

尊崇北学。其人生最后十年招集前清遗民宿儒所编纂总结清代学术的《清儒学案》，亦特意加重北学名儒分量 [1]。

二、学术史回顾

揆诸学界研究现状，关于近代以降北学（即直隶地区学术）衍变与递嬗的相关成果并不丰赡。就笔者目力所及，目前学界有关北学之研讨，主要集中在如下三个方面：

第一，北学的概念、分期、特质与价值。较早对北学进行宏观梳理的当属河北社会科学院的梁世和先生。他在《北学与燕赵文化》（《河北学刊》2004 年第 4 期）一文中，指出作为学术概念的"北学"，主要包括三种含义，一是特指南北朝时期北朝的经学；二是泛指"北方之学"；三是特指以燕赵之学为核心的北方之学。以北学为实体的燕赵之学，经历了创立期、经学时期、理学时期、综合创新期四个阶段，具有经世实学、兼收并蓄、厚重古朴、慷慨节义的学术特征。"北学"的兴衰对于河北地区人文风俗的发展影响深远。[2] 此文可谓近些年来探讨北学问题的代表作，将北学之源流演变脉络剖析的颇为明晰。

---

① 可参见刘凤强：《〈清儒学案〉研究》，光明日报出版社 2013 年版。
② 梁世和：《北学与燕赵文化》，《河北学刊》2004 年第 4 期。

陈祖武先生曾在《蕺山南学与夏峰北学》一文中对明清之际的两个很重要的学术群体以江南刘宗周为代表的蕺山南学与以河北孙奇逢为首的夏峰北学进行比较研究，认为"这两个学派与稍后的二曲关学鼎足而立，同主顺治及康熙间学术坛坫风会。因而雍正、乾隆间史家全祖望论清初学术，遂将蕺山传人黄宗羲与孙奇逢、李并举，而有'三大儒'之目。至于晚近学术界以黄宗羲、王夫之、顾炎武为清初三大儒，则时移势易，视角各别，未可同日而语"①。王坚所撰的硕士学位论文《无声的北方：夏峰北学及其历史命运》对明末清初以孙奇逢为首的夏峰北学作为关注重点，指出在社会秩序首先崩溃的北方，孙奇逢以北学致用传统与阳明学为知识背景，以"直指孔子"与"躬行实践"并举，"礼""理"合一，会通程朱陆王于寻行"孔子之道"，在整个儒学视野内，创造出一套兼容并包程朱陆王及汉唐儒学、最终落实于对"礼"的扬弃性实践的实践性"新理学"。这种新理学打通"礼"与"理"，熔学术与做事为一炉，迅速波及北方及整个思想界，以其开放性、深刻性、全局性回答了由于程朱陆王之争而导致理学极度心性化而带来的种种问题，解决了明清之际儒学变革的深层问题，缓解了"礼"与"理"极度紧张带来的危机，为清代学术发展开辟道路。由

---

① 陈祖武：《蕺山南学与夏峰北学》，《中国社会科学院研究生院学报》1998年第5期。

此，孙奇逢不但成为清代北学及清代"实学""三礼学"之开山，而且也是整个清代学术开山之一。伴随近代西学东渐之进程与政治社会变局的展开，"在以李敏修、嵇文甫为代表的夏峰后学的持续不断的努力下，夏峰北学开始了与不断变革的现代社会的调适磨合。在扬弃中，其最终在'直指孔子'中兼容并包程朱陆王及汉唐儒学转变为在'直指中国新文化'中兼容并包中西文化，夏峰北学创造性地实现了现代性嬗变而成为现代学术之一部分"①。其后王坚又与雷戈、颜秉新合作发表《论夏峰北学——及对清代北学的历史考察》〔《辽宁大学学报（哲学社会科学版）》2009 年第 3 期、《理论月刊》2009 年第 10 期〕及《中州夏峰北学浅论》（《中原文化研究》2014 年第 6 期），对肇端于明末的夏峰北学及其三百多年流变过程，进行了较为细致的梳理。其后王坚集十余年研究之得，出版了《无声的北方：清代夏峰北学研究》一书。在该著作中，王坚将夏峰北学的考察基点置于 20 世纪清学史研究的范式变迁与审查、地理意义上的北方、学术意义上的北方等层面，结合明清之际西学汇入、考据学兴起等问题，对清代前中期夏峰北学尤其是在河南的流衍进行了颇为深入而新颖的探索，指出"在夏峰北学近三百年的流布中，中州夏峰北学是其中最重要的一支。

---

① 王坚：《无声的北方：夏峰新学及其历史命运》，硕士学位论文，华中师范大学，2006 年。

以汤斌为代表的理学官僚对夏峰之学实践最实，成为一代儒臣之楷模；费密则使夏峰之学流布最远，开考据学之先河；颜元则实践夏峰之学最深入，发二千年未敢发之声；而中州夏峰北学则使夏峰之学传承最长久、最完全、最丰富多彩、最真实无异"①。综而观之，王坚从儒学内部思想嬗变的视角对夏峰北学进行研究颇有独到之处，是学界目前少有研究孙奇逢夏峰北学几百年流变的选题。然一来其关注点聚焦于以河南为主的中原地区，二来其关注时段限于清代中期之前，视角未能下移至清季民初，三来部分论据似不足以支撑观点，略有阐释过度之嫌。

众所周知，清代曾出现名儒从祀孔庙的高潮，作为北学标志性人物，孙奇逢、刘因分别于道光八年（1828）、宣统三年（1911）从祀孔庙，这两次事件为何出现，其背后究系清政府因形势所趋而自上而下之决断，还是民间官绅为表彰地方先贤、争取学术话语资源而进行的自下而上的反复争取与运作，抑或官方与民间皆有此意，双方上下互动的结果，这颇值得深入研讨。据笔者目力所见，当下仅有姜淑红的博士学位论文《清儒从祀孔庙研究》中对孙奇逢从祀孔庙一事进行专门探讨。作者通过梳理孙奇逢从祀孔庙的前因后果，指出此事件"一方

---

① 王坚：《无声的北方：清代夏峰北学研究》，商务印书馆 2018 年版，第 258 页。

面是最高统治者的统治需要，统治者看重理学在维护自身统治
方面的重要作用，将孙奇逢塑造为理学教化典范，进而塑造为
儒学偶像，成为后人学习的榜样和模范。另一方面，还与道光
年间'真理学'的兴起和学术趋于融合的潮流密不可分"①。惜
对于直隶与河北两地北学后人及官绅具体运作过程的剖析尚显
不足。至于值清廷风雨飘摇、行将覆灭之际，刘因缘何从祀孔
庙，学界目前还未有研究成果问世。同时，作为北学偶像型人
物的杨继盛，后人纪念他而修建的位于宣武门外的松筠庵，及
晚清直隶官员齐力兴修的畿辅先哲祠，这两个祠堂作为场域，
如何成为沟通直隶政学两界资源与人脉的机构，又在清季民初
的重大政学事件中起到了何种作用，亦非常值得深入研究，惜
目前也没有相关论著出现。

　　另外，单就晚清北学之短暂复兴，赵颖霞、陈晓建合作的
《莲池书院与晚清北学的复兴》（《教育评论》2013 年第 12 期）
一文是近年鲜见的专题文章。该文指出"历史上形成于现今河
北区域，以传统儒学、经学及理学为主要内容的北学，自先秦
到清朝中叶经历了一个产生、发展、兴盛和沉寂的历史过程。
晚清时期，以经史经世之学、桐城古文之学及中西学融合等新
内容为主体的北学再度复兴，促进了晚清学风、文风及士风之

---

　　①　姜淑红:《清儒从祀孔庙研究》，博士学位论文，北京师范大学，
2012 年。

变。在北学复兴的过程中，莲池书院发挥了重要作用。"①惜限于篇幅，未能围绕此问题展开详细而深入的讨论。2016 年 11 月 19—20 日，在保定召开的第三届河北儒学论坛——北学实学与儒学的经世致用学术研讨会上，100 多位学者就明清以来北学人物及学术旨趣颇有探讨，但对于清季民初北学复兴与嬗变趋向的探讨点到为止，少有申论②。

第二，近代政学界人物对于直隶学术文化发展的影响。此方面成果颇多，择其要者，比较有代表性的论文有如下诸篇。晚清直隶学风转变与文化递嬗，大都以曾国藩督直作为肇端。故曾氏任职直隶总督期间的作为，是目前研究的一个重点。如彭小舟、周晓丽认为曾国藩以莲池书院作为辐射中心，通过近距离接触、培养弟子群和虚实并重的方式促进了直隶地区教育的发展与近代化，"这正是李卫、那彦成、方观承等直隶总督包括后来的李鸿章、杨士骧们所做不到的，正因为曾国藩契合了直隶乃至全国性教育与文化发展的规律与前进方向，扮演了个人驱动地方文化发展的角色，所以产生了重要的影响"③。王学斌在《兴学与改化：曾国藩〈劝学篇示直隶士子〉探析》一

---

① 赵颖霞、陈晓建：《莲池书院与晚清北学的复兴》，《教育评论》2013 年第 12 期。

② 刁生虎、曹泽：《北学实学与儒学的经世致用——第三届河北儒学论坛综述》，《高校社科动态》2017 年第 2 期。

③ 彭小舟、周晓丽：《曾国藩与莲池书院》，《贵州社会科学》2006 年第 3 期。

文中，以曾氏所撰《劝学篇示直隶士子》作为剖析重点，指出"曾国藩撰写《劝学篇》一文，采取二路并进的方式，一是振兴直隶文教事业；二是秉持湘学精神，结合北学传统，改化直隶学风、文风与士风。他虽未于文中将该目的点明，但揆诸其言论，这层深蕴依然迹迹可循。"① 王达敏先生新作《曾国藩总督直隶与莲池新风的开启》可谓近来探析曾国藩于直隶学风转变的一篇力作。作者不仅细密挖掘曾氏在直隶兴教办学的深层原因，更放长视野，指出其开启直隶文教近代化与学术传承的意义，"曾国藩晚岁出任直隶总督近两载，在文教方面取得不朽成就。当预感到生命将尽、清廷大厦将倾之际，他仍然以儒者的大胸襟、大担当，为生民立命，勉励以桐城之学教化一方，以期收大效于方来。当他把桐城之学带给这块朴陋土地时，他同时带来了经世致用的时代精神和对不可逆转的中外大势的洞见，带来了他所钩沉并作新解的豪侠之风。他把这一切糅合起来，去重铸以莲池为中心的直隶士子的灵魂，莲池新风由此开启。经过曾门弟子张裕钊、吴汝纶的拓展及其后继者的坚守、倡扬，桐城派内部形成了一个新的支脉：莲池派。此派绵延近百年，相承历六代，其成员主要任职于教育界、政界、新闻界，有姓名可考者约四百人，有文学成果者不下百人。此

_____

① 工学斌：《兴学与改化：曾国藩〈劝学篇示直隶士子〉探析》，《文艺评论》2011年第12期。

派是晚清民国学坛的重要组成部分。在中国从古典走向现代的历史进程中，莲池学者群体以自己的实绩，参与了对中华民族现代精神的塑造"①。

曾氏之后，其得意门生李鸿章接任直督。李氏督直十数载，对此地文教事业亦多有贡献。杨佑茂在《李鸿章与莲池书院》一文中，指出李鸿章在督直期间重视地方教育，其拨款购书、增设宅课、延聘名儒等一系列举措，说明李"试图重建一种新的高等教育，使书院教育不仅仅限定在科举考试的范围之内。黄彭年、张裕钊和吴汝纶基本上是按照李鸿章所确定的原则进行教学的，但他们的教学环境十分宽松，文人学者的主动性较强，书院自由讲学的传统在一定程度上得以恢复，由是造就了大批后世著称的人才。当时的莲池书院适应了时代的发展，为直隶乃至全国的早期近代化作出了贡献"②。吕志毅认为"李鸿章坐镇直隶省城保定和天津，在文化教育建设方面，突出体现了他革新思想与传统思想并重的理念，这也是他思想上矛盾斗争的焦点。说明传统理念对他具有巨大的约束力。保定地处内地，较多地因袭旧文化教育传统，以经办莲池书院为其代表；天津地处沿海，殖民化迅速，在筹办洋务方面，为其先锋。故在文化教育方面创办新学堂为多，充分体现了洋务派

---

① 王达敏：《曾国藩总督直隶与莲池新风的开启》，《安徽大学学报》2014年第6期。

② 杨佑茂：《李鸿章与莲池书院》，《衡水学院学报》2008年第3期。

积极进取精神。新旧并行，'中学为体，西学为用'是李鸿章
文化教育思想之核心，也是其处世哲学的准绳"①。赵颖、杨轶
群专就李鸿章与莲池书院学风转移的角度切入，认为李首先
其"经世思想确定了莲池书院经世学风的基调"；其次"随着
李鸿章西学观的重大转变，莲池书院逐渐开启西学的大门"；
最终"在李鸿章与吴汝纶的共同努力下，莲池书院学风为之大
变，融合中西而以西学为主。各地学子蜂拥而至，外国学者慕
名而来。莲池书院成为全国书院的翘首，名扬海外的学术文化
中心"②。

　　除却督抚，晚清名儒黄彭年、张裕钊、吴汝纶先后执教莲
池书院，对于北学的复兴，直隶学风、文风的融合改变起到了
关键作用，故学界对这三位山长的研究亦颇丰富。崇尚古学的
黄彭年曾两度担任莲池书院山长，吕志毅从执掌莲池书院和主
纂《畿辅通志》两项大事来评述其在直隶的作为，指出"莲池
书院学古堂的建立及学习研究的对象、要求及方法上的改变，
使书院由单纯的教学朝着科学研究方向转化，以致使莲池书院
成为当时名副其实的高级书院，这是黄氏对书院发展建设的一
大贡献"，《畿辅通志》"除了网罗前代文献中有关材料之外，
特别注意搜集官府档册、实录原文，并且皆注明资料的来源出

<hr>

① 吕志毅:《李鸿章与莲池书院》,《保定文化》2009 年第 1 期。
② 赵颖、杨轶群:《李鸿章与保定莲池书院学风之变关系探微》,《兰台世界》2013 年第 2 期。

处，给人研究以极大便利。从保存原始信息资料的角度看，它堪称研究清代直隶历史的资料库、信息库和数据库。该志体裁，采用地方史式，帝王为纪、细小之事以表明之，纪事以略，宦绩用录，人物用传，附之以识余、叙传等。这种体例，分目得当，记述得法；艺文门于经史子集外，别立方志类，将直隶统部及府、厅、州、县志编存其目，这对一地方文献之保存，起到按图索骥之作用；该志中多处是考据学的运用。这不仅证明黄彭年通晓朴学，而且证明其学术功底深厚"①。王浩以《黄彭年教育实践研究》作为硕士论文题目，对黄的教育理念与实践进行了较为系统的梳理。其研究视野，也大致从书院教育与编修《畿辅通志》两个维度入手，认为"张裕钊、吴汝纶开创了莲池文派这是一个不争的事实。但实际上黄彭年在莲池书院建学古堂，增加朴学则为莲池文派的开创打下了坚实的基础，实际也是莲池文派的开端"；至于纂修《畿辅通志》，为直隶保存大量宝贵文献，此举"不仅仅是黄彭年的成功，也可以说是畿辅通志局团队的成功。畿辅通志局成立后，许多地方名流和90多名莲池书院学者参加了此次编修工作。《畿辅通志》编纂过程中，在客观上也培养了一批方志编纂方面的人才"②。对于以往的相关研究，沈江锋认为"并未涉猎其思想的实践

---

① 吕志毅：《黄彭年与晚清直隶文化》，《保定文化》2010年第1期。
② 王浩：《黄彭年教育实践研究》，硕士学位论文，河北大学，2001年。

以及影响的论述，有待于我们进一步研究"①，笔者以为所言不虚。

身为曾国藩门下高足，学界近年对张裕钊的研究也逐渐增多。叶贤恩认为张裕钊的教育思想有三个方面的特色，"第一，把兴学育才的认识提高到了治国、强国的高度"；"第二，厌恶科举制度，崇尚'通经致用'之学"；"第三，破除中国的传统观念，主张认真了解和学习西方"。② 江小角则通过张裕钊与吴汝纶的比较，指出二者的教育思想具有如下三个共同特征："洞悉科举弊端，主张废除科举制度"，"强调培养人才是兴国富民的第一要务"，"放眼世界，极力倡导西学"③。张淑芳等三人合写的《论张裕钊的教育思想》的观点与江类似，大致归纳为倡"兴学育才"之教育主张、崇"通经致用"之学术文章及持"西学西艺"之清新观念④。张倩的《张裕钊莲池书院时期的实学教育》中的观点亦大同小异，"张裕钊在莲池书院期间，全面、切实地课授实学，拓展莲池书院的教学内容及其视野，引导学生重新关注现实，培养出大批人才。给暮霭沉沉的晚清

① 沈江锋：《黄彭年研究述评》，《湖北经济学院学报》2012年第1期。

② 叶贤恩：《张裕钊教育思想初探》，柴汝新主编：《莲池书院研究》，河北大学出版社2001年版，第141—144页。

③ 江小角：《张裕钊与吴汝纶教育思想的共同特征》，《鄂州大学学报》2004年第2期。

④ 张淑芳、张熙君、付文娟：《论张裕钊的教育思想》，《保定师范专科学校学报》2007年第4期。

书院教育带来一股清风"①。应该说，近几年关于张裕钊研究，王达敏与李松荣二位的文章尤其值得注意。王达敏所标点校勘的《张裕钊诗文集》于 2007 年出版，在出版前言中，王先生详细绍述张裕钊学术特别是古文特色及在清季文坛之地位，特意指出"张裕钊对文坛贡献尤著者，乃是其到冀之后，与吴汝纶一起，开拓了桐城派一个新的支脉——莲池派"。"莲池派从张裕钊、吴汝纶算起，前后传承四代。此派主要由五部分成员组成。一是张裕钊主莲池书院时的弟子，如刘若曾、白钟元、刘彤儒、崔栋、纪钜湘等；二是吴汝纶的弟子和得其指授者，如李刚己、张坪、刘登瀛、杨越、贾恩绂、蔡如梁、赵宗忭、张銮坡、李增辉、崔琳、张镇午、刘乃晟、崔庄平、马锡藩、张殿士、阎凤阁、王宝均、籍忠寅、傅增湘、刘春霖、高步瀛、王树枬等；三是张、吴共同的弟子，如贺涛、安文澜、孟庆荣、张以南等；四是贺涛的弟子，如吴闿生、赵衡、张宗瑛等；五是吴闿生的弟子，如贺培新等"。故王认为"张裕钊和与他齐名的吴汝纶，连同他们共同开创的莲池派，以及二人所造就的其他才杰，在清季、民国的文坛、学界建树甚众。此一庞大的古文群体，尚有诸多待发之覆值得探研"②。李松荣在《"枝蔓相萦结，恋嫪不可改"——张裕钊与莲池书院师生间的

①　张倩：《张裕钊莲池书院时期的实学教育》，《唐山师范学院学报》2010 年第 6 期。

②　王达敏点校：《张裕钊诗文集》，上海古籍出版社 2007 年版。

情谊》与《张裕钊的创作分期及其在莲池书院的散文创作》两文中就张氏在直隶莲池书院期间与弟子们的情谊及创作成绩做了颇为细致的论述①。

作为清季直隶文坛特别是莲池书院古文发展中的枢纽人物，学界关于吴汝纶的研究可谓甚多，限于篇幅与质量，本文仅挑选颇有代表性的文章就当前研究现状做一概括。首先有关张裕钊离开莲池书院，吴汝纶辞官接任此事之始末，学界历来说法颇多，徐世中、周宁、李松荣及李双龙、欧阳伟在各自文章中皆有探讨②，但其观点与深度都不及之前董丛林先生所刊发《吴汝纶弃官从教辨析》一文。在该文中，董从官场境遇、文事情结、从教契机、教职角色四个方面详尽剖析了吴汝纶缘何辞官不做、坚决入主莲池书院，以及其在山长一职的学术作为，作者认为吴"毅然弃官，改业从教，出任莲池书院山长。这是他一生重要的转折点，当时颇为俗流所不解。对官场越来越抱有厌弃心理，而对颇有根基的文业，则怀蓄着牢不可破的挚爱情

---

① 李松荣：《"枝蔓相萦结，恋嫪不可改"——张裕钊与莲池书院师生间的情谊》，《广东广播电视大学学报》2012年第6期；《张裕钊的创作分期及其在莲池书院的散文创作》，《常熟理工学院学报》2014年第5期。

② 徐世中：《吴汝纶辞官内因》，《兰台世界》2011年第4期；周宁：《吴汝纶三辞保定莲池书院》，《历史档案》2012年第2期；李松荣：《"枝蔓相萦结，恋嫪不可改"——张裕钊与莲池书院师生间的情谊》，《广东广播电视大学学报》2012年第6期；李双龙、欧阳伟：《莲池书院之争与教育家吴汝纶弃官从教始末》，《兰台世界》2014年第1期。

结，更有维护和发展由曾国藩嫡传的文派、学派的人生理想，这使吴汝纶作出超俗的抉择。当然，他与官场仍保持着一定联系，留有'回旋'空间和'合作'余地。特别是与直隶总督李鸿章，始终维持着一种非幕似幕、不即不离的微妙关系。吴汝纶弃官从教、执掌莲池书院的经历，是晚清学者追求个人理想、实现人生价值的典型个案，或许有些'标本'的意义"①。

正因吴氏先后在莲池书院执掌山长之位长达十三年之久，且在直隶任职生活更是超过二十载，故其与几任直隶总督的交谊亦颇值得关注。早在 20 世纪 80 年代初，关爱和即撰文指出在曾门弟子中，"惟吴氏是桐城人，在甲午战争之后又是曾门弟子中唯一的幸存之人！传桐城古文之续，非己莫属"②。曾光光、唐灵则专就曾氏与吴氏二人关系做一述论，"对于吴汝纶而言曾国藩就是他一生中遇见的'贵人'，正是在曾国藩幕府中的不凡经历奠定了吴汝纶一生事业的基础。从曾国藩与吴汝纶之间关系的建立可以看出近代中国学术派别在成员上的扩张过程亦可窥见近代中国政治集团及军阀集团核心成员的组成及扩充过程"③。吴昭谦对吴汝纶与李鸿章的关系拟专

---

① 董丛林：《吴汝纶弃官从教辨析》，《历史研究》2008 年第 3 期。
② 关爱和：《桐城派的中兴、改造与复归：试论曾国藩、吴汝纶的文学活动与作用》，《文学遗产》1985 年第 3 期。
③ 曾光光、唐灵：《吴汝纶与曾国藩关系辨析》，《兰台世界》2014 年第 2 期。

文进行探讨，认为"清末重臣李鸿章与教育改革家吴汝纶亦师亦友 30 年，风雨沧桑，患难扶持。二人知遇知交，似水如酒"①。史煜涵在其硕士学位论文《吴汝纶政坛交游研究》中，对吴氏与政坛诸人的交往特点与原因详加考察，其结论为"吴汝纶自身从传统向近代的转变与其居幕、入仕、从业文教的经历以及贯穿此间的人际交往有很大关系。吴出于自身需要始终与官场中人保持交往，但在择交上却十分谨慎、现实，自言'不轻师人'，生平称师者，惟有三人，曾国藩、李鸿章、宝鋆是也。而曾、李都曾在官场中'权倾一时'，曾国藩引导吴汝纶走上仕途；吴与李鸿章虽缺少'同道之谊'夕，但吴对李也理解认可，并且需要其有形无形的护佑之力，因此推颂、礼敬过于曾国藩，而李对吴亦'宾礼'有加，颇予关照。除此二人外，其他官场中人在吴汝纶眼中则皆是'俗士'而已，立场、志趣相近者，则时有往来，议及时局或西学、教育之事。吴在议论中扩见识，充器识，略扬经世之志，吴对时局洋务的深刻见解即主要来源于此。此外，出于现实需要，吴于公于私有事之时则往往先向这些人求助，其教育经世之志的施展即多仰仗这些人的支持。至于官场中的其他人，正所谓'道不同，不相为谋'，除非迫不得已，吴很少主动交往，

---

①　吴昭谦：《李鸿章与吴汝纶的师友情缘》，《合肥学院学报》2008 年第 5 期。

常常依仗自己在文界、学界的声望，坐待其来，抑或有事临时作函即可。吴涉入官场多年，于'今人升官发财之术'虽'尽知之'，却终不愿'改节事人'，在更大程度上适应官场，势必导致其仕途上的蹇滞，对其人际交往亦产生消极影响。被同僚视为'傲吏'、'鸿章虽宾礼之，顾不能用也'的个中原因即与此不无关系，这一点在其与袁世凯、荣禄、张百熙的交往中有着明显的体现"①。应当说勾勒出吴氏在政坛交往的大致面貌。

　　吴氏在直隶文教事业上的成绩尤其是于莲池书院的努力，可谓历史、文学甚至是教育领域的研究热点，文章自然甚丰。比较具有代表性的作品，如汪效驷认为"主讲莲池书院是吴汝纶一生从事的最主要的教育活动。吴汝纶主动辞官从教，在任书院最后一任山长的十余年间，致力于培养人才，并对办学模式、教学内容和方法进行革新，推动了书院的近代化进程。一批文坛精英和政坛要人都曾就读莲池书院，从师吴汝纶。在吴汝纶的经略之下，莲池书院成为北方文教的中心，带动了直隶学风的转变。执教莲池也奠定了吴汝纶作为一代教育家的思想基础和实践基础。"②苏国安、吴洪成认为吴汝纶"的生命世界与书院维系在一起。莲池书院是他抒发个人抱负的场所，也是

---

① 史煜涵：《吴汝纶政坛交游研究》，硕士学位论文，天津师范大学，2010年。

② 汪效驷：《吴汝纶与莲池书院》，《安庆师范学院学报》2004年第3期。

他的教育思想日渐成熟的地方，更是中国近代学校教育制度产生的历史的一个侧影。因此，研究吴汝纶在莲池书院的教育历程不仅可以展现莲池书院发展的轨迹，也有助于探索书院改学堂以及近代教育新旧斗争冲突的艰难历程。"①在另一篇文章中，吴洪成等人对吴汝纶的教育实践与思想再做挖掘，"近代教育家吴汝纶不仅是桐城派大师，更是莲池书院院长、名师。他主持莲池书院期间，批判科举考试制度，高度重视西学的价值，开办新式学堂，筹集书院经费，聘请外国教习，支持书院的近代改制。所有这些，都顺应了近代新教育改革的潮流。在急剧的社会动荡中，吴汝纶卸任莲池书院院长，继续进行新教育的探索"②。具体到吴氏的教育举措与意义，汪洋、方家峰指出，"作为莲池书院的最后一任院长，近代教育家吴汝纶积极投身于书院的教育改革事业当中。他改变书院生徒学风，反对围绕科举而学习；创立新式教学机构，增加'实学'、'西学'课程；改革招生、管理环节，提高办学效益和教学实效；开源节流，多渠道筹措经费。他的改革措施使莲池书院发展到鼎盛时期，成为当时北方的学术中心，培养了众多人才，在中国教

---

① 苏国安、吴洪成：《吴汝纶在保定莲池书院的事业与思想探析》，《河北师范大学学报（哲学社会科学版）》2010年第1期。

② 吴洪成、李占萍、张文超：《试论近代教育家吴汝纶的事业与思想——以主持保定莲池书院为中心的考察》，《华东师范大学学报（教育科学版）》2010年第2期。

育的近代转型过程中具有自身独有的价值与意义"①。曾光光与唐灵从中国近代教育转型的大背景下审视吴氏的教育作为，认为"中国传统教育制度在清末发生的两项重大变革：一是书院制度的近代化及新式学堂的建立；二是科举制度的彻底崩溃。作为桐城派大师的吴汝纶不仅是晚清书院改革的力行者，还力主废除科举制度；作为京师大学堂第一任总教习，吴汝纶在出访日本考察教育期间对近代教育制度的观察、思考及相关建议对于中国近代学制的建立都具有开拓性的意义。在传统教育体制逐渐崩溃、近代教育体制逐渐建立的过程中，身为传统知识分子的吴汝纶以独到的教育理念与实践确立起了自己中国近代教育体制开拓者的地位"②。

吴汝纶在莲池书院推广古文教育的实践，应是学术史、文学史俱关注的问题。柳春蕊以吴汝纶在莲池书院所构建的古文圈子为视角切入，指出"清代河北一地古文兴盛得力于张裕钊、吴汝纶的倡导，贺涛潜心于古文教育也使得北学中的古文之学有了显著发展，此一现象都是以莲池书院为中心而展开的。可以说，莲池书院与有清一代河北学风演变、士风转移以及吴汝纶古文圈子的形成有着极为密切的关系"，"吴汝纶在冀

---

①　汪洋、方家峰：《吴汝纶在莲池书院的教育改革述评》，《教育学术月刊》2012 年第 10 期。

②　曾光光、唐灵：《中国教育转型中的吴汝纶》，《暨南史学》2013 年第 8 期。

州延揽人才，风起云涌，大有古文复兴之势，然而随其辞去书院，这一切亦去之匆匆，渐归沉寂"①。朱秀梅则兼论吴氏的西学思想和古文观念，"其一生最用力处不在政治思想的思考和政治体制的变革上，而在学术、教育思想及其古文的存续与创作上。吴氏一反'中体西用'的思想模式，力倡西学，强调西学对国家民族前途命运的重要作用；主张废科举，兴学堂，引西学入学校，改革课堂教学，以此造就救国之才。吴汝纶古文理论及其创作的最大贡献不在于对桐城文派风格、'义法'的'复归'，而在于对古文的执着与坚守；在文道关系上，他主张文道分途，强调'文章不宜谈理'，追求文字的雅洁；在古文创作方面，吴氏引西学入古文，拓展了古文的内容，为桐城古文开辟了一条新的途径。吴氏以古文的辞约指博、清正雅洁来对抗通俗流畅的新文体，坚守着古文这一传统文化中最后一块阵地"②。关爱和的解读角度较为独到，"吴汝纶是桐城派的最后一位大师传人，一生为吏为师，在中西新旧文化碰撞中，坚守中体西用的文化立场，致力于古文由湘乡向桐城的复归。其徘徊在古今中西之间的矛盾痛苦与艰难选择，使他在晚清思想界、文学界有着'典范'的意义。解读吴汝纶，我们可以洞悉

---

①　柳春蕊：《莲池书院与以吴汝纶为中心的古文圈子的形成》，《东方论坛》2008 年第 1 期。

②　朱秀梅：《力倡西学育人才，坚守古文存"道统"——吴汝纶西学思想与古文观念平论》，《中州学刊》2011 年第 2 期。

晚清中国最后的士大夫守先待后的精神与情感世界。"①

此外，学界目前对于黄彭年、张裕钊、吴汝纶等人所培育出来的莲池诸子的研究，尚显薄弱。据笔者目力所见，作为早期弟子，王树枏研究已有一本专著问世。刘芹于 2012 年出版的专著《王树枏史学研究》中，部分章节涉及其在直隶地区的学术交往与文教事迹，且评价颇高，"王树枏以'存真史，存信史'为原则，整理过多部乡邦先贤著述资料，为保存个人著述资料作出贡献。在撰写整理过程中，王树枏认真负责，实事求是的原则和态度值得褒扬。他所整理编纂的乡邦贤哲文献资料和地方志志书，依然是学界不可或缺的资料，具有较高的史料价值和史学价值"。② 其余如贺涛、贾恩绂等人的研究，如孙维城对贺涛的古文特色做了分析③，徐雁平利用新出的贺涛之子贺葆真的日记，来研讨晚期桐城派学者的特色，"重点讨论晚期北方桐城派作家群体活动图景、徐世昌幕府与北方桐城派、贺涛的阅读与桐城文派的新变与守旧等问题。对《贺葆真日记》的研究，既可以补充刘声木的《桐城文学渊源考》记录的不足，同时又可展现晚期桐城派内部的发展情况和桐城派形

---

① 关爱和：《眼底人才倏新旧，苍茫古意浩难收——晚清古文大师吴汝纶的文化文学选择》，《文学评论》2013 年第 5 期。

② 刘芹：《王树枏史学研究》，天津人民出版社 2012 年版，第 229—230 页。

③ 孙维城：《桐城派作家贺涛散文浅析》，《安庆师范学院学报》2012 年第 1 期。

成的机制。"①就贾恩绂的研究，吴秀华刊发了一组藏于河北图书馆的贾氏手稿中的有关桐城派的资料②，许曾会则专就贾恩绂地方志研究进行撰文剖析，指出"其方志编纂主要有三个特点：第一，创造性的方志体例。紧紧围绕方志以疆域为主的思想，创立四门，各以类从。第二，新旧掺杂的方志内容。重视经济、教育，运用近代科技，使得方志具有许多新内容，同时依旧保留旧志中一些传统类目。第三，篇篇成文的方志述作。行文雅驯、连贯，避免如市之账簿"③。王达敏先后在《安徽大学学报》刊发的两篇长文中，对长期浸润于桐城古文的莲池书院学术群体有所涉及。他指出，在桐城派的现在转型中，莲池书院诸人是不可小觑的文坛乃至政坛力量，"清民之际，莲池群贤传承祖师曾国藩倡导的经世致用精神，投身实际政治。他们多半留学日本，熟悉东洋、西洋的现代政治，渴望中国从专制向民主过渡，实行宪政。清廷在退出历史舞台前夜，为预备立宪，成立资政院。莲池学子籍忠寅、刘春霖当选资政院议员。他们在资政院常会上张扬立宪精神，支持速开国会，反对封疆大吏越权，弹劾军机大臣，抵制皇权胡为。1911 年 6 月 4

---

① 　徐雁平：《〈贺葆真日记〉与晚期桐城文派的深入研究》，《华南师范大学学报》2014 年第 2 期。

② 　吴秀华：《燕地贾恩绂手稿中所见桐城派学者资料》，《文献》2003 年第 4 期。

③ 　许曾会：《贾恩绂的方志编纂及其特点》，《河北学刊》2014 年第 2 期。

日，他们又积极组织宪友会，为国家从官僚政治向政党政治转型尽力。进入民国，籍忠寅、常堉璋、王振尧、谷钟秀、李景濂、张继、李广濂、邓毓怡、王树楠等当选国会议员他们中，籍忠寅、常堉璋等是改良派，张继、谷钟秀是革命党。无论改良或革命，他们在国会内外都忠于职守，为中国实现真正宪政而勤奋工作。1914 年 1 月，谷钟秀在上海主办《正谊》杂志，锤击袁世凯欲帝制自为，撰《中华民国宪法草案释义》，捍卫宪政理想。邓毓怡热心参与制定宪法，1922 年发起宪法学会，手译欧战后各国宪法，终因生逢乱世，壮志不酬，忧愤而亡。此外，张继曾任参议院议长和国民政府委员，刘若曾任直隶省长，王瑚任江苏省长，傅增湘任教育总长，谷钟秀任农商总长，吴笈孙任总统府秘书长，何其巩任北平市长。他们悉皆民国政局中的要角，曾为中国的现代化事业付出过大量心血"[①]。作为清季民初政坛的要角，徐世昌与莲池诸人的关系亦是千丝万缕、甚是微妙。在王氏看来，"徐世昌在重塑桐城文统时的创举，是构筑了一个以曾国藩、张裕钊和吴汝纶、贺涛三代学者一脉相传的莲池文系……在徐世昌视野中，莲池文系诸家后来居上。尤其引人瞩目者，莲池文系自贺涛以下，至吴闿生、贺培新两辈，名家风起云涌，有地位、有著述和有社会影响者

---

① 王达敏：《论桐城派的现代转型》，《安徽大学学报（哲学社会科学版）》2015 年第 6 期。

不下百人。因此，当徐世昌以莲池文系衔接桐城文系和古典文系时，莲池文系诸家不免心有戚戚"①。应该说，王达敏对晚清民国桐城文脉在莲池书院学术代际间传承的梳理，有其独到之处，且行文气势甚足，读来酣畅优美，然部分观点不免略有文胜质之情势，故就相关人物政学成就与历史地位的判断仍值得再商榷。总体而言，相关文章并不多，且分量不足，值得进一步探讨。

第三，莲池书院在晚清民国直隶社会文化变迁、教育近代化中的地位与作用。该问题研究近年来渐趋热点，相关成果亦是不在少数。尤文远、陈美健的《论莲池书院的办学特色》综述有清一代莲池书院历任山长的办学特色及所培育优秀人才，是较早一篇从整体上讨论莲池书院与直隶文教发展的文章②。魏际昌、吴占良的文章梳理了有清一代桐城文派在直隶莲池书院的推衍历程③。吴洪成、李占萍的《传统向现代的失落——保定莲池书院个案研究》一文认为莲池书院"一度成为北方学术中心之一以及南方桐城派学术传播重镇。由于清政府的特别关注以及近代教育家吴汝纶为代表的一批名师主讲书院，莲池

---

① 王达敏：《徐世昌与桐城派》，《安徽大学学报（哲学社会科学版）》2018 年第 6 期。

② 尤文远、陈美健：《论莲池书院的办学特色》，《文物春秋》1996 年第 3 期。

③ 魏际昌、吴占良：《桐城古文学派与莲池书院》，《文物春秋》1996 年第 3 期。

书院在义理词章的旧学教育、实学实用的教育调整中独领风骚，人才辈出；而且在新旧博弈，西学导入，新式教育代替传统教育的冲突、转型与改革、突变中也翘楚同类书院，引领晚清官立书院之潮流。但是，由于特殊的社会历史形势以及桐城派思想未能有效突破传统学术结构框架而实现现代转换，致使莲池书院走向衰废，无力在改书院为学堂的进程中实现现代性再生，成为晚清书院近代转型中飘摇零落的一个典型个案"①。靳志朋在《从经世致用到融合中西——晚清莲池书院研究》中比较了教育变革前后的莲池书院之境况，指出"咸丰十一年（1861）以后，几任院长都很注重经世致用之学，尤其是在'光绪三杰'——黄彭年、张裕钊、吴汝纶先后担任院长期间，扩建学舍、设立'学古堂'，开展书法教育，开办东文学堂和西文学堂，莲池书院进入了鼎盛时期，一度闻名遐迩，成为海内外学子向往的文化教育中心。"②其在另一篇文章《莲池书院与晚清直隶文化》里，探讨了莲池书院在晚清直隶文化变迁中的作用，"在晚清时期，莲池书院作为直隶省的最高学府，在书院师生的努力下，积极顺应时代潮流，变革并传播桐城派古文，接纳外国学者和留学生进行文化交流活动，推动了

---

① 吴洪成、李占萍：《传统向现代的失落——保定莲池书院个案研究》，《保定学院学报》2008 年第 4 期。

② 靳志朋：《从经世致用到融合中西——晚清莲池书院研究》，《河北经贸大学学报（综合版）》2008 年第 4 期。

晚清文化的发展和进步，为直隶地区培养了大批饱学之士，开辟了融合中西、积极进取的学术风气，也书写了直隶文化史上辉煌的一页"①。另外陈春华的《论莲池书院与桐城文派在河北的兴起》、贺庆为的硕士学位论文《晚清莲池书院研究（1840—1908）》②与以上文章主旨大同小异，于此不再赘述。

综上，就"清季民初的北学研究"这一选题，学界已有所涉猎，取得了一定的成果。但不足之处尚多，一是缺乏对近代北学流变的整体系统梳理与论述，特别是对自明末以来一代代河北学人对北学谱系建构的研究，可谓付之阙如；二是尚未从政治文化的理论层面来研讨近代直隶地区学术与政治之间纠葛与互动关系；三是对河北学人对北学学术偶像杨继盛、刘因、孙奇逢等人的塑造过程的关注尚不充分；四是对于近代河北学者的诸多作品，缺乏搜集与研读；五是欠缺比较的视角，没有将近代北学的流变放在全国视域中加以考察，通过与江浙学术、蜀学、岭学、湖湘学术等地域儒学的比较，来呈现北学自身的独特之处。要之，本课题研究的空间依然较大。对于深入

---

① 靳志朋：《莲池书院与晚清直隶文化》，《燕山大学学报（哲学社会科学版）》2009 年第 1 期。靳的硕士学位论文即以晚清莲池书院作为研究对象，其题目为《从经世致用到融合中西：近代莲池书院的研究》（硕士学位论文，南开大学，2007 年）。

② 陈春华：《论莲池书院与桐城文派在河北的兴起》，《江苏教育学院学报》2010 年第 9 期；贺庆为：《晚清莲池书院研究（1840—1908）》，硕士学位论文，陕西师范大学，2011 年。

了解近代以降河北地区学术文化的嬗变态势、对于完善晚清民国学术史研究、对于审视近代以来儒学地域化的不同样态，都具有很重要的价值与意义。

三、选题缘起与研讨思路

"清季民初的北学研究"这一选题，以近代以降特别是清末民初作为考察时段，以直隶（今河北地区）作为考察区域，以北学及相应政学群体作为考察对象，一方面通过梳理近代直隶学术风气的流变，尤其是湖湘学术、桐城派古文、西学进入后，凭借在旧式书院与新式学堂的熏染与改化，其对北学风貌之引领作用；一方面审视以曾国藩、李鸿章、张裕钊、吴汝纶等外籍政学人士对北学的改造与扬弃，及以张佩纶、张之洞、徐世昌等为代表的直隶籍学者型官僚从政后所体现出的北学特征。要之，本课题以清代北学谱系的建构过程及近代北学与政治的交融纠葛和互动作为视角，来深入研讨直隶地区所独有的学术与政治文化特色。

鉴于以上情形，笔者若单在纵向上梳理近代直隶地区的学术变迁，或仅从横向上研讨近代意义上北学流变中所引发的诸多问题，都不能系统而深入地揭示本选题之主旨。故唯有以时间为经，以问题为纬，宏观统括，微观剖析，才有可能就"学术与政治的纠葛与互动"的视角展开较有意义和深度的探讨，从而得出相对准确的结论。笔者拟从如下两个层面来展开研究。

首先，从搜集、辨识、整理相关史料入手，将曾国藩、李鸿章、李鸿藻、张佩纶、张之洞、张裕钊、吴汝纶、徐世昌等人相关论著逐一解读，同时悉心搜集近代直隶诸多学人的未刊稀见资料，从而厘清近代北学流变之大貌。在此基础上，运用政治学、传播学等多种方法，将北学与近代其他外来学术及与政治间的交融纠葛与互动过程作一剖析。

其次，在进行学术史梳理的基础之上，笔者将围绕与近代北学流变紧密相关的几个问题和事件深入剖析，以通过学术融合、思想阐释、政治运作及社会回应等视角来展现该问题的多元与复杂。

这两个研究层面并无主次之别，而是同等重要。前者主要侧重于纵向的学术梳理，后者则强调横向的思想阐释，毕竟面对学理复杂、头绪繁多的近代北学，只有从多角度进行研究，结合多种研究方法，方可以较透彻地探讨该问题，得出令人信服的结论。

第一章　建构北学谱系之始：以《北学编》《续北学编》为中心的考察

　　明末清初，伴随着政权易手，江山鼎革，彼时学术界亦呈现出明显的转向与递嬗。作为北方儒学之领军人物，孙奇逢以其回归、重释孔孟经典来整合理学各派的内圣思想，以及在"舍三纲五常无道术"基础上的"礼理合一"的外王思想，来反思既往学术，总结理学思潮，并返本开新，侧重开启经世致用之新趋向。孙氏内圣与外王思想的结合，一方面为清学的展开提供了新平台；另一方面也使得在清代北方形成的以其为宗师、以会合儒学各派为特征的夏峰学派，故有论者指出："孙奇逢始于豪杰，终以圣贤，以其奇伟的人格力量和适应时代要求的学说主张，培育了清初北方众多学者，开创了清初北方学术流派亦即北学。"[1]由之可知清初北学之出现与特殊时代及关键人物密不可分。

---

　　[1]　张显清:《孙奇逢集总序》,《孙奇逢集》(上), 中州古籍出版社 2003 年版, 第 4 页。

虽晚年南徙豫中，隐居苏门，讲学百泉，开创夏峰学派，但孙奇逢仍未忘怀家乡河北之学术，故于其不少论著中仍可其对北学风格、代表人物之梳理与评骘。之后其更是秉持"学术之兴废，系世运之升降"，"居其乡，居其国，而不能尽友乡国之善士，何能进而友天下、友千古哉"①之宗旨甚或情结，嘱其弟子魏一鳌编撰《北学编》，首度将河北一地之学术谱系加以梳理与建构。数十载后，直隶籍显宦尹会一接续孙、魏之作，修正学脉，补充人物，将自古以来北学人物进行再度加工与延伸，终使相对完整的北学谱系趋于定型。故几代学人的合力建构，为晚清的北学复兴，提供了赖以凭借的范本与依据，其功不可没。

第一节　"北学重镇"：孙奇逢与清初北学

晚近著名学者王国维先生在论及清学衍变时曾言："我朝三百年间，学术三变：国初一变也，乾嘉一变也，道咸以降一变也。顺康之世，天造草昧，学者多胜国遗老，离丧乱之后，志在经世，故多为致用之学，求之经、史，得其本原，一扫明代苟且破碎之习，而实学以兴"，"故国初之学大，乾嘉之

---

　　① 孙奇逢：《〈北学编〉序》，《夏峰先生集》，《孙奇逢集》（中），中州古籍出版社 2003 年版，第 624 页。

学精，道咸以降之学新。"①诚哉斯言，清初学术之所以气象宏大，乃在于各地学术大多受到亲历明清之际社会动荡的宿儒硕学的熏染与影响，亦如梁启超所讲："从顺治元年到康熙二十年约三四十年间，完全是前朝遗老支配学界。"②易言之，清初的学术演进与规模，深受明季学风之深刻影响。

若详言之，彼时学术大致有如下三重色彩。其一，从政治上检讨理学清谈之危害。正因清初学者多为"胜国遗老"，他们身遭国变自难免常怀故国之思，对明亡之巨变更有切肤之痛。他们把总结前明覆灭之因与批判理学之失联系于一体，以期从中提炼出有资于当下的历史内涵。如顾炎武以西晋亡国与明社覆灭作对比，告诫世人"刘、石乱华，本于清谈之流祸，人人知之。孰知今日之清谈，有甚于前代者。昔之清谈谈老、庄，今之清谈谈孔、孟。未得其精而已遗其粗，未究其本而先辞其末。不习六艺之文，不考百王之典，不综当代之务，举夫子论学、论政之大端一切不问，而曰'一贯'，曰'无言'。以明心见性之空言，代修己治人之实学。股肱惰而万事荒，爪牙亡而四国乱，神州荡覆，宗社丘墟！"③一言以蔽之，致败之因

---

① 王国维：《沈乙庵先生七十寿序》，《王国维全集》第八卷，浙江教育出版社、广东教育出版社 2010 年版，第 618 页。

② 梁启超：《中国近三百年学术史》，《饮冰室合集》专集之七十五，中华书局 1989 年版，第 16 页。

③ 黄汝成：《日知录集释》卷七《夫子言性与天道》，上海古籍出版社 2006 年版，第 402 页。

可概括为"清谈误国"四字。反观眼前，顾喟叹道"孰知今日之清谈有甚于前代者"[1]？费密亦抨击阳明学派治学"与达摩面壁、司马承祯坐忘、天台止观同一门庭"，结果是"学术蛊坏，世道偏颇，而夷狄寇盗之祸亦相挺而起"[2]。可见学者们大多将理学尤其是阳明心学之流弊视作明亡一代要因。其二，反思清谈之误，倡扬经世致用。晚明理学为何终流于清谈？清初学者有着较为一致的共识，即晚明儒生一不读经，二不观史，三不关切现实，"不习六艺之文，不考百王之典，不综当代之务"[3]，自然朝局无法收拾。鉴于此惨痛教训，清初学人纷纷主张经世致用，黄宗羲指出："学必原本于经术，而后不为蹈虚，必证明于史籍，而后足以应务"[4]。顾炎武更是提出"理学即经学"之命题，"古之所谓理学，经学也，非数十年不能通也"，"舍圣人之语录而从事于后儒，此之谓不知本矣"[5]。"以经世为体，以经史为用"，这实际折射出他们尊经重史之学术路向。其三，学术经世须返本开新，有所凭依。既然清初诸儒提倡经

---

① 黄汝成：《日知录集释》卷七《夫子言性与天道》，上海古籍出版社2006年版，第402页。

② 费密：《弘道书》，《续修四库全书》第946册，上海古籍出版社2002年版。

③ 黄汝成：《日知录集释》卷七《夫子言性与天道》，上海古籍出版社2006年版，第402页。

④ 全祖望：《鲒埼亭集外编》卷十六，清嘉庆十六年（1811）刻本。

⑤ 顾炎武：《与施愚山书》，《顾亭林诗文集》，中华书局1983年版，第58页。

世致用，那如何践履则是此中一大关键。他们给出的方案便是从历史与经典中寻找本原，即如王国维所言"求之经、史，得其本原"，经由返本开新之路径，形成意在致用的"实学"。要之，清初学术沿着由"虚"返"实"的思想进路实现了从理学到实学的递嬗，最终走向经学之复兴与对既往学术之全面总结，中国传统学术也由之实现又一度更新。而孙奇逢便是此际北方学术的典型代表。

孙奇逢，字启泰，号钟元，晚号岁寒老人，学者因其晚年所居而尊为夏峰先生，河北容城人。孙氏生于明万历十二年（1584），卒于清康熙十四年（1675），享年九十二岁，可谓高寿。其一生与明清鼎革变迁相终始，早年学宗阳明，潜心经世之道，中年经历两朝更迭，为国事奔走，晚年避居河南，以讲学著述终老。孙为学主张超越门户之见，以"合会"作为其建构理学之方法，他通过融会传统社会不同思想家的思想，特别是朱熹与王阳明的理学思想，以孔子之道为准绳，参照易经哲学概念和辩证思维，从儒家传统经典中吸收养分，最终形成了蔚为大观的理学思想体系。故时人将其与关中李颙、浙东黄宗羲并称为"清初三大儒"。

孙氏治学，重融会崇致用求实行，这一方面体现了时代特征，亦是以河北一地为代表的北学之重要体现。故在由燕赵豪侠之士向一代理学宗师的转变过程中，孙始终未脱北学之经世崇实底色，亦一直心存故乡情结，"人才关气运之盛衰，士气系人才之隆替，而其原本，总造于大君之一心"，"畿辅为京师首善之地，更不可缺第"①，这在其诸多著述中都有反映，尤以《理学宗传》与《畿辅人物考》为典型。

《理学宗传》乃孙氏晚年之代表作。该书成于康熙五年（1666），历时三十载，他在自叙中有云：

> 此编已三易，坐卧其中，出入偕者，逾三十年矣。……（本书）初订于渥城，自董江都而后五十余人，以世次为叙，后至苏门，益二十余人。后高子携之会稽，倪、余二君复增所未备者，今亦十五年矣。②

全书共 26 卷，年代跨度从汉朝到明末，人物收录 161 人。其编写有两条主要的线索：一为主辅；一为内外。主辅之意是《理学宗传》有主有辅，主是道学宗主，分别为周敦颐以来之十一子，共十一卷；辅为道学辅佐，为历代诸儒，前包括汉，后有诸宗主之门人，计 144 人，共十五卷。其中汉隋唐儒者仅 11 人，余皆宋明诸儒。内外之意是《理学宗传》有内有外，内为道学之内，外为道学之外。是书体裁为类传体，按人物分

---

① 孙奇逢：《〈畿辅人物考〉序一》，《畿辅人物考》，《孙奇逢集》（中），中州古籍出版社 2003 年版，274 页。

② 孙奇逢：《〈理学宗传〉序　》，《孙奇逢集》（上），中州古籍出版社 2003 年版，第 621 页。

类立传，"构成了传记、学术资料选编、评笺三位一体的编纂新格局"①。其宗旨在于传续理学道统，调停朱陆异同，力求归于一家。要之，《理学宗传》是一部以道统建构为标的的立言之作，体现了孙氏对千年以来儒学传统的见解和对儒学乃至中国文化发展的构想。

孙奇逢有一重要观点乃下学而上达，用其言即：

> 返顾生平，虽所见有时而迁，而独知之地，不敢自欺。识得天理而自，衡准经纬，原是千圣真血脉，非语言文字承当，故说个心即在事上见，说个己即在人上见，说高远在卑迩上见，说上达在下学上见。②

由此观之，立言立行，撰述作文皆属下学范畴，则《畿辅人物考》亦在此类之中。《畿辅人物考》是孙奇逢晚年最后一部著作③，成书于康熙二年(1663)左右，是记载明代畿辅地区(以北京为中心包括今河北大部、天津及河南内黄、清丰、南乐、浚县、滑县、长垣等地，但今属河北的磁州、武安、涉县明代

---

① 陈祖武：《中国学案史》，东方出版中心2008年版，第93页。

② 孙奇逢：《年谱》，《孙奇逢集》(下)，中州古籍出版社2003年版，第1444页。

③ 有学者经过考辩，指出孙奇逢撰写《畿辅人物考》时，曾参阅河北另一位学者孙承泽的《畿辅人物志》一书，详见刘仲华：《世变、士风与清代京籍士人学术》，中国人民大学出版社2013年版，第32—41页。

隶属河南彰德府不在其内）人物传记作品。全书以类系人，分
为理学、经济、节义、清直、方正、武功、隐逸七科，后有
"补遗"，共计八卷，收录312人。每卷开头有叙，阐明收录该
类人物的缘由和去取宗旨等。大部分人物传记之后，附有"岁
寒老人曰"，即孙奇逢对人物的论赞。这是一部了解和研究明
代畿辅人物和孙氏生平交游的具有重要参考价值的人物传记体
史书。

　　虽然《理学宗传》意在超越宋明以来儒学之门户之见，建
构一种具备共同儒学精神的新道统，《畿辅人物考》致力绍述
与表彰有明一代畿辅地区名贤忠义，然细阅两书，不难寻绎出
孙氏对于建构北学谱系的一些端倪。具体而言，其理念大致
有三。

　　第一，确立北学源头，梳理流衍脉络。孙奇逢之前，关于
北学开山始祖，学界似尚未有定论。孙氏治学力主追根溯源，
认祖归宗，"学之有宗，犹国之有统，家之有系也。系之宗有
大小，国之统有正有闰，而学之宗有天有心。今欲稽国之运
数，当必分正统焉；溯家之本原，当先定大宗焉"①。以此宗旨
审视北学谱系之建构，确立源头则尤为关键。经过深思熟虑，
孙氏认定董仲舒乃北学开山。其在回忆《理学宗传》编纂体会

----

　　①　孙奇逢：《〈理学宗传〉序一》，《孙奇逢集》（上），中州古籍出版社
2003年版，第621页。

时道:"予辑《理学宗传》,自董江都而下,以至鹿江村,皆所
称学道人,而各分尼山之一派者也。"① 可知孙将董仲舒视为北
学鼻祖的观点或形成于编纂《理学宗传》之际。故其在书中对
董之评价极高:

> 暴秦焚坑之后,汉高继之,虽云豁达大度,然不事
> 《诗》《书》,素轻儒术,圣学不绝如线矣。江都崛起,制
> 策三篇,洋洋乎天人古今之统也。匠心独诣,无所蹈袭,
> 醇儒也哉!至正谊明道语,真王佐之心。刘中垒以为伊吕
> 无以加,管、晏之属佐霸者不及也。于论笃深矣。乃世儒
> 猥以言灾异为太过,是何足为江都咎也! ②

如此评价,董仲舒在孙氏心中之北学宗师地位,已是呼之
欲出。

除却将董仲舒尊为北学开山,孙氏还在两书中初步梳理了
北学流衍之脉络,将历代河北名儒列于其中。尤其是对于元明
两代北学关键人物,孙所用笔墨甚多。如对元儒刘因,孙指
出"畿辅理学以静修为开山,文章节义为有元一代大儒。嗣

---

① 孙奇逢:《畿辅人物考》,《孙奇逢集》(中),中州古籍出版社 2003
年版,第 288 页。

② 孙奇逢:《理学宗传》,《孙奇逢集》(上),中州古籍出版社 2003 年
版,第 907 页。

后，衍薪传之绪，大约皆宗静修"[1]，"静修生有元之盛，阐明绝学"[2]。再如明儒宋讷，孙评曰："公非醇于理学者也，然躬修迪德，淑世作人，开明代理学之传者，实始于公。故不得以节义名，不得以清直名，不得以方正名，而亦节义，亦清直，亦方正，乃所以为理学之宗也"[3]。

第二，折中朱王异同，调和经学与理学。正如前文所言，孙奇逢撰写《理学宗传》的一大目的即调停程朱与陆王的对立，肯定这两派理学宗旨主张可以相成而不相悖，并非合则两伤，离则双美。在此书卷七《陆子文安》的按语中，孙明确指出"朱、陆同异，聚讼五百年。迄今自其异者而观之，朱之意教人先博览而后归之约，陆之意欲先发明人之本心而后使之博览。朱以陆之教人为太简，遂若偏于道问学；陆以朱之教人为支离，遂若偏于尊德性。究而言之，博后约，道问学，正所以尊德性也；约后博，尊德性，自不离道学问也，总求其弗畔而已"[4]。另在卷二十二《明儒考》中，孙氏在对

---

① 孙奇逢：《畿辅人物考》，《孙奇逢集》（中），中州古籍出版社2003年版，第275页。

② 孙奇逢：《理学宗传》，《孙奇逢集》（上），中州古籍出版社2003年版，第1020页。

③ 孙奇逢：《畿辅人物考》，《孙奇逢集》（中），中州古籍出版社2003年版，第277页。

④ 孙奇逢.《理学宗传》，《孙奇逢集》（上），中州古籍出版社2003年版，第796页。

朱王异同发表看法："阳明之致知，非阳明之致知，孔子之致
知也。紫阳之穷理，非紫阳之穷理，孔子之穷理也。总不谬
于孔子而已矣，何至相抵牾、分水火乎？""何至以朱陆同异
聚讼于生前，朱王同异又聚讼于身后哉！"[①] 这种看法也用于
其评判北学人物之学风，如对比其挚友鹿善继与金铉之学术
风格，"鹿之学，近陆王；公（金）之学，守程朱"[②]。鹿"学
以认理为主，而言理即在事上"[③]，金"能发程朱未发之蕴"[④]。
孙首先承认二人治学各有所宗，但并不斤斤计较于学派之异
同，而是强调虽分属陆王程朱，然依旧各有千秋，皆造诣甚
深，有益于北学发展。

此外，孙氏尚有意识超越宋明以来道统论之藩篱，汉儒、
隋唐儒家也被吸纳入道统或学统之内，这体现出其学术态度之
豁达，也反映其学术视野之宏远，以经学闻名于世的北学开山
董仲舒的纳入其中便是显例。可以说，《理学宗传》与《畿辅
人物考》带有鲜明的建构意识。虽然孙奇逢也相信有一个客观

---

① 孙奇逢：《理学宗传》，《孙奇逢集》（上），中州古籍出版社 2003 年
版，第 1122 页。

② 孙奇逢：《畿辅人物考》，《孙奇逢集》（中），中州古籍出版社 2003
年版，第 287 页。

③ 孙奇逢：《畿辅人物考》，《孙奇逢集》（中），中州古籍出版社 2003
年版，第 285 页。

④ 孙奇逢：《畿辅人物考》，《孙奇逢集》（中），中州古籍出版社 2003
年版，第 287 页。

的道统存在于天地之间，并坚信通过绍述前贤可以将这个超越
的存在真实地呈现出来，但这种叙述更多乃基于信念，而不是
史实。本质上，他不是在叙述历史，也不著意展现历史的细
节，而是借助前人言行与学说，彰显他自身对道的体验和理
解，从而构建新道统。该理念亦深深影响到之后其弟子魏一鳌
的《北学编》编撰。

第三，倡扬北学经世、节义之特质。经世致用是北学一
大特质，在《畿辅人物考》中，孙奇逢有意凸显实学思想。
他认为"学术不明，勋名节烈，总霸术冒窃者耳"[1]，故其编
撰该书时将"理学"立为首科。但他所表彰的理学并不是迂
腐虚伪之假道学，而是能够躬行实践的真大儒。"能随事立
功，而以经济名；能成仁致命，而不以节义名。此理不明，
处乏真儒，而出鲜名世，非腐则伪耳。腐与伪之病道，遂令
以节义事功自豪者唾而弃之，然非学之咎也"[2]。故书中收录
的理学人物，多是既在学问上有所成就，又实行实用之人。
如宋讷作为国子监祭酒，教导学生有方，"凡诸生守官称职，
多出讷门。上每举讷为教国子监者楷法"[3]。孙还将"经济"

---

[1] 孙奇逢：《畿辅人物考》，《孙奇逢集》（中），中州古籍出版社2003
年版，第271页。

[2] 孙奇逢：《畿辅人物考》，《孙奇逢集》（中），中州古籍出版社2003
年版，第275页。

[3] 孙奇逢：《畿辅人物考》，《孙奇逢集》（中），中州古籍出版社2003
年版，第277页。

一科列于"节义""清直"等卷之前,仅次于"理学"。他对经世致用尤为推崇:"经济者,经理天下之务,干屯济否,生民倚赖,此等人,天下无事当储,以为有事之备。而一值有事,四顾彷徨,急不得一人而用之,坐视其事之败坏决裂,不可收拾,此其咎将谁问耶?"①

北学的另一个突出特征便是讲求慷慨节义之气,这在孙氏两书中有着淋漓尽致的体现。在《理学宗传》言及元儒刘因坚决不出仕时,孙赞道"予谓大义划然,体纯学粹,先生一人也"②。在《畿辅人物考》中,孙氏不仅单列义节一卷,倡扬像杨继盛这般"如公之轰烈惊天动地者,实为第一"③的忠义楷模,即使对理学名儒,亦强调其节义一面。鹿善继临死不屈,孙叹曰:"公之死也,以节著"④。金铉骂贼兵而跃水自尽,"人遂以为节士",孙进而指出"不知理学、忠节未始有二,不穷理而甘蹈白刃者有之,未有能穷理不能致命遂志者也"⑤。孙奇

---

① 孙奇逢:《畿辅人物考》,《孙奇逢集》(中),中州古籍出版社 2003 年版,第 291 页。

② 孙奇逢:《理学宗传》,《孙奇逢集》(上),中州古籍出版社 2003 年版,第 1020 页。

③ 孙奇逢:《畿辅人物考》,《孙奇逢集》(中),中州古籍出版社 2003 年版,第 352 页。

④ 孙奇逢:《畿辅人物考》,《孙奇逢集》(中),中州古籍出版社 2003 年版,第 285 页。

⑤ 孙奇逢:《畿辅人物考》,《孙奇逢集》(中),中州古籍出版社 2003 年版,第 287 页。

逢之所以如此倡导北学节义之精神，有其独特考虑：

> 予尝以理学为诸科之总途，谓其全体大用，无有格而难行之事。然燕赵间，悲歌慷慨，仗节死义者，或不乏人。至理学君子倡者殊少，故和者益稀。出俗难，独立而出俗尤难。①

在孙看来，北学儒者不仅当精通理学，仍需提倡节义之精神，唯有二者结合，方算得上完备。孙不惜篇幅反复陈说节义，正展示了其对北学之士倡导此精神不足的隐忧。

毋庸置疑，孙奇逢实乃明末清初北方学术之枢纽式人物。其学术造诣自不待言，更在于其有意识对北学谱系进行建构，开启后世之端绪。依靠其强大的号召力与人格魅力，北方儒生纷纷投其门下，仅可考的名儒就多达200余人，"故先生之教沛然大行，达于朝，而上为道揆；施于野，而下为善俗。其在近世讲学诸子，风声所被，教泽所加，未有及先生者也"②。"清初北方学者，殆无一不被夏峰之泽，著籍弟子千数，直隶、河南尤众"③，终形

---

① 孙奇逢：《畿辅人物考》，《孙奇逢集》（中），中州古籍出版社2003年版，第290页。

② 孙奇逢：《理学宗传》，《孙奇逢集》（上），中州古籍出版社2003年版，第1320页。

③ 梁启超：《近代学风之地理的分布》，《饮冰室合集》专集之四十一，中华书局1989年版，第52页。

成规模甚巨、影响深远的"夏峰北学"。故梁启超誉之"屹然成为北学重镇"①，洵无愧矣！

也正因弟子众多，孙氏建构北学的愿景由其徒魏一鳌承继，于是《北学编》应运而生。

第二节　谱系初建：魏一鳌与《北学编》

协助孙奇逢完成继续建构北学谱系之人，是夏峰著名弟子魏一鳌。

魏一鳌，字莲陆，直隶新安人。"少举于乡，为忻州知府。访贤下士，多惠政。去官之日，匹马双僮而已"②。后师从孙奇逢门下，"从游最早。及门问答，一鳌为多"③，"患难与共者三十二年"④之久。魏谨遵乃师学风，亦步亦趋，可谓深得夏峰学派真传，故清初重臣魏裔介评曰："彼莲陆者，信能传容城之学者也。"⑤

---

① 梁启超：《中国近三百年学术史》，《饮冰室合集》专集之七十五，中华书局 1989 年版，第 42 页。

② 徐世昌主编：《师儒二》，《大清畿辅先哲传》（上），北京古籍出版社 1993 年版，第 351 页。

③ 《清史稿》卷四百八十，中华书局 1998 年版，第 13102 页。

④ 徐世昌主编：《师儒二》，《大清畿辅先哲传》（上），北京古籍出版社 1993 年版，第 352 页。

⑤ 徐世昌主编：《师儒二》，《大清畿辅先哲传》（上），北京古籍出版社 1993 年版，第 353 页。

　　《北学编》即魏一鳌遵从师命而作。在编完《理学宗传》后，因祖籍河北，身处河南，此二地之学皆绵远深厚，"念绝学之当传"①，"前有创而后有承，人杰地灵，相需甚殷，亦后学之大幸也"②，于是命弟子魏一鳌和汤斌分别编修《北学编》和《洛学编》。是为编纂《北学编》之近因。

　　此外尚有一层远因，以往学界似尚未关注。其实早在明中后期，注重梳理地域学术源流的理学史著作已经出现，以冯从吾的《关学编》最为典型。该书之所以冠以"关学"之名，是因冯氏专为梳理关中一地理学脉络之故。全书共五卷，首卷记载关中孔门弟子秦祖、燕伋、石作蜀和壤驷赤四人，余下四卷述记宋金元明关中理学诸人，始于张载，终于王之士，共三十三位。撰者通过为诸儒立传的形式，概其治学之大貌，辨其授受之因缘，明其道学之统绪。此书有两大创新之处尤值注意：其一，《关学编》并非偏好程朱或陆王一派，而是兼综二家，难怪后人誉为"盖统程朱陆王而一之，集关学之大成者"③。其二，作为一部传统学术史著作，冯从吾在原有传记体的基础上又加入学案体的某些体例特点，故"实际上是开创了一种

――――――

　　①　孙奇逢：《〈洛学编〉序》，《夏峰先生集》，《孙奇逢集》（中），中州古籍出版社2003年版，第624页。

　　②　孙奇逢：《〈北学编〉序》，《夏峰先生集》，《孙奇逢集》（中），中州古籍出版社2003年版，第624页。

　　③　柏景伟：《关学编小识》，《关学编》，中华书局1987年版，第69页。

新的编修形式——学编体"①。此体裁于清代继续发展，魏一鳌的《北学编》便借鉴了这种编修形式。故尹会一认为"昔冯少墟先生辑《关学编》，其后中州则有《洛学编》，汤文正公所订也。畿辅则有《北学编》，魏莲陆先生所集也。"②可知《北学编》之编纂，除却为孙门师徒学术规划之题中应有之义，也一定程度上受到冯从吾《关学编》之影响。

魏一鳌之《北学编》凡两卷，记述河北学术自汉迄明的源流演变。汉代收入董仲舒等三人，唐代收入孔颖达等两人，宋金收入邵雍等五人（其中附录两人），元代收入刘因等十五人（其中附录七人），明代收入黄润玉等十五人（其中附录两人），共计四十一人。既然魏氏"亟亟以表章前喆自任"③，那么其编撰该书之意重在绍述北学先贤言行，具有如下三方面特点：

第一，首度建构较为系统的北学源流之谱系。在为《北学编》所撰序言里，孙奇逢特意强调"学术之废兴，系世运之升降，前有创而后有承，人杰地灵，相需甚殷，亦后学之大幸也"④，说明其尤为看重梳理学术传承、学说流衍对于一地学

① 卢钟锋：《中国传统学术史》，河南人民出版社1998年版，第232页。
② 尹会一：《序》，《续北学编》，莲池书院藏本，同治七年（1868）重刊。
③ 孙奇逢：《〈北学编〉序》，《夏峰先生集》，《孙奇逢集》（中），中州古籍出版社2003年版，第624页。
④ 孙奇逢：《〈北学编〉序》，《夏峰先生集》，《孙奇逢集》（中），中州古籍出版社2003年版，第624页。

术、后代世运之重要性，故建构一条渊源有自、先后有序的北学谱系则是该书头等要义。不妨以表格形式展示《北学编》所收入河北历代学人：

姓名	朝代	学术宗旨
董仲舒	西汉	经学
毛苌	西汉	经学
卢植	东汉	经学
孔颖达	唐	经学
李翱	唐	古文
邵雍（附子子文门人周士彦）	北宋	理学
刘安世	北宋	理学
刘安礼	北宋	理学
高伸振	金	理学
刘因（附门人乌叔备、林起宗、王纲、刘英等同时梁浩然、同里李希直、张希古）	元	理学
安熙	元	理学
窦默	元	理学
苏天爵	元	理学
董朴	元	理学
伯颜师圣	元	理学
王恂	元	理学

续表

姓名	朝代	学术宗旨
王结	元	理学
黄润玉	明	理学
秦亨	明	理学
贺钦	明	理学
王崇庆(附同里刘伯璲、王宗一)	明	理学
刘诚	明	理学
蔡瓗	明	理学
李天麟	明	理学
宋学道	明	理学
赵南星	明	理学
魏大成	明	理学
鹿善继	明	理学
朱冯原	明	理学
金铉	明	理学

　　由上表可知，通过魏一鳌之梳理，自汉及明千余年以来北学流衍之情形甚是明晰，可谓有大脉可寻；并且每个时代都有标志性人物领衔，如汉之董仲舒，唐之孔颖达，元之刘因，明之鹿善继，不仅是彼时北学魁首，亦堪称引领天下学风的硕儒，可谓有主峰可指。故《北学编》给世人构建了一条颇为系统且令人信服的学术谱系。

第二，以绍述宋明理学家为主，兼顾汉唐著名经学家，实现了"经道合一"。从《北学编》全书体例与内容可见，虽然宋明理学家占多数，但亦兼顾到北学汉唐以降的经学传统，可谓主次分明，不废汉唐诸儒之所长。由前表所列，全书所涉汉唐大儒不过区区五位，但分量却并不轻。这恰契合孙奇逢"以编中所载诸先正，各有面目。其出处隐见，立言制行，虽有不同，要皆愿学孔子，不待文王而行之人"[1]的宗旨。如称董仲舒治经"其精如此，进退容止，非礼不行"[2]；夸卢植为"其学无所不窥，研精而不守章句，更不好词赋，性刚毅有大节，负济世之志"[3]，可谓纯然经师本色；对于李翱，则特别突出其承接唐宋儒学转捩之功，"先生独求端于性情，动静之际以发诚明之要"[4]。此特色乃魏一鳌有关"道不离经""经不离道"的"经道合一"之理学宗旨在传统学术史写作中的具体体现。也正是在体例上之有心安排，于内容评价中之着意突出，从而揭示出在北学谱系的演进脉络之中，经学乃理学发展之先导，理学为经学推进之结果。要之，兼综经学与理学，注重二者间的源流嬗变，同尊经学与理学为正学，实乃魏一鳌《北学编》的一个

① 孙奇逢：《〈北学编〉序》，《夏峰先生集》，《孙奇逢集》（中），中州古籍出版社2003年版，第624页。
② 魏一鳌：《北学编》，莲池书院藏本，同治七年（1868）重刊。
③ 魏一鳌：《北学编》，莲池书院藏本，同治七年（1868）重刊。
④ 魏一鳌：《北学编》，莲池书院藏本，同治七年（1868）重刊。

重要观点。

第三，为理学卫道续统，调停程朱陆王。鉴于明末之沉重教训，清初社会思潮趋于批判、反思前朝思想学术之弊，理学处于颓势。如何摆脱此窘境，便成为盘亘于众理学家心中的难题。于是不少学者纷纷从事理学史撰修工作，试图借助为理学修史来达到卫道续统、重整理学之目的。当然即使皆在修史，理学家彼此间风格与思路亦不一致，有人强化理学阵营内部的宗派意识，主张尊程朱辟陆王，或抬陆王抑程朱，有人则力求淡化宗派意识，折中程朱陆王，共尊为理学正宗。《北学编》即此思路之产物。孙奇逢于序言中认为宋明之后北学，"董、韩而后，若器之、静修、伯玉，学本朱程，克恭、侪鹤、伯顺，力肩陈、王，因念紫阳，当五星聚东井之际，及其身不免于伪学之禁。阳明功在社稷，当日忌者夺其爵，禁其学。非两先生之不幸，诚世道之不幸也。我辈生诸贤之后，自待岂宜菲薄？"[①] 故其希望作为北学后人，应弥合程朱陆王之旧痕，矫正党同伐异之成见。魏一鳌秉承师说，因而既尊学主程朱的刘因等人，亦敬潜心陆王的鹿善继诸位，强调两派思想的互补与兼容之处，以调停程朱陆王的路径来实现卫道续统之意。

---

① 孙奇逢：《〈北学编〉序》，《夏峰先生集》，《孙奇逢集》（中），中州古籍出版社 2003 年版，第 624 页。

作为首部系统梳理北学源流、建构学术谱系的学术史作品，《北学编》之意义自不待言。当然开山之作向来多有思虑不周之处。比如在谱系建构上，魏一鳌立董仲舒为鼻祖，然汉儒之后径直落在唐人孔颖达上面，缺乏对魏晋南北朝几百年北学人物的考察；再如因参考资料所限，魏氏对不少人物学行的叙述不免粗疏，往往难以展现其全貌；最后尚有一点，或因《北学编》流传过程中脱讹之故，书中魏一鳌对人物的按语极少，目前仅存魏氏按语寥寥两条（另有魏裔介按语两条），这势必不能全面体现魏一鳌及其夏峰学派对于北学人物的具体看法。

也鉴于以上不足，时至乾隆朝，显宦尹会一续修《北学编》，完善北学之谱系。

第三节　再度建构：尹会一与《续北学编》

尹会一（1691—1748），字元孚，号健余，直隶博野人。雍正进士，历任吏部主事、扬州知府、河南巡抚、江苏学政等职。尹"笃信程朱，谓治法不本于三代，皆苟道也"①。"其在

---

① 徐世昌主编：《名臣传四》，《大清畿辅先哲传》（上），北京古籍出版社1993年版，第135页。

河南，以中州之北宋以来，理学最盛，历金、元、明，代不乏
人；清朝孙奇逢、汤斌、张伯行、耿介、张沐尤为杰出。会一
既然以振兴绝业为己任，增订《洛学编》示学者，命州县分四
乡立社学，简有齿德者为之长。"①乾隆十二年，尹督学江苏，
"以江南文胜，风以质行。尝谒东林道南祠，刻小学颁示士子。
处士是镜庐墓隐舜山，亲访之，荐于于朝。侍郎方苞屏居清凉
山，徒步造访，执弟子礼。校文详慎，士林悦服"②。尹平生崇
学重道，其门人王系璜概括曰："其文三变，少而宕激，壮而
肆，晚而简质。以程朱之学为门庭，以周孔之书为归宿，可谓
明道笃古君子矣。"③

正因这股"明道笃古"的个性，作为直隶籍官员，尹会一
始终不忘发扬家乡之学术。对于续编《北学编》之初衷，尹在
序言中有过一段交代：

> 余抚豫时，既取《洛学编》而续之，深以未见《北学编》
> 为憾。嗣于徵君之曾孙用正得其书，每欲仿《洛学编》附
> 所见闻，以就正当世，牵于公事未遑也。岁庚申，陈情归

---

① 徐世昌主编：《名臣传四》，《大清畿辅先哲传》（上），北京古籍出
版社1993年版，第136页。
② 《尹会一传》，《清史稿》卷三百八，中华书局1998年版，第10575页。
③ 徐世昌主编：《名臣传四》，《大清畿辅先哲传》（上），北京古籍出
版社1993年版，第138页。

里，乃从定省，余检魏本稍加较订，补入四人而续其后来者十三人。既竣事，有谓余者曰：尧舜以来，道学相承，仅可指而数也。北学原编由汉及明，既载三十余人矣。子于一方数十年，中复举十有余人，不疑于滥乎？余乃喟然而叹曰：正学之失传久矣。异端害真犹在门墙之外，俗儒痼弊即在章句之中，间得一二志士振奋于狂澜既倒之时，或砥节厉行，或崇经诩传，蜀之日，越之雪，空谷之足音也。方爱之慕之，表扬之不暇，而敢轻为求备乎？余续订是编，在北言北，亦犹之乎在洛言洛，在关言关耳？至于学无南北，惟道是趋五事五伦，昭如大路，学者读是书而兴起，拔乎俗而不为，苟同志于道而不为，苟异千里百里犹若比肩而立者，孔曾思孟道而还，濂洛关闽其揆一也，畴得而歧之，视此为北方之学也哉。因识简端，时以自助且望后之学者，相续于无穷云。①

“在北言北”，传承北学道统，应是尹续编是书之意图所在。围绕这一目的，尹氏于续编《北学编》过程中，主要侧重三方面工作。

首先，修正北学谱系，进行再度建构。虽在编修凡例中，

---

① 尹会一：《序》，《续北学编》，莲池书院藏木，同治七年（1868）重刊。

尹首要宣称"前续洛学编，原本率从其旧，今续编北学，间易旧本者，非敢僭妄"，但其以"传刻多伪，且体例不符"① 之由对既有篇章进行重新校订修正，对北学谱系进行再构。其一，尹氏强调董仲舒之北学开山地位。《北学编》中虽已将董置于源头，但因魏氏按语付之阙如，未能清晰反映夏峰学派的具体观点。因此尹对董氏不吝赞美之词：

> 汉兴，学术未明，武帝始知尊崇孔子，抑黜百家，立学校之官，州郡举茂才孝廉，皆自董子发之，洵大有功于世。刘向称其有王佐之才，伊吕无加，惜未究其用也。《贤良三策》实能见道之大原，而深契乎内圣外王之学，其告君必以尧舜而求其端于天，推其本于正心，尽其事于设诚，致行举其要于择吏养贤，立教更化，久为艺林所传诵，故不具载。考其生平，可谓知仁谊、重礼节、安处善、乐循理矣。盖孔孟后继承道统之人，匪直北地儒宗也。②

尹氏径直授予董仲舒"孔孟后继承道统之人""北地儒宗"之头衔，推崇之至的背后实乃愈发坐实了其北学鼻祖之位置。其

---

① 尹会一：《凡例》，《续北学编》，莲池书院藏本，同治七年（1868）重刊。

② 尹会一：《续北学编》，莲池书院藏本，同治七年（1868）重刊。

二，完善汉唐之间北学脉络链条，补充代表人物。针对魏著汉唐之间名儒遗漏之不足，尹氏特意"采史汉《儒林传》补之"，加入韩婴、束晳、刘献之三人，这样不仅充实了汉儒阵营，更使得北学谱系中有了西晋与北魏两位名儒，使得汉唐之间的学术脉络完整而清晰，存续井然。其三，有意与洛学争夺韩愈学术归属，以期强化北学谱系。在汤斌所修《洛学编》中，韩愈赫然在列，并赞"其言大行，学者仰之如泰山北斗"[①]。尹会一则对此提出异议：

> 韩文公家世于《送李愿序》内自称昌黎，似可以正《唐书》之讹。但祖父坟墓俱在，怀孟其为修武原籍无疑，所以称昌黎者，唐重族系，宰相韩休本昌黎人，故以此著姓，犹云琅琊王、陇西李之类耳。且即远祖实系昌黎，亦与二程子之先世居博野相同，不敢仍附至邵康节。[②]

不过毕竟韩愈乃洛学名儒已俨然成为彼时学界共识，若强将其纳入北学谱系之中，恐招致学界争议。故尹氏终未把韩愈置入《续北学编》中，而是对与其有着师友之谊的李翱作为塑造

————————

① 汤斌：《洛学编》，《续修四库全书》第515册，上海古籍出版社2006年版。

② 尹会一：《凡例》，《续北学编》，莲池书院藏本，同治七年（1868）重刊。

对象，加以称赞："唐之有道而能文者，韩李并称，而韩尤著，或以昌黎归入洛学，为兹编之憾。然读先生《复性书》，发中庸之蕴，所以自勉而警人者，其至是时年才二十有九。志于道德而自惧未及，懦夫闻之足以有立矣。"[1] 抬升李翱之学亦意味着北学与韩愈有着紧密关联，此叙述手法可视为尹会一的一种建构策略。其四，强调北学讲求节义的特色。慷慨节义本是北学特征，这在《北学编》中体现不足，或因魏一鳌纯粹择取儒者的缘故。尹会一对此并不认同，他以明代名臣杨继盛为例，"原编专为搜集理学而于节义经济，虽光昭史册者，亦不轻入但学如杨椒山先生，似不得专以气节目之，今特增入原编"[2]，并留下按语，道：

> 编内不载椒山先生，岂以北方多节义未可胜书耶？抑先生忠烈彪炳人间，无藉此编之传耶？孙徵君《畿辅人物考》书先生传后云：使公不以忠死，必且为理学之宗。夫孔曰成仁，孟曰取义，君子之学孰大于是，信如徵君，言古之学者以忠，见先生之学以死掩乎？余谓气节之与道学，固不能不分，若先生者，无所不学而又见其大，观其言曰道者。吾性分之所当为，可逆亿人之伪而不为耶？呜

----

[1]　尹会一：《续北学编》，莲池书院藏本，同治七年（1868）重刊。

[2]　尹会一：《凡例》，《续北学编》，莲池书院藏本，同治七年（1868）重刊。

呼！学如是足矣！ ①

尹氏补入杨继盛，其意义不单在于表彰其言行，更使得北学谱系中多了一道节义的光彩，也愈加彰显北学独有之特质。这或是学人对尹氏学术宗旨当措意之处。

其次，沿魏氏北学谱系顺流而下，补进清代人物。尹会一生活于雍乾两朝，故其续补《北学编》一大任务便是增加夏峰学派之后的北学人物，具体情形见下表：

姓名	朝代	学术宗旨
韩婴	西汉	经学
束皙	西晋	经学
刘献文	北魏	经学
杨继盛	明	节义
孙奇逢	清	理学
杜越	清	理学
王余佑	清	理学
刁包	清	理学
魏象枢	清	理学
陈泾	清	理学
张潜	清	理学

① 尹会一：《续北学编》，莲池书院藏本，同治七年（1868）重刊。

姓名	朝代	学术宗旨
魏一鳌	清	理学
张烈	清	理学
颜元	清	实学
李塨	清	实学
王源	清	实学
冯濂	清	理学

尹会一共补入十七人，其中清代十三人，俱为清前期人物，距尹所处时代颇近，甚至尹曾聆听过颜元讲学，据其回忆："余方十岁时，犹及见先生魁岸端严，听其议论，娓娓倾四座。"[1]正因对诸学人言行要么耳濡目染，要么由他人相传，尹会一对前辈学人的评述较之《北学编》丰富了许多。

最后，突出清初北学的经世与笃实特色。从上表不难窥知，对于清初河北学术格局，尹氏给出的答案是理学与实学并峙，即使理学人士，亦具有经世与笃实的底色。如评价孙奇逢时，道"吾乡尚气节而蹈道为难，先生周旋左魏诸公之难，一似慷慨之为，而卒远于祸。观其在白沟邂逅浮邱，语阎阎，心气和平，虽缇骑环伺，莫能乘其隙，盖心泰而诚，至物自无

① 尹会一：《续北学编》，莲池书院藏本，同治七年（1868）重刊。

忤焉。然则先生之养可知矣"①。再如认为王余佑"负经世才，其详得自吾邑李刚主读其遗书，至抚卷太息曰：*此诸葛武乡之流*"②。对于颜元、李塨为首的颜李学派诸人，尹氏更不惜笔墨，逐一详加评说：

（颜元）阅历既多，益信好朱子，故于先生之书弗暇深考，然迹其生平，言行间刻厉深矣。崛起穷乡，力追古道，而挽颓风，异学俗学觝排，欲尽其诸豪杰之士，无待而兴者与！

（李塨）先生传习斋之学，其本在于忍嗜欲、苦筋力，以勤家而养亲，而以其余，习六艺讲世务以备天下国家之用，以是为孔子之学，而自别于程朱。

（王源）余尝读先生所为文，跌宕淋漓不懈而及于古，遨游公卿间，好奇节。窃意先生故文章意气自喜之士，比见望溪先生传四君子，皆称行修而学，殖先生为首列焉。然后知先生不独雄于文也，所著有《易传》十卷、《平书》二卷、《兵论》二卷，惜余未及见之。③

与之形成鲜明对比的是，对于部分清初理学名儒，尹或给

① 尹会一：《续北学编》，莲池书院藏本，同治七年（1868）重刊。
② 尹会一：《续北学编》，莲池书院藏本，同治七年（1868）重刊。
③ 尹会一：《续北学编》，莲池书院藏本，同治七年（1868）重刊。

予短短几句点评，甚至不留按语，由此可见其学术倾向。

尹氏之后，其子尹嘉铨及后学弋涛再度续修《北学编》[①]，加入申涵、王锐、尹会一、黄叔琳与黄叔璥兄弟五位清儒，并补遗明末孙承宗一人，已透露出清中期汉学兴盛的趋势。

尹会一所续修之《北学编》，将北学谱系顺延至清初，更值得关注的是其敢于发表己之学术观感，书中按语颇多，尤对董仲舒北学儒宗的定位、韩愈与北学之渊源的论证，虽颇多有待商榷之处[②]，但确能表明其建构谱系之心甚切。同时他在叙述清初河北学术格局时，不拘于以往偏重程朱陆王学人的路数，对倡导实学的颜李学派甚是推崇，这既符合彼时清初北学之实情，亦是尹氏自身讲求力行的学术宗旨的体现。

经过孙奇逢、魏一鳌、尹会一等几代河北学人的建构、补充与完善，北学谱系愈见清晰，大体成型，逐渐成为后世学人较为认可的一条学术脉络。从中不难窥知，由当初孙奇逢倡导折中朱陆、主张经济的宗旨，中经魏一鳌亦步亦趋、调和经学

---

① 就续写《北学编》之缘起，尹嘉铨在后序中解释道："先君子续辑《北学编》，越五载而卒，又三载崇祀乡贤，其后江苏、河南皆请以名宦祀，于是戈侍御曰：'少宰公之论定矣。吾郡王仲颖先生固醇儒也。宜同续入北学，爰出传稿见示嘉也。'谨奉教。因思广平申处士诗，变至道当以补遗北平二黄公，久为士林所景仰，并编列焉。其有潜德未彰，续有闻也。敢不熏沐书之。乾隆二十九年岁次甲申春王正月博陵后学尹嘉铨谨识。"

② 王树楠曾指出：读魏莲陆、尹元孚《北学正续》诸编，叹其取材太狭，且不无入主出奴门户之私识者病焉。"（徐世昌主编：《序》，《大清畿辅先哲传》（上），北京古籍出版社1993年版，第1页）

与理学，再到尹会一特拔实学与理学并峙，且渐纳汉学名家入围谱系。可见百余年间四朝学风已发生颇大递嬗，此亦堪视作北学脉络变迁的鲜活写照。正是确立了这条主峰可指、源流有序、嬗变不已的学术脉络，为晚清民初的北学复兴提供了至为关键、可供凭依的学术资源与素材。故北学得以在晚清复兴，诸位前辈学人谱系建构之功不可或缺。

第二章　兴学与改化：曾国藩
与北学新风之肇端

经过百余年沉寂之后，北学于晚清渐呈复苏迹象，而位居保定的莲池书院即复兴北学之大本营。饶有况味的是，开启此风者非直隶本地名宦硕儒，却是短暂督直的湖湘重臣曾国藩。曾氏出任直隶总督后，着力改变直隶学风凋敝、士风不振之现状，其所作《劝学篇示直隶士子》（以下简称《劝学篇》）一文，乃晚清大吏兴学倡教之名篇。正是在曾氏的身体力行之下，直隶一地之学风、文风与士风为之一变。基于问题意识和研究视角的差异，晚近学人在考察此文时[①]，多就其对北学重振的作用与意义加以研讨。历史研究自当重视文本分析，不过文本绝非脱离具体历史语境之文本，唯有结合相关的政学背景，内外

---

① 可参见彭小舟、周晓丽：《曾国藩与莲池书院》，《贵州社会科学》2006 年第 3 期；陈美健：《直隶总督与莲池书院》，《莲池书院研究》，河北大学出版社 2012 年版；王达敏：《曾国藩总督直隶与莲池新风的开启》，《安徽大学学报（哲学社会科学版）》2014 年第 6 期。

打通，方有可能得出符合实际的结论。就曾氏《劝学篇》及相关具体举措而言，通过梳理北学流衍过程、把握曾氏学术旨趣及辨析曾文内容大意，笔者认为，曾氏撰写《劝学篇》，名为振兴北学，意在扩张湘学，推广桐城古文，实有一番深意蕴含其间。

第一节 "抚绥乏术"与"学问无成"：曾国藩督直之政情与心境

书院之制，由来已久。起于唐而盛于两宋，清代仍袭宋明之旧。顺治十四年，"从抚臣袁廓宇请修复衡阳石鼓书院，嗣后各直省，以次建设"①。其大体情形如下：

凡书院义学，令地方官稽察焉，京师设立金台书院，每年动拨直隶公项银两，以为师生膏火，由布政司详请总督报销。直省省城设立书院，直隶曰莲池，山东曰泺源，山西曰晋阳，河南曰大梁，江苏曰钟山，江西曰豫章，浙江曰敷文，福建曰鳌峰，湖北曰江汉，湖南曰岳麓、曰城

---

① 谢国桢：《近代书院学校制度变迁考》，沈云龙主编：《近代中国史料丛刊》二辑，台湾文海出版社 1969 年版，第 1 页。

南，陕西曰关中，甘肃曰兰山，四川曰锦江，广东曰端溪、曰粤秀，广西曰秀峰、曰宣城，云南曰五华，贵州曰贵山，皆奉旨赐帑，给师生膏火。奉天曰沈阳，酌拨每学学田租银为膏火。令有志向上，无力就师各生，入院肄业。①

可见莲池书院为清代众多书院中颇为重要的一所。其建于雍正十二年，时直隶总督李卫"与司藩王君、司臬窦君、观察彭君、郡守县令……延名宿，集诸生，肄习书院，劝学兴德"②。选址并修建于保定古莲花池的西北部。古莲花池初名雪香园，是由元朝的张柔所主持修建。在《临漪亭记略》中记载雪香园的盛景是"帘户疏越，澄澜荡漾，鱼泳鸟翔，虽城市嚣嚣而得三湘七泽之乐"。元代之后，这座名园由于多种原因遭到毁废。在明代嘉靖年间，保定知府张烈出官费加以修复，池中"蓄鳞艺莲，环池植柳如槛，并修建了亭台和围墙，辟为'水鉴公署'，意即以水为鉴，鉴身、鉴心，成为达官贵人饮宴享乐的场所"③。古莲花池

① 昆冈：《大清会典则例》，《文渊阁四库全书本》，上海古籍出版社1987年版。

② 黄彭年主纂：《畿辅通志》卷一百十四《学校一·保定府》，清宣统二年（1910）北洋官报兼印刷局石印本。

③ 贺海：《古莲池与莲池书院》，《紫禁城》2000年第2期。

有"城市蓬莱"的美誉，同时以"莲漪夏艳"的称号列为保定古城八景之一。

据《畿辅通志》载，待"建立书院之诏适下，爰（李卫）与司藩王君、司臬窦君、观察彭君、郡守、县令商，以大门甬道折行池北，故有南向听事、堂后精舍便室、东西廊庑、大小曲房若干间，因旧起废建为书院。凡栋宇、檐楠、轩窗、阶除、墙垣、门户之制无不新，铁石、瓦甓、丹腰、黝垩、屏障、几席之材无不饰，计徒庸书糇粮，属其役于清苑令徐德泰而董其成，名以'莲池书院'，从其始也。又即书院东甬道西地，鸠工庀材，构皇华馆若干楹，方向规模略如书院。公遇燕见退食居息，宾从东眺，骖服仆御，莫不有所，制纂备矣。循甬道直行池东折而南，地可五六亩，旧有敞轩曲廊，葺而治之。益构南向听事五区，东向精舍三区，亭一所，小山丛树，竹篱松牖，参错期间，为垣三面，别曰南园，备课士谭燕之所。又是借之同时并集者，可以环池而居也。新旧共为门三、堂五、斋四、左右庑八、奎阁一、廊五、平台一、亭二、楼一、小屋四十余区、池二、桥一。经始于雍正十一年五月，落成于是年之九月。"[1]"莲池书院"自此正式竣工，成为直隶省会书院。

---

[1] 陈谷嘉、邓洪波：《中国书院史资料》中册，浙江教育出版社1998年版，第863页。

一、"抚绥乏术"

乾嘉年间，莲池书院聘请诸位理学、汉学名儒担任院长，先后有孙嘉淦、鲁之裕、尹会一、夏文澜、张叙、汪师韩、章学诚、邵瑛、祁韵士等赴保定授徒传教。此期间亦是莲池书院甚为重要的发展时期。不过，清政府设立书院之动因，仍是根于思想文化领域的控制，故书院实乃士子课习制艺之所，加之彼时北学不振，在很长一段时间内，莲池书院属于官方学术文化盘踞之地，无法与江浙、湖湘一带众多带有鲜明地域学术和主流学术色彩的书院相匹敌。因此直隶地区的士风、学风与文风亦随之略显朴陋。不过由于地处京畿，得天独厚的区位优势为莲池书院于晚清之兴起提供了必要条件，毕竟一来书院常得朝廷直接物质扶持，二来皇帝或显宦便于视察，三来名儒硕学从京师赴保定任教亦甚便利，四来京师学术风气之先常能惠及莲池。故在晚清倡导经世致用之大背景下，同治七年（1868），曾国藩出任直隶总督，他从改革莲池书院教学模式入手，以期振兴全省之文教事业，实开启直隶一地之士风、学风与文风转变之端绪。

然曾国藩起初任职直隶之本意并非改化北学。同治八年正月十七日，皇太后慈禧召见即将赴直隶上任的曾国藩，问道："尔到直隶办何事为急？"曾对曰："臣遵旨，以练兵为先，其次整顿吏治。"随后言及御外事宜，慈禧强调："这是一件大事，总搁下未办。"曾对曰："这是第一件大事，不定那一天他就翻了。兵是必要练的，那怕一百年不开仗，也须练兵防备他。"慈禧又提醒曾"直隶吏治也疲玩久了，你自然也都晓得"。曾答："一路打听到京，又问人，也就晓得些。属员全无畏惮，臣到任后，不能不多参几人。"最后慈禧叮嘱："百姓也苦得很。"曾应道："百姓也甚苦，年岁也不好。"① 可知此次执掌直隶，清廷希望曾能多练精兵，御外防内，澄清吏治，纾解民苦，振兴教育并不是施政重点。

其实早在赴任前，曾已料到此番仕途艰巨，"上意深以畿辅空虚为虑，谆谆饬令练兵。自顾衰迟，深恐无裨时艰"②。待其下车伊始，直隶政情之复杂棘手，令其苦不堪言，一筹莫展。这在其与朋僚师友的函牍书信中颇有体现。刚经历过兵燹之灾，直隶可谓"民生日蹙，狱讼繁多"，奈何雪上加霜的是"乃值天时亢旱，麦稼成灾。若再旬日无雨，则秋禾不能播种，鸿嗷遍野"③。好不容易盼到降雨，大堤决口又不期而至，"闻永定河北下四漫口，廿一日甫经奏报合龙，廿二日既已决口"，曾氏"忧愤愧悚，不能自释。旁皇绕室，不能治事"。其

---

① 《曾国藩全集·日记》之四，岳麓书社 2011 年版，第 145—146 页。

② 《复张树声》，《曾国藩全集·书信》之九，岳麓书社 2011 年版，第494 页。

③ 《复吴棠》，《曾国藩全集·书信》之九，岳麓书社 2011 年版，第518 页。

心绪极其不佳，"近闻蝗蝻间起，永定河决口，尤为焦闷。为疆吏者，全仗年丰民乐，此心乃可自怡，若事事棘手，则竟日如在桎梏中矣"①。不仅天灾人祸令曾有身在桎梏之感，直隶政坛弊端之重亦令其心焦，"畿辅仕宦习气，病在因循巧滑，上下相蒙，廉正之士，湮没不章，诚有积重难返之势。鄙人虽欲稍一挽救，而莅任经年，全无绩效。又值岁事告歉，愈益无可设施"②。诸事丛脞，练兵计划几乎无从谈起，"一则因兵丁积习太深，一则因直隶人款太少，总觉未有把握"③。故在致爱徒李鸿章的信中，曾国藩一吐内心块垒："直隶义应练兵，责无可贷。惟绿营废坏已极，六军章程过密，文法太繁"，"今欲厘革积弊，一新壁垒，殊乏良策"。至于"备豫外洋"，"则不惟畿甸屡军骤难及此，即他省兵力数倍于直隶者，亦断不足以敌洋人。鄙意北方数省因循已久，无良将劲卒足备任用，饷项又难筹措，设备之说，诚为毫无把握"。思来想去，曾终认为"东南新造之区，事事别开生面，百战将士尚不乏有用之才，饷项足以济之，制器造船各事皆已办有端绪，自强之策，应以东南为主"④。如此看来，曾氏督直之境况诚可以"抚绥乏术"概括。

---

① 《曾国藩全集·日记》之四，岳麓书社 2011 年版，第 188 页。

② 《报任道镕》，《曾国藩全集·书信》之十，岳麓书社 2011 年版，第 88 页。

③ 《复朱学勤》，《曾国藩全集·书信》之九，岳麓书社 2011 年版，第 565 页。

④ 《复李鸿章》，《曾国藩全集·书信》之九，岳麓书社 2011 年版，第 549—550 页。

二、"学问无成"

较之于政情堪忧，似更让曾国藩终日念兹在兹、无法释怀的，实乃其为学无甚长进。众所周知，曾国藩于晚清不仅功业显赫，亦是彼时引领学风之魁首，尤其是对于湖湘学派之崛起，居功至伟。曾氏学术之初成，当溯至其京师任职翰林院时期。十载沉潜，曾与唐鉴、倭仁、吴廷栋、梅曾亮、郭嵩焘诸位师友请益砥砺，将宋明理学、乾嘉考据、桐城古文等学问兼收并蓄，逐渐形成其"礼学经世"的思想。在其看来，学术与事功互有补益，不可二分。因而虽日后戎马倥偬，曾依然于帐中手不释卷，如咸丰十一年（1861）三月十三日，正值祁门之危，身处险境，曾为曾纪泽、曾纪鸿二子所留遗书，仍耿耿于学术不成：

> 自念贫窭无知，官至一品，寿逾五十，薄有浮名，兼秉兵权，忝窃万分，夫复何憾！惟古文与诗，二者用力颇深，探索颇苦，而未能介然用之，独辟康庄。古文尤确有依据，若遽先朝露，则寸心所得，遂成广陵之散。作字用功最浅，而近年亦略有入处。三者··无所成，不无耿耿。至行军本非余所长，兵贵奇而余太平，兵贵诈而余太直，岂能办此滔天之贼？即前此屡有克捷，已为侥幸，出于非望矣。尔等长大之后，切不可涉历兵间，此事难于见功，易于造孽，尤易于诒万世口实。余久处行间，日日如坐针

毡，所差不负吾心，不负所学者，未尝须臾忘爱民之意耳。近来阅历愈多，深谙督师之苦，尔曹惟当一意读书，不可从军，亦不必作官。①

可知曾对古文甚有偏爱。每日读古今著述，温习古文，亦成为其从宦数十年雷打不动之习惯。不过离开人文阜盛的江南，曾倍感直隶学术凋敝，知己难觅，加之步入花甲，年事渐高，曾于日记中反复自省者，已非政绩不彰，仕途莫测，而是于学术上无所建树，不妨略举其间几段文字：

（同治八年）五月十一日　念生平稍致力于古文，思欲有所述作，今老惫而一无所成，深用自伤。又初到直隶，颇有民望，今诸事皆难振作，恐虎头蛇尾，为人所笑，尤为内疚。于心展转渐沮，刻不自安。②

五月十八日　盖思作《金陵官绅昭忠祠碑》而不能成，遂竟日昏睡，如醉如痴，向来习态如此。而数十年因循不肯苦学作文，至今已衰老，悔无及矣。③

五月二十二日　屡阅《先正事略》，屡次小睡，不觉

① 曾国藩：《谕纪泽纪鸿》，《曾国藩全集·家书》之一，岳麓书社2011年版，第593—594页。
② 《曾国藩全集·日记》之四，岳麓书社2011年版，第184页。
③ 《曾国藩全集·日记》之四，岳麓书社2011年版，第186页。

混过一日。余生平光阴似此耗去者多矣。①

六月初六日　夜又作《神道碑》二百余字。枝枝节节而为之，竟无一字是处。不知何以文思大退、精力大减至于如此。"少壮不努力，老大徒伤悲"，信有然矣。②

六月十三日　酉刻在室中徘徊良久。深以精力衰老、学问无成为恨。③

六月廿四日　夜温《古文·奏议类》，疲劳殊甚，昏昏欲睡，不知何以衰惫若此。念学术一无所成，欲为桑榆晚盖之计，而精力日颓，悔恨无已。④

或许曾对自身要求过苛，然在其心中，学问无成之忧虑在胜过政绩不显之烦恼。而正在自责之际，湘中人才之衰消迹象更使其心潮难宁。就在当年二月十九日，因剿捻不力被罢免归乡的曾国荃致书侄子曾纪泽，道："吾湘气象不若十年前之团聚，省城官场魄力亦不能运量周于辖境，但祝地方无事，则可安静过日，倘或小变，难免仓黄失措。"⑤同样因宦海失利而蛰居楚中的刘蓉亦在稍后与曾鸿雁传书时慨叹："近日

---

① 《曾国藩全集·日记》之四，岳麓书社2011年版，第187页。
② 《曾国藩全集·日记》之四，岳麓书社2011年版，第191页。
③ 《曾国藩全集·日记》之四，岳麓书社2011年版，第193页。
④ 《曾国藩全集·日记》之四，岳麓书社2011年版，第196页。
⑤ 《谕纪泽侄》，《曾国荃全集·家书》之五，岳麓书社2006年版，第306页。

湖湘间人才稍替。有高资者，又好为闳大自肆之谈，诵说西京而薄视唐宋以下。文章、经学，大抵皆然，亦风会之一变也。"①与曾、刘二人相比，郭嵩焘的观感更加严峻，言辞亦更加沉重：

> 程子言"作新人才难，变化人才易"。惟公德望足以作人才。至于变化一时之风气，区区愚陋，犹能及之，未有为其事而无其功者也。吾楚水荒频仍，伏匪益繁，人心风俗日趋而下，可忧实多。而其本原尤在于此……吾楚一切已成强弩之末……在事诸公各持一心，不相贯属，此后功效可知。而楚绅久为天下始病……盖国人之相构者亦多矣，颇以是卜楚运之衰而必决，知其不复可与有焉。②

昔日孕育意气风发、扭转危局的湘军的湖南，竟然"一切已成强弩之末"，楚运衰歇之兆令一向主张以培育人才来转移士风、立国固邦的曾国藩心绪愈发沉郁。他曾对朋僚倾诉心中担忧："吾乡近时风俗侈靡，一变向来勤朴之旧，实缘乡人从军日久，职官太多之故。推论缘起，即鄙人不能辞其咎。今欲力挽颓俗，固须林下诸公身示俭约，诱进以诗书。

① 《复曾相国书》，《刘蓉集》（二），岳麓书社2008年版，第190页。
② 《致曾国藩》，《郭嵩焘全集》之十三，岳麓书社2012年版，第225—226页。

而凡为达观于外者，尤宜约束子弟，不使习为豪华以相炫耀，庶可渐移锢习。然由俭入奢易，由奢入俭难，仍未知其果能挽救也。"①

因其深知，一地一时风气之变迁，既是关乎学术人心，因牵涉政治教化，影响至为深远。既然身在直隶，无法回湘扭转风气，曾国藩只得把握眼下，将湖湘之学引入北地。六月二十八日，曾氏夜读沉思，记道：

> 念余生平虽颇好看书，总不免好名好胜之见参预其间，是以无《孟子》"深造自得"一章之味，无杜元凯优柔厌饫一段之趣，故到老而无一书可恃，无一事有成。今虽暮齿衰迈，当从"敬静纯淡"四字上痛加功夫，纵不能如孔子、元凯之所云，但养得胸中一种恬静书味，亦稍足自适矣。②

养得一种"恬静书味"，此是自修之功；重整一地人心风俗，则为兴教大业。此段感悟，似预示着此前诸事不利而心中有愧的曾国藩，打算利用余年改化直隶一地士风、学风与文风。

---

① 《复杨昌濬》（同治九年正月二十四日），《曾国藩全集·书信》之十，岳麓书社 2011 年版，第 129 页。
② 《曾国藩全集·日记》之四，岳麓书社 2011 年版，第 197—198 页。

第二节　义理为首，引入湘学：曾国藩
《劝学篇示直隶士子》之意蕴

一、"义理为首"

颇为巧合的是，恰在曾国藩督直之际，反映北学谱系源流的《北学编》及《续北学编》第三度刻印。该书初刻于乾隆二十九年（1764），重刻于道光二十四年（1844）。后因原版散失，时任莲池书院山长的李嘉端遂于同治八年（1869）三刻此书，并补入孙承宗传①，发给莲池书院学生，"俾从游者人手一编，庶知先贤真学问以身体力行为要，非虚谈性命者。比则经术不至专于训诂而精义淹通，道学不至流于异端，而躬行无愧，又何至有分门别户、党同伐异之弊哉！然则学之为北，诚如元孚先生所云，在北言北尔，而亭林谓无

---

①　参与补刊校阅者有：桑春荣，字百斋，宛平人；王发桂，字笑山，清苑人；王仲伦，字□轩，易州人；王振铢，字仙五，易州人；王灏，字文泉，定州人；李光璧，字星垣，宝坻人；刘晓山，字西岩，河间人；王履恒，字健庵，清苑人；归继先，字寿彭，清苑人；贺锡福，字恺轩，清苑人；张清元，字肇一，清苑人；周洛，字幼川，清苑人；孙承洛，字冠卿，清苑人；程兆祥，字芝庭，清苑人；李嘉端，字铁梅，大兴人；张楷枝，字□桥，满城人；鹿欣理，字苏翚，定兴人；尹焕章，字朴园，博野人。

所用心者，乃其自甘居于是编之外者也。吾愿手是编者，心乎是编，身乎是编，将处可以师乡里，出可以佐盛治，庶有当于不刊之意，而不至为编外人欤"①？以期借此让学子熟知北学流变。

在此之前，同治六年（1867），李嘉端还将北学诸贤祔祀于莲池书院圣殿之中。从祀之制，启于东汉，后历代沿革不绝，遂演化成官方祭祀大典，这无疑是古代官方儒学正统观的最佳体现。由于儒生强调"道统于一，祀典亦当定于一"，使得历代从祀制与道统思想彼此对应，而不同时代的从祀制恰好代表不同的圣门系谱，其中蕴含了丰富多变的讯息。诚如黄进兴先生所言："作为政治教育与学术的一个交集，从祀制可视为近人津津乐道的'文化霸权'的理论的古典例子。"②可以想见，李嘉端有意借助陪祀这种仪式操演及叙述北学谱系的《北学编》作品来强化莲池书院弟子们对家乡学术的认同感。

李的这番举动对苦于尚无良策改善直隶文教的曾国藩而言，似乎是一种启发。到任当天，曾便"至山长李铁梅处久坐"③，了解莲池书院相关情况。后曾同李铁梅来往颇密，这在

---

①　王发桂：《序》，《续北学编》，莲池书院藏本，同治七年（1868）重刊。

②　黄进兴：《圣贤与圣徒》，北京大学出版社 2005 年版，第 115 页。

③　《曾国藩全集·日记》之四，岳麓书社 2011 年版，第 151 页。

其日记中多有记述：

> （同治八年二月十二日）申正，至书院与山长李铁梅
> 侍郎一谈。①
> （三月初二日）中饭后，山长李铁梅来，谈半时许。②
> （三月廿四日）午正二刻，请李铁梅山长便饭，久谈
> 至申正三刻方散。③

四月初九早上，李嘉端再度来访，曾与之一谈。之后曾日记中便出现"阅《北学编》"④的记载。大概此书乃从李氏处获得。北学谱系也自此清晰地映入曾氏脑海中。

经过一段时间考察，曾国藩对直隶学术生态甚为不满，其中有两件事对其触动颇大。一是该年五月十四日，书院照例进行馆课，孰料"诸生多不交卷，一哄而散"。⑤山长李嘉端因此萌生退意。二是五月二十五日，曾因对直隶公事生疏，"拟将《畿辅通志》细阅，旋将京师一卷阅毕。又阅田赋、河渠、盐政、兵制诸卷，均不甚了了，不知作者果未得要领乎？抑余不善阅乎？雍

---

① 《曾国藩全集·日记》之四，岳麓书社2011年版，第156页。
② 《曾国藩全集·日记》之四，岳麓书社2011年版，第162页。
③ 《曾国藩全集·日记》之四，岳麓书社2011年版，第169页。
④ 《曾国藩全集·日记》之四，岳麓书社2011年版，第174页。
⑤ 《曾国藩全集·日记》之四，岳麓书社2011年版，第185页。

正间所修之志，至今情形亦多不合矣。"① 经此二事，曾深感"此间士风稍陋"②，学术颓靡，必须采取措施，方能"渐挽薄俗，一宏雅道"③。于是尚苦于无力挽救湘学衰歇的曾国藩计上心来，昭示其改变直隶学风决心的《劝学篇示直隶士子》一文应运而生。④

以往学界就《劝学篇示直隶士子》的评论，关注点多集中于其对改变直隶学风上的指导意义，"《劝学篇》有本有表，做到了使乡土文化与曾国藩'礼学'的有机结合，区域文化与时代趋势紧密联系，符合近代文化的转型与发展规律，也契合当时直隶的文化发展轨迹，甫一发表就深深影响到了莲池书院诸生的治学道路；其散文方面也深受湘乡派的影响，在全省范围内产生了更加重大的反响，原有沉闷枯燥的空气迅速消退，北学的发展面貌从此焕然一新"⑤。这当为曾撰此文的必有之义，不过若从不同地域之学渗透与改化当地之学的角度考察，或可揭示出曾文的另一层深蕴所在。

---

① 《曾国藩全集·日记》之四，岳麓书社 2011 年版，第 188 页。

② 《复李鸿裔》（同治八年七月初二日），《曾国藩全集·书信》之九，岳麓书社 2011 年版，第 583 页。

③ 《复李鸿裔》（同治八年七月初二日），《曾国藩全集·书信》之九，岳麓书社 2011 年版，第 583 页。

④ 耐人寻味的是，翻阅曾之日记，其在撰写《劝学篇示直隶士子》当天，还曾阅读《北学编》，故曾是在爬梳北学源流后，方才动笔撰文，可知其用心之深。

⑤ 彭小舟、周晓丽：《曾国藩与莲池书院》，《贵州社会科学》2006 年第 3 期。

曾文开篇就言及"人才随士风为转移"①。具体到直隶一域，曾认为北学中慷慨豪侠之风殊为难得，"前史称燕赵慷慨悲歌，敢于急人之难，盖有豪侠之风。余观直隶先正，若杨忠愍、赵忠毅、鹿忠节、孙征君诸贤，其后所诣各殊，其初皆于豪侠为近。即今日士林，亦多刚而不摇，质而好义，犹有豪侠之遗。才质本于士风，殆不诬与"②？该种豪侠品质，在曾看来并不悖于圣贤之道③，且有几个方面与之相通：

> 侠者薄视财利，弃万金而不盱；而圣贤则富贵不处，贫贱不去，痛恶夫墦间之食、龙断之登。虽精粗不同，而轻财好义之迹则略近矣。侠者忘己济物，不惜苦志脱人于厄；而圣贤以博济为怀。邹鲁之汲汲皇皇，与夫禹之犹己

---

① 《劝学篇示直隶士子》，《曾国藩全集·诗文》，岳麓书社 2011 年版，第 486 页。

② 《劝学篇示直隶士子》，《曾国藩全集·诗文》，岳麓书社 2011 年版，第 486 页。

③ 曾氏对北学豪侠特质如此褒扬，确有其认同甚或赞赏之一面，不过就该特质的缺陷，曾氏认识亦尤深。他曾在公私场合都有所表达，一次是与心腹幕僚赵烈文闲谈，赵认为直隶"民气刁健，闻风而起，后有大徭，虽以军令驱之，不复听矣"。曾闻罢"大善之"（赵烈文：《能静居日记》（三），岳麓书社 2013 年版，第 1277 页）。另一次是在次年赴津处理教案时，曾撰文宣谕天津士民，"秉刚气者，一往直前，不顾其他，水火可赴，白刃可蹈之类是也。斯固属难得之质，有用之才，然不善造就，则或好义而不明理，或有刚气而无远虑，皆足以偾事而致乱"（曾国藩：《谕天津士民》，《曾国藩全集·诗文》，岳麓书社 2011 年版，第 489 页）。

溺，稷之犹已饥，伊尹之犹己推之沟中，曾无少异。彼其
能力救穷交者，即其可以进援天下者也。侠者较死重气，
圣贤罕言及此。然孔曰成仁，孟曰取义，坚确不移之操，
亦未尝不与之相类。①

走笔至此，曾对侠者急人之难、舍生取义的论述已隐约触及北
学最核心的经世传统，毕竟如绪论所言，河北学人对事功的追
求历来是重外王践履，轻内圣修养的。所谓侠者，恰恰是这
种传统的一种较为极端的体现。曾国藩对此精神似并不排斥，
"然则豪侠之徒，未可深贬，而直隶之士，其为学当较易于他
省，乌可以不致力乎哉"？②

不过当涉及如何致力于学术时，曾所列门类可谓正好戳中
北学之软肋：

致力如何？为学之术有四：曰义理，曰考据，曰辞
章，曰经济。义理者，在孔门为德行之科，今世目为宋学
者也；考据者，在孔门为文学之科，今世目为汉学者也；
辞章者，在孔门为言语之科，从古艺文及今世制义诗赋皆

---

① 《劝学篇示直隶士子》，《曾国藩全集·诗文》，岳麓书社 2011 年版，
第 486 页。
② 《劝学篇示直隶士子》，《曾国藩全集·诗文》，岳麓书社 2011 年版，
第 486 页。

是也；经济者，在孔门为政事之科，前代典礼、政书，及当世掌故皆是也。①

义理、考据、辞章、经济，比照当下北学之现状，可谓皆非所长。反观曾国藩的学术背景与宗旨，其对四者之认识堪称系统。曾氏学术观念的雏形，肇始于翰林院时期。道光廿一年七月十四日，曾拜访湖南前辈唐鉴，二人之谈话对其终身影响极大：

> 又至唐镜海先生处，问检身之要、读书之要。先生言当以《朱子全书》为宗。时余新买此书，问及，因道此书最宜熟读，即以为课程，身体力行，不宜视为浏览之书。又言治经宜专一经，一经果能通，则诸经可旁及。若遽求兼精，则万一能通一经。先生自言生平最喜读《易》。又言为学只有三门：曰义理，曰考核，曰文章。考核之学，多求粗而遗精，管窥而蠡测。文章之学，非精于义理者不能至。经济之学，即在义理内。又问：经济宜何如审端致力？答曰：经济不外看史，古人已然之迹，法戒昭然；历代典章，不外乎此。又言近河南倭艮峰仁前辈用功最笃

---

① 《劝学篇示直隶士子》，《曾国藩全集·诗文》，岳麓书社 2011 年版，第 486 页。

实，每日自朝至寝，一言一动，坐作饮食，皆有札记。或心有私欲不克，外有不及检者皆记出。先生尝教之曰：不是将此心别借他心来把捉才提醒，便是闲邪存诚。又言检摄于外，只有"整齐严肃"四字；持守于内，只有"主一无适"四字。又言诗、文、词、曲，皆可不必用功，诚能用力于义理之学，彼小技亦非所难。又言第一要戒欺，万不可掩著云云。听之，昭然若发蒙也。①

可以说，除了对古文上孜孜以求外（此问题将于下一节详论），曾国藩一生治学大体便以唐鉴之教诲悬为标的。故余英时先生评曰："此番谈论对曾国藩以后的学术生命实有再造之功，他的治学规模就此奠定了。"②

初入堂奥，曾便视义理为首务。其在致诸位兄弟信中写道：

> 盖自西汉以至于今，识字之儒约有三途：曰义理之学，曰考据之学，曰词章之学。各执一途，互相诋毁。兄之私意，以为义理之学最大，义理明而躬行有要而经济有本；词章之学，亦所以发挥义理者也；考据之学，吾无取焉矣。此三途者，皆从事经史，各有门径。吾以为欲读经史，但当研

---

① 《曾国藩全集·日记》之一，岳麓书社 2011 年版，第 92 页。
② 余英时：《曾国藩与"士大夫之学"》，《士与中国文化》，上海人民出版社 2003 年版，第 585 页。

究义理，则心一而不纷。是故经则专守一经，史则专熟一
代，读经史则专主义理。此皆守约之道，确乎可不易者也。①

虽说日后其对词章、考据二学之认识颇有深入，观点亦因之改
观，然"义理之学最大"却是其毕生所秉承之宗旨。因而在《劝
学篇》中，曾列出四科后，便强调义理实乃治学之首务。他顺
着湖湘学风传统，对义理与辞章二者之关系详加推阐：

　　人之才智，上哲少而中下多；有生又不过数十寒暑，
势不能求此四术遍现而尽取之。是以君子贵慎其所择，而
充其所急。择其切于吾身心不可造次离者，则莫急于义理
之学。凡人身所自具者，有耳、目、口、体、心思；日接
于吾前者，有父子、兄弟、夫妇；稍远者，有君臣，有朋
友。为义理之学者，盖将使耳、目、口、体、心思，各敬
其职，而五伦各尽其分，又将推以及物，使凡民皆有以善
其身，而无憾于伦纪。夫使举世皆无憾于伦纪，虽唐虞之
盛有不能逮，苟通义理之学，而经济该乎其中矣。程朱诸
子遗书具在，易尝舍末而言本、遗新民而专事明德？观其
雅言，推阐反复而不厌者，大抵不外立志以植基，居敬以

---

　　① 曾国藩：《致澄弟温弟沅弟季弟》，《曾国藩全集·家书》之一，岳
麓书社 2011 年版，第 49 页。

养德，穷理以致知，克己以力行，成物以致用。义理与经济初无两术之可分，特其施功之序，详于体而略于用耳。[①]

既然人生精力有限，为学则须择其要者，去其枝节，义理之学当为最急。因为它切于身心，关乎伦纪，且对经济之学亦有重要指导意义，故"经济该乎其中矣"。易言之，义理为体，经济为用，义理统摄经济，经济从属义理。按照曾之构思，经世之学对于理学的意义，就在于它一方面可以改造原本略显虚悬不实的理学，使其具有指导现实、服务现实的实践特性；另一方面经世之学又当奉理学为宗，对于现实社会的实践与指导始终不能逾越理学规则之范围，其实于无形中又抬高了理学的学术与社会地位。在直隶地区加强理学研修，曾氏之意，于此再明白不过。

二、擢湘学至北学之上

那曾国藩如此强调义理之学的重要性，其意图何在？前已提及，曾乃近代湘学的典型代表，湘学之特色即在于"没有因热心谈论'性与天道'而流于空谈，没有因追求内圣品德而忽视外王事功，而是注重'体用合一，未尝偏也'，力求保持

---

① 《劝学篇示直隶士子》，《曾国藩全集·诗文》，岳麓书社 2011 年版，第 486—487 页。

内圣和外王、道德与政治的统一"①。曾国藩督直之时，正是北学最为窳败不堪之际。直隶"今则遗风邈然，而淫乱灭伦之案层见叠出，人才日少，风俗日薄，所关匪浅"②。是故兴学重教当是身为总督的急需所办之事。作为中兴名臣，曾国藩之所以获得军功卓著，除却一流的个人素质外，浸润其多年的湖湘文化亦被时人归为要因之一。故当曾面对北学不振的局面，来源于内心的地域文化优越感促使其利用手中所掌握的政治与文化资源来扩张湘学的学术版图，毕竟较之于学术繁盛的江浙、岭南一带，直隶相对的学术真空也恰为曾国藩引入湘学、改化北学提供了必要时机。同时曾氏的高明之处在于他悉心考察北学大概后，敏锐发觉虽然湘学与北学在诸多方面主张互异，但就追求经世致用的一点上，有着共同的特质。所以他于文中花费一定篇幅对北学的豪侠精神做一铺叙，其目的或许便是以经世思想作为湘学与北学之共识，为沟通两派学说搭建桥梁。当然，曾之最终意图依旧是纳经济于义理之中，擢湘学至北学之上：

　　今与直隶多士约：以义理之学为先，以立志为本，取乡

---

　　① 陈谷嘉、朱汉民著：《湖湘学派源流》，湖南教育出版社1992年版，第44页。

　　② 《加倭仁片》（同治八年八月初五日），《曾国藩全集·书信》之九，岳麓书社2011年版，第596页。

先达杨、赵、鹿、孙数君子者为之表。彼能艰苦困饿，坚忍以成业，而吾何为不能？彼能置穷通、荣辱、祸福、死生于度外，而喜何为不能？彼能以功绩称当时，教泽牖后世，而吾何为不能？洗除旧日暗昧卑污之见，矫然直趋广大光明之域；视人世之浮荣微利，若蝇蚋之触于目而不留；不忧所如不牖，而忧节慨之少贬；不耻冻馁在室，而耻德不被于生民。志之所向，金石为开，谁能御之？志既定矣，然后取程朱所谓居敬穷理、力行成物云者，精研而实体之。①

综上可知，曾国藩撰写《劝学篇示直隶士子》一文，采取二路并进的方式，一是振兴直隶文教事业；二是秉持湘学精神，结合北学传统，改化直隶士风、学风与文风。他虽未于文中将该目的点明，但揆诸其言论，这层深蕴依然迹迹可循。而他于文末所期望出现的情形，"倡者启其绪，和者衍其波；倡者可传诸同志，和者又可植诸无穷；倡者如有本之泉放乎川渎，和者如支河沟治交汇旁流。先觉后觉，互相劝诱，譬之大水小水，互相灌注。以直隶之土风，诚得有志者导夫先路，不过数年，必有体用兼备之才，彬蔚而四出，泉涌而云兴"②，正是湘学渗透后的结果。

---

① 《劝学篇示直隶士子》，《曾国藩全集·诗文》，岳麓书社 2011 年版，第 487 页。

② 《劝学篇示直隶士于》，《曾国藩全集·诗文》，岳麓书社 2011 年版，第 488 页。

第三节 以桐城古文铸莲池新风

一、晚清古文之盟主

倘细剖《劝学篇示直隶士子》，尚能发现曾氏于文中还对考据、辞章二学多有提倡。有清一代，汉学居显学之位，曾国藩"一宗宋儒，不废汉学"①，故其对考据一科并不排斥。而他对辞章一科的重视则是渊源有自，别具深意。

提到清代辞章古文之学，则绕不过桐城派。桐城文派是有清一代绵延时间最久、影响最大、门徒最多、成就甚巨的一个散文流派。该派主要特色在于，内容上以扬播程朱义理、宗法伦理纲常；形式上结构谨严，剪裁得当，文辞典雅，表达畅白，讲求声调，杂以说理，考据辅之。学界一般讲此派开山祖师定为康熙年间的学者方苞，刘大櫆第其中介，至姚鼐为集大成。而此派消亡则以1930年桐城殿军马其昶去世为标志。不过近年来对于桐城派开山出现新论，认为"桐城派的真正创始者，不是其他任何人，而是姚鼐。在姚鼐之前，桐城派根本就不存在。戴名世、方苞和刘大櫆等不唯没

①《复夏教授》，《曾国藩全集·书信》之五，岳麓书社2011年版，第335页。

有立派的动因，而且也无立派的意识和实践。姚鼐生前和卒后，姚门弟子和私淑者无不视其为桐城派之祖。姚鼐虽自谦已极，但也隐约以文宗自居。可以说，倘若没有姚鼐的蓄意奋斗，桐城派绝无出现可能"。[1] 抛开此开山之争，姚鼐于桐城派之中枢地位毋庸置疑。姚氏身后，其弟子或信徒或任职京师，或外放地方，或游幕四方，或主讲书院，总之其人在何处，桐城文风便流播及此。综观晚清，桐城创作群体空前壮大，先后形成了以嘉道时期的陈用光、道咸时期的梅曾亮、咸同时期的曾国藩、同光时期的吴汝纶为中心的四大古文圈子[2]。其中曾国藩与吴汝纶二大古文圈子对北学皆有颇大影响。

晚清理学家入盟桐城文派，曾国藩乃其间执牛耳者。曾氏曾在《圣哲画像记》一文中坦言"姚先生持论闳通，国藩之粗解文章，由姚先生启之也"[3]。他终生把《惜抱轩文集》《古文辞类纂》作为案头涵咏之作。甚至其对姚鼐痴迷到曾在一年之内两次梦中相遇。同治三年（1864）十二月十七日，他"梦见姚姬传先生颀长清癯，而生趣盎然"[4]；同治四年（1865）十二

<hr>

① 王达敏：《姚鼐与乾嘉学派》，学苑出版社2007年版，第1页。
② 柳春蕊：《晚清古文研究——以陈用光、梅曾亮、曾国藩、吴汝纶四大古文圈子为中心》，百花洲文艺出版社2007年版，第8页。
③ 《圣哲画像记》，《曾国藩全集·诗文》，岳麓书社2011年版，第152—153页。
④ 《曾国藩全集·日记》之三，岳麓书社2011年版，第121页。

月十日，他"梦见姚姬传先生谈文颇久"①。他对姚氏坚守程朱信仰、与汉学大本营孤军奋斗甚表敬重，也接受了其阴阳刚柔、因声求气诸说，更对其有关义理、考据、辞章的见解推崇备至。他在《圣哲画像记》中指出："姚姬传氏言学问之途有三：曰义理，曰词章，曰考据。"②可知，曾氏于《劝学篇》中的四门类之说，除了师从唐鉴外，当亦根据姚说而演化之。

曾氏之所以甘拜姚鼐门下，并非纯然出于对桐城古文之喜爱。晚近著名学者钱基博先生在论及湖南一地学风时，评道"湖南之为省，北阻大江，南薄五岭，西接黔蜀，群苗所革，盖四塞之国。其地水少而山多，重山迭岭，滩河峻激，而舟车不易为交通。顽石褚土，地质刚坚，而民性多流于倔强。以故风气锢塞，常不为中原人文所沾被。抑亦风气自创，能别于中原人物以独立。人杰地灵，大儒迭起，前不见古人，后不见来者，宏识孤怀，涵今茹古，罔不有独立自由之思想，有坚强不磨之志节……盖地理使之然也"③。这种从地理位置上解释湖南独立精神的路径，并非钱氏所创，发明者恰是曾国藩。他在为好友谭研生所撰《湖南文徵序》中，历数古文之衍变，凸显湘乡文风之特色：

① 《曾国藩全集·日记》之三，岳麓书社2011年版，第241页。
② 《圣哲画像记》，《曾国藩全集·诗文》，岳麓书社2011年版，第153页。
③ 钱基博：《近百年湖南学风》，岳麓书社1985年版，第1页。

　　窃闻古之文，初无所谓法也。《易》《书》《诗》《仪礼》《春秋》诸经，其体势声色，曾无一字相袭。即周秦诸子，亦各自成体。持此衡彼，画然若金玉与卉木之不同类，是乌有所谓法者。后人本不能文，强取古人所造而摹拟之，于是有合有离，而法不法名焉。

　　若其不俟摹拟，人心各具自然之文，约有二端：曰理，曰清。二者人人之所固有。就吾所知之理而笔请书而传诸世，称吾爱恶悲愉之情而缀辞以达之，若剖肺肝而陈简策使吾缱绻之怀的然呈露，斯皆自然之文。性情敦厚者，类能为之。而浅深工拙，则相去十百千万而未始有极。自群经而外，百家著述，率有偏胜。以理胜者，多阐幽造极之语，而其弊或激宕失中；以情胜者，多悱恻感人之言，而其弊常非缛而寡实。自东汉至隋，文人秀士大抵义不孤行，辞多俪语。即议大政，考大礼，亦每缀以排比之句，间以婀娜之声。历唐代而不改，虽韩、李锐志复古，而不能革举世骈体之风。此皆习于情韵者类也。来兴既久，欧、苏、曾、王之徒，崇奉韩公，以为不迁之宗。适会其时，大儒迭起，相与上探邹鲁，研讨微言。群士慕效，类皆法韩氏之气体，以阐明性道。自元明至圣朝康、雍之间，风会略同，非是不足与于斯文之末。此皆习于义理者类也。

　　乾隆以来，鸿生硕彦，稍厌旧闻，别启途轨，远搜汉儒之学，因有所谓考据之文。一字之音训，一物之制度，辨论动至数千言。曩所称义理之文，淡远简朴者，或屏弃之，以为空疏不足道。此又习俗趋向之一变已。

湖南之为邦，北枕大江，南薄五岭，西接黔蜀，群苗所革，盖亦山国荒僻之亚。然周之末，屈原出于其间，《离骚》诸篇为后世言情韵者所祖。逮乎来世，周子复生于斯，作《太极图说》《通书》，为后世言义理者所祖。两贤者，皆前无师承，创立高文。上与《诗经》《周易》同风，下而百代逸才举莫能越其范围，而况湖湘后进沾被流风者乎？兹编所录，精于理者盖十之六，善言情者约十之四，而骈体亦颇有甄采，不言法而法未始或紊。惟考据之文搜集极少。前哲之倡导不定，后世之欣慕亦寡。研生之学，稽《说文》以究达诂，笺《禹贡》以晰地志，固亦深明考据家之说。而论文但崇体要，不尚繁称博引，取其长而不溺其偏，其犹君子慎于择术之道欤！①

此序作于 1871 年，此时以曾国藩为首的古文圈子早已煊赫于彼时文坛，故曾氏批评乾嘉文风枝蔓琐碎，倡扬湖南文

---

① 曾国藩：《〈湖南文徵〉序》，《曾国藩全集·诗文》，岳麓书社 2011年版，第218—219页。

风崇体不繁，虽不免有以湘学领袖自矜之嫌，却也道出一个现象：一支脱胎于湖南本地独有的历史文化传统，同时借鉴雍乾以降桐城古文治学精髓，最终因创而成的"湘乡文派"已俨然自立门户，旗帜鲜明。故作为"湘乡文派"之执牛耳者，曾国藩所看重的是桐城文派"文贵载道"、文能经世的为学宗旨。姚鼐曾夫子之道："鼐尝论学问之事有三端焉，曰义理也、考证也、文章也。是三者苟善用之则皆足以相济，苟不善用之则或至于相害。……夫天之生才虽美，不能无偏，故以能兼长者为贵。"[1] 又言学问三端"异趣而同为不可废"，"必兼收之乃足为善"[2]，"鼐所云学有三途，以义理为其一途者，谓讲明而辨说之，犹是文字中之事，未及于躬行为己也。躬行为己，乃士所以自立于世根本所在，无与之并者。安得同列而为三乎？虽然，言义理虽未逮于躬行，而终于躬行为近。若文章、考证之事，举其极亦未必无益于躬行也，然而以视义理之学，则又远矣。子曰：'学之不讲，吾忧也'，非义理之谓乎？若古文之学，须兼三者之用，然后为之至"[3]。曾可谓继往开来，认为"词章之学，亦所以发

---

　　① 姚鼐：《述庵文钞序》，《惜抱轩文集》卷四，《惜抱轩诗文集》，上海古籍出版社 1992 年版，第 61 页。

　　② 姚鼐：《复秦小岘书》，《惜抱轩诗文集》，上海古籍出版社 1992 年版，第 96 页。

　　③ 姚鼐：《复林仲骞书》，稿本，安徽省博物馆藏品，转引自工达敏.《姚鼐与乾嘉学派》，学苑出版社 2007 年版，第 188 页。

挥义理者也"①。反之，义理必须以辞章为载体方能发挥教化功用，"今日欲明先王之道，不得不以精研文字为要务。"圣人之道"必求以文字传之后世"②。所以平日作文当精于义理，而非工于技巧：

> 凡作诗文，有情极真挚，不得不一倾吐之时。然必须平日积理既富，不假思索，左右逢源，其所言之理，足以达其胸中至真至正之情。作文时无镌刻字句之苦，文成后无郁塞不吐之情，皆平日读书积理之功也。若平日蕴酿不深，则虽有真情欲吐，而不足以适之，不得不临时寻思义理，义理非一时所可取办，则不得不求工于字句，至于雕饰字句，则巧言取悦，作伪日拙，所谓修词立诚者，荡然失其本质矣！以后真情激发之时，则必视胸中义理何如，如取如携，倾而出之可也。不然，而须临时取办，则不如不作，作则必巧伪媚人矣。③

义理不仅是辞章之学的核心，且由此评判辞章之学的高下优劣。换言之，义理实为辞章之灵魂。

---

① 《致澄弟温弟沅弟季弟》，《曾国藩全集·书信》之一，岳麓书社2011年版，第55页。
② 《致刘蓉》，《曾国藩全集·书信》之一，岳麓书社2011年版，第5页。
③ 《曾国藩全集·日记》之一，岳麓书社2011年版，第130—131页。

二、以湖湘古文铸北地文风

况且桐城文派一直在京师流播，故时常衍及直隶，其与北学士人之学缘称得上由来已久。康熙年间，被梁启超誉为桐城派"开山之祖"①的戴名世任职京师，与方苞一道提倡古文。略晚于戴、方二人的直隶总督方观承更以莲池书院为平台，将桐城文学由京师转移到以保定为中心的直隶地区。②方"素勤于学，工为诗及书"③，经常亲自主持莲池书院的讲学和考试，向士子传授作文之法，从而使桐城古文于直隶一地有了一定的传播。与方观承相较，曾国藩对古文之传播贡献更大。他不仅于书院中倡导桐城文法④，指出士子"有偏于考据

---

① 梁启超：《中国近三百年学术史》，《饮冰室合集·专集之七十五》，中华书局 1989 年版，第 172 页。

② 详见吴秀华：《略谈桐城派在北方的传播》，《燕赵学术》2007 年春之卷，第 164—171 页。

③ 姚鼐：《惜抱轩全集》，中国书店 1991 年版。

④ 督直期间，曾氏于古文时有感悟，如"温古文，气势之盛者，莫盛于李、杜、韩、苏之七古，因温诵七古良久。二更五更睡。日内，思古来圣贤名儒之所以彪炳宇宙者，无非由于文学、事功。然文学则资质居其七分，人力不过三分；事功则运气居其七分，人力不过三分。唯是尽心养性，保全天之所以赋于我者。若五事则完其肃、乂、哲、谋、圣之量，五伦则尽其亲、义、序、别、信之分；充无欲害人之心而仁足，充无穿窬之心而义足，此则人力主持，可以自占七分。人生着力之处当于自占七分者，黾勉求之，而于仅占三分之文学、事功，则姑置为缓图焉。"（《曾国藩全集·日记》之四，岳麓书社 2011 年版，第 246 页）想必亦将其理念施教于莲池诸生。

之学，有偏于辞章之学，亦不必速易前辙，即二途皆可入圣人之道"①，更重要的是他所传桐城义法以古文之形载义理之魂，并结合北学注重经世的传统，纳入其向直隶渗透湘学的计划当中。于是桐城古文成为其引入理学经世思想的重要载体。莲池书院亦被营造成北方传播桐城文法的阵地，直隶文风从此一变。而其后曾门弟子张裕钊、吴汝纶更是承继恩师衣钵，扬帆而上，二人在莲池书院前后共掌院达 16 年之久，终使晚清古文之种于北地结出丰硕果实。故钱基博特意以颇长篇幅评价曾之古文成就：

> 居官治军，粹然儒者，戎马仓皇，不废文事。以谓："古之知道，未有不明于文。吾儒所赖以学圣贤者，独藉于文以读古圣之书，而究其用心之所在。然则此句与句续，字与字续者，古圣之精神语笑，胥寓于此，差若毫厘，谬以千里。词气之缓急，韵味之厚薄，属文者一不慎，则规模立变；读书者一不慎，则卤莽无知。故欲明先圣之道，不得不精研文字。"及其自为文章，盖诵说桐城姚鼐之义法，至列之《圣哲画象记》曰："国藩初解文章，由姚先生启之也。"然寻其声貌，略不相袭。大抵以定气

---

① 《劝学篇示直隶士子》，《曾国藩全集·诗文》，岳麓书社 2011 年版，第 486 页。

为主，以影响为辅，力矫桐城懦缓之失。探源扬马。专宗韩愈。奇偶错综。而偶多于奇。复字单谊，杂厕相间，厚集其气，使声采炳焕而戞焉有声。异军突起，而自成湘乡派。门弟子著籍者，武昌张裕钊、桐城吴汝纶最为绝出，先后主直隶保定之莲池书院。新城王树枬、武进贺涛，得其法脉，声光迸出以称宗于河北，传授徒友。于是河北之治古文者，皆衍湘乡之一脉焉。桐城之文，由归有光以学欧阳修，由欧阳修以追《史记》，蕲于情韵不匮，意有余妍。

湘乡之文，由韩愈以摹扬马，由扬马以参《汉书》，蕲于英华秀发，语有道响。桐城优游缓节，如不用力，而湘乡则雄奇跌宕，肆力为之。其大较也。

自来言宋儒程朱之学者，无不拘谨。而罗泽南发之以大勇；为桐城方姚之文者，多失缓懦，而国藩矫之以神奇。然则湖南人之所以为湖南，而异军突起以适风土者，一言以蔽之曰强有力而已。①

"河北之治古文者，皆衍湘乡之一脉"，"湖南人之所以为湖南，而异军突起以适风土者，一言以蔽之曰强有力而已"，钱氏能够这般洞悉湘乡文派与北学之关联，并点透湖南学风之

---

① 钱基博：《近百年湖南学风》，岳麓书社 1985 年版，第 38—39 页。

内核，诚可谓独具只眼！

要之，曾国藩虽自称《劝学篇示直隶士子》一文颇为
"芜浅，殊不足观"①，但其所蕴含的扩张湘学的深意不当
忽视。

第四节 "不得已求其次"：曾国藩
振兴直隶文教之举措

一、延聘山长

在莲池书院山长李嘉端与诸生发生不谐之音后不久，
曾国藩便开始筹划振兴直隶文教的计划。在与幕僚赵烈文谈话
时，曾坦言：

> 吏治风俗颓坏已极。官则出息毫无，仰资于徭役；民则
> 健讼成性，藐然于宪典。加以土瘠多灾，暂晴已旱，一雨辄
> 潦，民食不给，遑问官事。余一筹莫展，惟有求一二贤人君
> 子相助为理，本地亦设局延访德才学三科，以振兴地方。②

---

① 《曾国藩全集·日记》之四，岳麓书社 2011 年版，第 200 页。
② 赵烈文：《能静居日记》（三），岳麓书社 2013 年版，第 1258 页。

曾之设想可谓十分明确：一是物色新的山长人选，统领莲池书院诸人，推进改化北学进程；二是设立新的机构，从民间吸纳贤人良才，以期助他振兴直隶各项事业。

《劝学篇示直隶士子》公布后，曾国藩便开始物色合适的山长人选，其标准是"书院山长必以时文、诗、赋为主，至于一省之中必有经师、人师名实相副者一二人，处以宾友之礼，使后进观感兴起，似亦疆吏培养人才之职。"[1]他不停致信良师挚友，望其推荐人才：

> 莲池讲席犹未得人。欲求一品端学优、兼长诗文、足以诱启后进者，补鄙人之不逮。不可果可遇之否？
>
> 李铁梅已接天津关聘矣。[2]
>
> 直隶近日风气朴陋，又苦无人提倡。书院山长李铁梅近因士子时有违言，欲离此别赴天津。求一学有经法足餍人望者接居此席，竟亦未易物色……欲得笃古好道者诱进于大雅之林，延访尤难。阁下意中有堪膺此选者否？[3]
>
> 今年省垣书院李山长铁梅，因与诸生不洽辞馆。亦

---

① 《复吴廷栋》（同治八年九月二十五日），《曾国藩全集·书信》之十，岳麓书社 2011 年版，第 41—42 页。

② 《复朱学勤》（同治八年九月二十日），《曾国藩全集·书信》之十，岳麓书社 2011 年版，第 38 页。

③ 《复吴廷栋》（同治八年九月二十日），《曾国藩全集·书信》之十，岳麓书社 2011 年版，第 42 页。

拟另请一品端学赡、兼长诗文者主此讲席，并教礼贤馆所留人才。而延访经时，迄未能得，未审尊意中有其人否？①

省中莲池山长，犹未延访得人。倪豹岑在南有馆，想亦未必能来也。②

不过此等人才诚不易得，最终曾国藩只得退而求其次，聘同年王振纲出任山长一职③。对于王之学行，曾氏坦言：

莲池书院为通省士子聚会之所，山长一席，必经淹贯经史，兼工时文、诗、赋。不得已而思其次，则须勤于接纳，善于讲解，方足诱进后学。顷有人荐敝同年王仲山振

---

① 《复孙衣言》（同治八年九月二十七日），《曾国藩全集·书信》之十，岳麓书社 2011 年版，第 55 页。

② 《复朱学勤》（同治八年十月二十八日），《曾国藩全集·书信》之十，岳麓书社 2011 年版，第 73 页。

③ 在致王振纲信中，曾如此评价王之学行："近因李铁梅前辈明年改馆天津，此间莲池书院主讲乏人。鄙意贵省文风近年稍嫌朴陋，必欲得一学邃品端、堪胜经师人师之任者，庶足稍振胶庠之气。阁下通籍以后，旋即挂冠归养，憺忽世荣，久深企佩。教授二十余载，前后执经请业者闻不下数百人，请即禀受义方，均已蜚声艺苑，后进仰为宗匠，乡里奉为大师。此邦人文，若得阁下为依归，必能一振颓靡，蒸蒸丕变。而卅年旧雨得以朝夕瞻对，重续古欢，尤为鄙人之厚幸。"（《致王振纲》（同治八年十二月初十日），《曾国藩全集·书信》之十，岳麓书社 2011 年版，第 106 页）。

纲者，讲解能为多士所服，拟即延请。孙莲塘前辈名望素著，弟素所钦迟。惟是年齿太高，口讲指画矻矻穷年之事，过于劳瘁，未敢以之相烦。①

书院一席，迄未得满意之选。现闻有在籍绅士王振纲系侍戌戌同年，人品高洁，通籍以后遂乞假归养，恬于荣利。数十年来教授乡里，从游颇众，讲授时文、帖括之学，当可胜任。至若淹贯经史，研究性理，则恐有所不逮。不得已求其次，则此其选矣。②

可见振兴直隶文教，改化北学风貌，绝非一日之功，无怪乎曾氏有"风气朴陋，虽欲稍加宏奖，卒难期虎气之遽腾，豹文之骤变。自愧学术浅薄，不足以资感召"③之慨叹。

二、礼贤之策

与此同时，曾国藩按照预想，在直隶开设礼贤馆，"令各州县遴选才德之士，举报送省，于书院外另辟一区以相接待，

---

①　《复陈廷经》（同治八年十二月初六日），《曾国藩全集·书信》之十，岳麓书社 2011 年版，第 94 页。

②　《复倭仁》（同治八年十一月十六日），《曾国藩全集·书信》之十，岳麓书社 2011 年版，第 83 页。

③　《复张裕钊》（同治九年正月二十日），《曾国藩全集·书信》之十，岳麓书社 2011 年版，第 121 页。

意欲稍廽宏奖之风。现在各属士子已先后踵至，其间不乏可造之才。"① 故曾氏激励属下"礼贤馆之设，各属亦举报人才，而克副所举者究竟寥寥。想必各牧令仍视为虚文，以致真才未能搜采。而保送者，亦须有一二名贤与之讲求奖劝。于书院山长之外，别立门庭，另启津筏，多方陶铸，俾下不虚此一行，上不虚此一招。"② 然世事往往是知易行难，数月下来，礼贤馆之成效着实不佳，曾不无自嘲道："礼贤馆之设，鸿博茂异之选，未易多得，诚如尊谕。数月来各属举送到省将及百人，间亦酌留一二。虽无出群之才，亦借以通上下之情谊，访民间之疾苦。"③ 可见无论山长人选，抑或礼贤之策，皆未能达致曾氏心中之预期。

同治九年春夏之交，天津教案爆发，曾全部精力皆倾注于应对此事，实无法分神于莲池事宜。后曾"内疚神明，外惭清议"④，再赴两江任职。离别之际，曾致谢莲池师生"曲加慰藉"，并祝"莲池多士，渥荷教泽，自必蒸蒸日上，克登大雅

---

① 《复吴廷栋》（同治八年九月二十日），《曾国藩全集·书信》之十，岳麓书社 2011 年版，第 42 页。

② 《复庞际云》（同治八年九月二十六日），《曾国藩全集·书信》之十，岳麓书社 2011 年版，第 44 页。

③ 《复吴廷栋》（同治八年九月二十日），《曾国藩全集·书信》之十，岳麓书社 2011 年版，第 42 页。

④ 《复王振纲》（同治九年九月十五日），《曾国藩全集·书信》之十，岳麓书社 2011 年版，第 365 页。

之林"①。其与直隶北学之因缘就此结束②，故《劝学篇示直隶士子》中的规划便留待其弟子们去完成。

三、预种善因

当然，曾国藩于直隶的振兴文教之作为，从短期看，确无格外亮眼之举。但若放长眼界，则颇有一些值得玩味之处。比如同治八年（1869）四月间，曾国藩保荐其门人吴汝纶"以直隶州同知补用"③，看似有意栽花，实则无心插

① 《复王振纲》（同治九年九月十五日），《曾国藩全集·书信》之十，岳麓书社 2011 年版，第 365 页。

② 另王达敏先生在《曾国藩总督直隶与莲池新风的开启》中认为，"曾国藩在《复王振纲》中最可注意者，是保和局隐图自强之论。他说：'此次幸获无事，将来仍须励精求治，隐图自强之策。'此语绝非虚论。就在表达此论半月后，他上奏朝廷，希望选派留学生出洋学习，以图自强。他说：'江苏抚臣丁日昌屡与臣言，宜博选聪颖子弟赴泰西各国书院及军政、船政等院分门学习，优给资斧，宽假岁时，为三年蓄艾之计。行之既久，或有异材出乎其间，精通其法，仿效其意，使西人擅长之事，中国皆能究知，然后可以徐图自强。'回任两江后，他果然迅速做成此事，并且反对主事的陈兰彬以经史为主来教出国幼童：'第以西法精奥，必须专心致志，始克有成。汉文之通否，重在挑选之际先行面试一二，以决去留，此后之宜专学洋学。'在如此早的时期，他没有紧抱晚清多数人视为命根的中学之体不放，而是目标明确，直奔西方而去。面对西方，曾国藩对时代大势的判断、办理津案的主和思路及其师夷自强的卓识，未必能得到莲池多数师生的理解，但这一切必在莲池引起波澜，给与其脉联的士子留下不可磨灭的印象。"于此可略备一说。

③ 郭立志：《桐城吴先生（汝纶）年谱》，台湾文海出版社 1973 年版，第 23 页。

柳，可谓改变日后莲池书院乃至直隶学风、文风的一次人事安排。

吴汝纶（1840—1903），字挚甫，又字至父，安徽桐城人。晚清著名文学家、教育家和学者，与张裕钊、黎庶昌、薛福成并称为"曾门四弟子"，生前享有"海内大师"和"古文宗匠"之盛名。吴氏与曾国藩结缘，始自同治三年（1864）。是年五月二十七日曾氏日记中有载，"阅桐城吴汝纶所为古文，方存之荐来，以为义理、考证、词章三者皆可成就，余观之信然，不独为桐城后起之英也"①。方存之为时栖身于曾氏幕府桐城学者方宗诚，他向曾国藩举荐了同乡后辈吴汝纶的文章，这为二人日后师徒之缘提供了契机。

作为钟情于桐城古文的显宦，曾国藩自然不会错过这位难得人才。几月后，吴氏参加乡试，恰曾国藩为考官，吴顺利入围，曾自然成其座师，二人关系遂顺理成章加深一层。次年，吴汝纶赴京赶考，顺利高中进士，吴氏南归时拜访曾氏，曾建议"不必遽尔进京当差，明年可至余幕中专心读书，多作古文"②，吴听从其言，二人遂结下主宾之谊。

于曾氏幕府，吴汝纶之见识与学识与日俱增。曾在作于咸丰九年（1859）的《圣哲画像记》中，对三十三位"圣哲"

① 《曾国藩全集·日记》之三，岳麓书社 2011 年版，第 58 页。
② 《曾国藩全集·家书》之二，岳麓书社 2011 年版，第 396 页。

分类尊崇，由此图谱可知其学术视域与个人关怀所在。尤其值得措意的是，他特意把桐城派重镇姚鼐亦列入此"圣哲"谱系之内，并表明"国藩之初解文章，由姚先生启之也"①，其学术旨趣自与吴汝纶很是投契。与此同时，曾氏之志向又不仅限于姚鼐当年规定的"义理""词章""考据"之三要项，毕竟世易时移，他明确又加入"经济"一条目，这对醉意于古文事业的吴氏影响极大。从某种程度可以推知，吴氏深受曾国藩之熏染，体悟到文章一事，不但牵涉学业与教化，亦是另一种"政事"，故终其一生他都将主业定位在古文创作与教授方面，"一以曾国藩为宗"②，以期凭借古文改化文风、学风，终于潜移默化中再塑世风。也正是基于此坚定的理念，吴氏可以视知州一官职为寻常之物，不贪恋其位，毅然投身于直隶莲池书院的教育事业之中，在传承中多有新创，正如有论者指出，"吴氏并非尚醇厚老确而黜绚烂闳肆，实际上恰恰相反，这从他中年以后评文的言论和作文的风格中可得到证实；义理、考据皆于古文文体有妨的观点，不是复归，而是颠覆了桐城文派的理论大厦；重建辞约指博、清正雅洁之义法，主要是出于对现实的应变。吴氏的理论主张，深受其师湘乡人曾国藩的影响，他试图改造桐城文派使之适应新的

---

① 《曾国藩全集·诗文》，岳麓书社 2011 年版，第 152—153 页。

② 郭立志：《桐城吴先生（汝纶）年谱》，台湾文海出版社 1973 年版，第 170 页。

形式"①，此论当符合实情，曾国藩对吴氏古文研究影响之大，由此可见。

吴汝纶对恩师之总评，可谓极高，"文正公之为人，非一世之人，千载不常遇之人也"②。其将曾国藩拟作圣哲，除却师徒厚谊外，对于文教事业的志趣一致，恐怕才是主因。而吴汝纶能于清季直隶莲池书院开创一番事业，造就独树一帜的莲池文派，实与当初曾国藩的谆谆教诲与一次人事安排密切相关。这也为之后李鸿章主政直隶后任用吴氏执掌莲池，提供了必不可少的人选。

易言之，曾国藩为清季民初北学学风变迁与交融，预种善因。

民国直隶学者吴闿生曾就莲池书院于清季民初之盛况有过详细描述：

> 呜呼！一代风俗之盛衰，夫岂一日之故哉？当前清同治中，曾文正、李文忠先后来督畿甸，咸殷然有振兴文教之意，其时先大夫实刺深州，修孔庙，兴乐舞，括义学废田，大开书院，州人士忻忻向化，如百谷之沐膏雨焉。武强贺松坡先生涛、安平阎鹤泉太史志廉崛起于此。……于

---

① 潘务正：《回归还是漂流——质疑吴汝纶对桐城文派的"复归"》，《江淮论坛》2004年第3期。
② 《吴汝纶全集》第一册，黄山书社2002年版，第126页。

是教化大行，一时风气为之转移。盖河北自古敦尚质朴，学术人文视东南不逮远甚，自廉卿先生来莲池，士始知有学问。先公继之，日以高文典册磨砺多士，一时才俊之士奋起云兴，标英声而腾茂实者先后相望不绝也。己丑以后，风会大开，士既相竞以文词，而尤重中外大势，东西国政法有用之学。畿辅人才之盛，甲于天下。取巍科，登显仕，大率莲池高第，江浙川粤各省望风敛避，莫敢抗衡，其声势可谓盛哉！……要之，近五十年间，北方风化之转移，人文之勃兴，自先公知深冀、守天津，启其端，及莲池十载而极其大成，驯致有后来今日之盛，此天下所共见也。①

　　晚清北学之兴盛是否真如吴闿生所言能够令"江浙川粤各省望风敛避，莫敢抗衡"，可暂且不论。不过莲池书院毕业的学生的确在日后的直隶乃至全国的政学诸领域产生了广泛的影响，这可视为曾氏兴学与改化之成果。据此再回首品读《劝学篇》一文，除却扩张湘学、引入古文的深蕴外，其间似又平添了一份"前人栽树，后人乘凉"之况味。

----

　　① 吴闿生：《吴门弟子集序》，《吴门弟子集》，民国十八年（1929）莲池书社刊行本。

第三章 "北学关会"：莲池书院
与清末古文余晖（上）

　　曾氏之后，其得意门生李鸿章出掌直督，其间与其后张树声、袁世凯诸人亦曾接踵署理该职。李氏督直期间，承继乃师曾国藩的文教思路并有所改进。就任不久，李氏即延聘被曾国藩誉为"此天分独绝，万不可学而至"①的名儒黄彭年出任《畿辅通志》总纂，编修了有关直隶一省的大部头地方志。后世评曰其"此志刊行之后，颇负时望，可谓畿辅有志以来之少见佳构"。纂修通志之际，黄氏与直隶本地士绅王灏合作，搜集刊刻《畿辅丛书》，为其后北学复兴预作文献基础。之后黄氏更是出任莲池书院山长，引入朴学，令直隶学风更加趋实。黄氏之后，张裕钊②继之主掌莲池。入主莲池书院后，张氏在延

　　① 《致澄弟温弟沅弟季弟》，《曾国藩全集·家书》之一，岳麓书社2011年版，第42页。
　　② 张裕钊（1823—1894），字方侯，又自廉卿，初号圃孙，又号濂亭，湖北武昌人。他为学以宋学为归，亦不废汉学，作文宗桐城义法，深得曾国

续前任黄彭年教育理念的基础之上，又引入新的内容。首先，"裕钊惟天下之治在人才，而人才必出于学"①。因而他十分注重引导学生拓宽知识面，接触西学知识，这在《策莲池书院诸生》②中颇有体现。其次，身为"曾门四弟子"之一，张氏秉承恩师遗训，向书院士子讲授桐城义法，培养古文人才，"廉卿博综经史，治古文宗桐城家法，而益神明变化之，以是负文誉。主莲池书院最久，畿辅治古文者踵起，皆廉卿开之"③。接掌张氏教鞭者，乃同为曾门高足的吴汝纶。吴氏在继续强调古文熏染之余，大力引介西学，使得莲池古文兼具时代韵味，诚可谓藉桐城古文为载体，融传统文化与近代新学于一炉，以期达到经世致用之效。作为莲池书院培养的优秀人才与古文后劲，直隶武强人贺涛在秉承张、吴二师桐城文风之外，注重与北学厚重特质的结合，终使莲池文派古文风格趋于雄奇。要之，历数清末四十余载北学发展，堪称四变：黄彭年承乾嘉考据遗绪，引入朴学；张裕钊接续曾国藩之衣钵，推

藩之真传。主要著作有《濂亭文集》8 卷，《濂亭遗文》5 卷，《濂亭遗诗》2 卷。1916 年，其后人重刻文集，与遗文、遗诗，合为《濂亭集》。

　　① 　张裕钊：《重修南宫县学记》，《张裕钊诗文集》，上海古籍出版社 2007 年版，第 279 页。

　　② 　张裕钊：《策莲池书院诸生》，《张裕钊诗文集》，上海古籍出版社 2007 年版，第 235—244 页。

　　③ 　徐世昌：《晚晴簃诗汇》卷一百四十七，民国十八年（1919）天津徐世昌退耕堂刊本，第 23 页。

展桐城古文；吴汝纶以古文为基石，侧重近代新学传播；贺涛集二师大成，力铸北学古文新风。经几代学人共同努力，以莲池书院作为"北学关会"，使得古文于清末直隶映射出一缕余晖。

第一节 "治化宜先"：李鸿章与直隶文教

一、李鸿章与《畿辅通志》

1870 年夏末，李鸿章接替深陷天津教案困局之中的曾国藩，出任直隶总督。虽然李自称"受代畿篆，惶汗莫名"，但谕旨已发，箭在弦上，"知无退路，不得不纯任自然，非真能任艰巨者"①。

赴任伊始，李氏工作重点自然是涉外事务及直隶日常政务，文教尚非其亟待解决之事宜。但这并不意味着其不关注。在同恩师曾国藩的书信往来中，二人不时就直隶的文教事业交换看法。如任职不久，李氏便举荐曾氏门人、候补直隶知州吴汝纶，认为其"才识优长，志趣坚卓，堪胜繁缺之任，俟有应

---

① 《复曾相》（同治九年八月初五日），《李鸿章全集·信函》之二，安徽教育出版社 2007 年版，第 91 页。

补缺出，照例序补"①。曾国藩亦极力称赞吴汝纶，望李多加关照："吴挚甫文学迈伦，志趣卓越，实珂乡后起之秀。特其家境奇寒，事蓄无赀。前月挈眷北上，人口甚众，盘桓数日，仆勉之以吏事。希于其晋谒后速饬履任，随时训勖而奖成之，至以为荷。"②可知吴氏于日后能在直隶长期任职执教，曾氏之举荐与李氏之关照，皆甚关键③。

于招纳名儒留直隶任职外，李鸿章已意识到通过推崇北学先贤来引导直隶文教发展的作用。同治九年（1870）十一月二十二日，李氏上奏《刘因请从祀文庙折》，根据咸丰十年（1860）大学士军机大臣遵议从祀章程，参照"应以阐明圣学，传授道统为断，若著书立说，羽翼经传真能躬行实践者"，认为："窃考元集贤学士谥文靖刘因，祖籍容城县人，当宋南渡之后，南北道梗，载籍不通。《元史》称因三岁识书，长而深究性理之学，思得如古人者友之，作希圣解，初为经学，究训诂疏释之说，辄叹曰：圣人精义殆不止此；及得赵复所传周、

---

① 《吴汝纶考语片》（同治九年十一月初十日），《李鸿章全集·奏议》之四，安徽教育出版社 2007 年版，第 182 页。

② 《复李鸿章》（同治十年四月十五日），《曾国藩全集·书信》之十，岳麓书社 2011 年版，第 488 页。

③ 此外李鸿章还举荐桐城派名家方宗诚在直隶任职，"臣查该员方宗诚廉正朴诚，留心吏治，堪以繁缺知县留省补用"。（《方宗诚考语片》（同治九年十二月十九日），《李鸿章全集·奏议》之四，安徽教育出版社 2007 年版，第 249 页。）

邵、程、朱诸书，即晓然曰：我固谓当有是也。尝评其学之所
长曰：邵至大也，周至精也，程至正也，朱子极其大、尽其精
而贯之以正也。所著《易系辞说》见于《元史》，今已散佚，
《四书集义精要》二十八卷、《静修集》三十卷，俱收入《四库
全书》。伏读《钦定四库全书目录》称：卢孝孙采朱子《语类》
《文集》，编《四书集义》一百卷，读者病其复杂，因乃摘取精
要以成是书。又称因文在许衡、吴澄之上，而醇正不减于二
人，北宋以来讲学而兼擅文章者因一人而已。是其著述羽翼经
传，洵足阐明圣学。史称丞相不忽木荐因于朝，征拜右赞善大
夫，后复诏为集贤学士，皆以疾辞，元帝叹为古之不召之臣。
生平孝友廉介，细行大节无一亏缺，明儒薛瑄称其有凤翔千
仞气象，又称其足以廉顽立懦。孙奇逢采其言行，冠理学宗
传元儒之首，是其躬行实践洵足传授道统。元臣李世安、明
礼部尚书王沂、翰林院学士宋褧等累请从祀，均格于时议不
行。论者谓因《渡江赋》深心隐痛，盖王景略不欲灭晋之意，
孙奇逢尝著文辩之，公论已明，无可疑议。我高宗纯皇帝钦
定书目，称其为北宋后一人，迥在许衡、吴澄之上，醇正亦
不减二人。今二儒既已从祀，而因尚缺然，未列明湮，其阐
明圣学、传授道统实与议定章程相符，应恳奏请从祀文庙等
情，旋饬藩、臬两司复核会详请奏前来。臣查元儒刘因理明
学邃，品正言纯，少存希圣之心，晚裕静修之诣，绍斯文于
南宋，得程朱一脉之传，开正学于北方，驾吴、许诸贤之上，

若使昭祀宫墙，允足馨香俎豆。合无仰恳天恩，准以元儒刘因从祀文庙，以资观感。"① 虽然此折并未使刘因立即得以从祀文庙，却一定程度上引起清廷和学界对刘氏及北学之重视。宣统三年（1911）清政府正式下旨令刘因从祀孔庙，终使其赶上了这趟末班车。

当然，李鸿章督直期间最大的文教工程，非纂修《畿辅通志》莫属。任职一载有余，李对直隶情况有了大体掌握。众所周知，地方官修《通志》乃了解一省政情文教、山川风俗的最便利途径，故其编修质量的高低直接影响着读者对省情民情的认知。然摆在李氏面前的《畿辅通志》，却难称如人意。之前《畿辅通志》曾两度纂修，清康熙十一年（1672），大学士卫周祚奏令天下郡县分辑志书，康熙皇帝诏允其请。于是，直隶巡抚于成龙等开始创修《畿辅通志》，特聘翰林侍读郭棻为总纂，仅数月而书成，讨论未为详确，共46卷，分为22门。雍正七年（1729），雍正皇帝命令全国各省重修通志，上报史馆，以备一统志之采择。直隶总督唐执玉奉旨遵行，乃延聘原任辰州同知田易及陈仪等人，设志局于保定莲花池，续修第二部《畿辅通志》。其后新任总督刘于义、李卫相继续修。至雍正十二年（1735）成书。是志详略适中，较旧志完，善共120卷，分

---

① 《刘因请从祀文庙折》（同治九年十一月二十二日），《李鸿章全集·奏折》之四，安徽教育出版社2007年版，第191—192页。

为 31 门。在李氏看来，作为官修地方志，"《周官》邦国之志小史掌之，以别于外史所掌四方之志，诚以近畿之地治化宜先，故尤重其事也。"① 可见李将修志与直隶一地拱卫京师的特殊地位紧密结合，上升到国家安全的层面来谈论该问题。然"溯查《畿辅通志》成于雍正年间，迄今百四十年，圣圣相承，典章明备。凡水道之迁改，舆地之并分，以及裁置官员、增减兵制，国家因时损益，既事例之繁兴，士庶仰慕甄陶，亦人文之日盛，自应及时纂录，垂示将来。"② 况且据李细阅，"旧志之中体裁未备，如陵寝应当专纪而附入京师，河渠须考源流而琐记枝节，艺文不详，书目仅列诗文，释道本属异端，竟跻人物若斯之内，踳驳殊多。至于河工、漕运、兵事、海防，皆属大纲，略而不纪，阙者应补，伪者须订，历年既久，文献难征，若非详慎考求，无以信今传后。"③ 而且履任以来，李"遇有兴除政务，检寻远年卷宗，辄多霉坏，稽之旧志，则纪述疏略，亦不足以备考查。"④ 于是乘"办理赈抚渐次就绪"之际，

---

① 《重修畿辅通志折》（同治十年十二月十七日），《李鸿章全集·奏折》之四，安徽教育出版社 2007 年版，第 501—502 页。

② 《重修畿辅通志折》（同治十年十二月十七日），《李鸿章全集·奏折》之四，安徽教育出版社 2007 年版，第 501—502 页。

③ 《重修畿辅通志折》（同治十年十二月十七日），《李鸿章全集·奏折》之四，安徽教育出版社 2007 年版，第 501—502 页。

④ 《重修畿辅通志折》（同治十年十二月十七日），《李鸿章全集·奏折》之四，安徽教育出版社 2007 年版，第 501—502 页。

李启动重修《畿辅通志》之念，"与司道等筹议于保定省城设立总局，延请翰林院编修黄彭年总司其事，遴派朴学员绅襄同纂校，移檄郡县，颁发采访条款，分门别类，加意搜罗，凡官书所记案牍尚存，以及故老传闻、私家记述，采访不厌其烦，编择必极其慎，务使巨纲细目，秩然有条，酌古准今，堪资法式，庶几官司从政所得取裁，首善之区益光圣治，以仰副我皇上体国经野之至意。"①

进入实际纂修阶段，李鸿章作为直隶总督从人力、物力、财力等多方面提供了大力支持。人力方面：纂修伊始，其同黄彭年一起选派朴学士人参加编修；财力方面：在《畿辅通志》的编修、刻印过程中，总共花费了 11.99 多万两白银，真堪称是耗资巨大；物力方面：同治十年（1871），李鸿章专门在莲池书院设立了修志局。可以说，《畿辅通志》能成为一代佳志，李氏在幕后支持之功甚巨。

二、"并陈北学渊源"

李鸿章缘何盛邀黄彭年总责此事？前引奏折中李已言及纂校通志，当延聘朴学之士，毕竟修志更多属于考据文献之功，

---

① 《重修畿辅通志折》（同治十年十二月十七日），《李鸿章全集·奏折》之四，安徽教育出版社 2007 年版，第 501—502 页。

而黄彭年恰恰是咸同时期朴学名士。其"于学规模闳博，自言早岁无他嗜好，惟好聚书，故于经史百家靡不综贯。教人一守乾嘉诸老途辙，而尤期于致用。"① 故黄实乃主持此事之不二人选。黄彭年，字子寿，贵州贵筑（今贵阳）人，道光二十五年进士（1845），先后于光绪九年（1883）、光绪十一年（1885）、光绪十四年（1888）任湖北按察使、陕西按察使及江苏布政使，光绪十五年（1889）奉命代理江苏巡抚。《清史稿》曾如此评价黄氏："廉明刚毅，博学多通。所至，以陶成士类为国储才为己任"，"晚达未尽其用，时论惜之。"② 张舜徽读罢《陶楼文钞》，亦是赞叹："其根本盛大，胸襟开拓，不偏不党，廓然有以见道术之公，于箴肓起废，不为无补。"③

同治十年（1871）底，畿辅通志局正式成立，志局设在保定府莲花池。畿辅通志局成立后，黄彭年便开始着手《畿辅通志》编纂，他给重修《畿辅通志》所制定的原则是："始则本书相自考证，于他书对勘，必使一毫无憾，则刊出为善本。"④ 在此次编修过程中，黄彭年吸取前两次编修方志的缺点。他要求编纂人员，"群经诸史以及圣训、会典、则例、三通、一

---

① 《陶楼学案》，徐世昌总纂：《清儒学案》，人民出版社 2010 年版，第 4818 页。

② 《清史稿》卷四百三十四，中华书局 1998 年版，第 12355 页。

③ 张舜徽：《清人文集别录》，华中师范大学出版社 2005 年版，第 625 页。

④ 吕效祖：《刘古愚教育论文选注》，陕西人民出版社 1988 年版，第 23 页。

统志，暨诸省、郡、县志书，诸子百家文集、杂著，靡不甄录。又檄郡县采访，月以册闻，铢聚成郡，然后条区类别。"畿辅通志局诸人在黄氏带领下，于光绪十三年（1887）"畿辅通志告成。"① 此版《畿辅通志》，"州县有图，水道详源流，艺文列书目之类，凡所引用，皆注书名；惟引专书，乃不复注"。全书共分 300 卷，分为帝制纪、表、略等。文字资料收集完备，考核翔实，洵为清代名志。这 300 卷的《畿辅通志》，较之前两次更加完备，体例更加完备，资料更加准确，资料来源清晰易查，"于水道源流、郡县沿革，考证详确，补旧志所未备"②，纠正了原来史志中的一些错误，特别是这次修志保存了大量的第一手资料，给后人对畿辅地区的研究提供了很大便利。在列传、杂传中，收录了直隶历代名人 5700 多人，共105 卷，占全志三分之一多，是研究直隶省人文历史的重要资料，为之后学人赓续北学谱系又积累了宝贵的素材。黄氏所编《畿辅通志》，"从时间上来看要晚于其他通志成书的时间，因而在编纂过程中，黄彭年充分集众家之长，可称为集大成之作"③。

---

① 陈定祥：《黄陶楼先生年谱》，台湾文海出版社 1969 年版，第 56 页。
② 《陶楼学案》，徐世昌总纂：《清儒学案》，人民出版社 2010 年版，第 4817 页。
③ 赵颖霞、李中琴：《黄彭年编修〈畿辅通志〉考略》，《兰台世界》2013 年第 10 期。

于《畿辅通志》编纂过程中，李鸿章时常关注写作进度，并与黄彭年交流相关问题，提供各种便利。如李氏应黄氏之需，将阁版《二十四史》交付通志局，"请暂存局，以备校对"。对于纂修具体事宜，李亦有建议提出，如针对局中人员分工，李认为"诸贤各分一类，以次递进，力专而事易成，月异而岁不同。各州县采访恐难持久，局中时加函牍，或稍踊跃"①。之后就黄氏对以往府州县志体例问题之处理，李氏赞道："各府州县志义例不一，考证多疏，执事挈领提纲，阐幽抉要，计可胜任愉快。王次屏传读、郭心臣驾部昨荐莱阳孙明经，阐奥学问博洽，留意水经畿甸，益可怡悦性情，发挥文藻。"②

对于所纂的《畿辅通志》，黄彭年亦有自己的学术意图。在其看来，撰写通志并非仅是一件官方公务，尚有其学术关怀蕴含其内：

> 史家艺文，书同撰人，志乘淆杂，诗文并陈，北学渊源，说经之祖，子史集部，富有千古，方志为类，于古无徵，便于稽考，切于事情。述艺文。③

---

① 《复黄子寿太史》（同治十一年四月初八日），《李鸿章全集·信函》之二，安徽教育出版社2007年版，第439页。
② 《致总纂畿辅通志局翰林院黄彭年》（同治十二年十二月十九日），《李鸿章全集·信函》之二，安徽教育出版社2007年版，第640页。
③ 李鸿章等修、黄彭年等纂：《畿辅通志》，《续修四库全书》第640册，上海古籍出版社2002年版，第750页。

132

　　"并陈北学渊源"，可知黄氏有意识地将北学的源流谱系融入编纂《畿辅通志》的过程当中。也正因有此设想，黄氏召集地方名流和 90 多名莲池书院学者参加了此次编修工作。据《畿辅通志》的"纂修职名表"记载，参加此次修志的纂修人员构成，其中包括总督、巡抚、布政使、按察使、道员、知府等五品以上官员（多是卸任官员）35 人。在编纂人员中，李鸿章、张振声两任总督任总裁，前翰林院编修、原陕西按察使黄彭年任总纂；此外，原河南巡抚、前直隶布政使司布政使钱鼎铭等 23 人任"监修"，原热河都统、前直隶保定府知府恩福等 15 人任"协修"，原直隶河间府知府陈崇砥等 4 人任"提调"，前易州直隶州知州赵烈文等 10 人任"分纂"，任邱县知县林穗、香河县知县周锦心等 19 人任"襄纂"，国子监博士骆云衢等 7 人任"分校"，直隶候补典史戴清等 4 人任"绘图"，吴桥县典史等 3 人任"收掌"，前内阁中书李如松等 2 人任"顺天府采访"。在这些人员中，总纂、协修、分纂、襄纂、分校等人一般常在修志局工作，各司其职，分头撰辑，统一汇纂。

　　作为具体负责人，黄彭年借编纂通志之机，一方面他与王灏合作整理了大批畿辅文献，另一方面也培育了一批诸如王树楠、贾恩绂、傅增湘等学术人才，可谓一举多得之幸事。

第二节 "畿南文献"：王灏与《畿辅丛书》

一、王灏其人

编纂如此卷帙浩繁的《畿辅通志》，自然须广搜直隶一地文献古籍，黄彭年、王树楠诸人与当地酷嗜藏书的士绅王灏合作，搜辑点校历代北学名人著述，萃集河北乡邦文献，终撰成计 173 种 1523 卷的《畿辅丛书》，为之后的北学复兴留下了珍贵且必备的学术资料。

王灏（1820—1880），字文泉，号坦圃，河北定州西关人。他"躯干魁梧，性英迈开敏，读书不事章句，尤笃嗜宋元明清儒者之书，以身体力行为主。咸丰二年举于乡，一再赴礼部试，辄弃去，以时文帖括不足为世用，益研究明体达用之学，以宏济生民为己任。灏故豪于赀，拯人之急，一如己事，全州之人倚若长城。三年粤匪出山西，逼近临洺关，出家财治团练。贼东北踞深州，灏率骁卒御诸城之濠庄镇，获贼手刃之。直隶总督讷尔经额过定州，见之叹曰：'有灏在，冀南吾无虑也！'"[1] 王氏家境殷实，故"轻财好义，能为人所不能为，而

---

① 徐世昌主编：《王灏》，《师儒传六》，《大清畿辅先哲传》第十五，北京古籍出版社 1993 年版，第 493 页。

尤喜收集书籍，已所无，必求之，不较值。人以异书至，酬之
辄过当。闻有善本，使人赍重金，不远千里必得而后已"①。经
过多年的辛勤搜辑，他所藏四部之书，"都万二百十八种，悉
标题板本及校刻年月注于各目之下。善本以锦为帙，其尤者制
以箧笥置密室，余则丛插架上，堂室皆满。又搜辑名人字迹，
金石拓本千余种"②。

王灏不仅藏书，且还整理藏书。据《括斋藏书目·自序》
所载，王灏仿四库之列，将所藏之书分为经、史、子、集四
部，并且每部书都会亲自校勘，注其版本与校刊的时间，版本
的异同会在书眉题出。当流传版本不一时，就标注善本；增删
之本不一时，就标注足本；遇到审正不定的，就姑从阙如；碰
到精钞之本，就标注原藏家与某人所赠，并录副本以存，防止
佚失。

幽冀地区自古为人文荟萃之地，然而"由秦汉迄今，代有

① 徐世昌主编：《王灏》，《师儒传六》，《大清畿辅先哲传》第十五，
北京古籍出版社1993年版，第494页。

② 徐世昌主编：《王灏》，《师儒传六》，《大清畿辅先哲传》第十五，
北京古籍出版社1993年版，第494页。又据《定州王文泉先生行状》记
载，其藏书有"群经注疏以及笺解考证凡涉于经者六百五十七种，而小学
音韵之类又百三十五种，历朝史记与谱录志传凡隶于史者以及各行省通
志、府州县志五百十四种，诸子术数方伎之书七百十三种，汉魏以来诗文
集六百二十七种，纂诸家诗文为一书百四十八种，丛书百十种，其子目
七千六十四，类书三十三种，善本重收又二百七十种，'写本白二十种，以帙书
都六千五百三十四……又以余力搜辑金石拓本千余种。"

作者而高文鸿册往往散佚不传"，"其书或佚或存，而见于四库总目者，固班班可考，四库未收及出于乾嘉以后者又屡见，顾以时局艰难，士溺科举，习尚日靡，古籍沦亡，非有人焉荟萃而刊布之，不惟前人述作渐至失传，后有学者将何所资以见道?"① 王灏纵古观今，慨叹畿辅之地古今鸿儒豪杰荟萃，然多历兵燹纷乱，文献典籍惨遭浩劫而散佚销毁，致使乡邦先哲的高文鸿册不传，担忧后之学者将无所续。这是他编纂《畿辅丛书》最主要的原因。王灏与晚清名宦张之洞为咸丰壬子同榜举人，张之洞曾劝说他编辑《畿辅丛书》。总而言之，在多种原因的促使下，王灏开始着手准备丛书的刊刻宏业。于是自1850年始，王灏欲仿效明清藏书名家汲古阁毛氏、知不足斋鲍氏，决心刊刻《畿辅丛书》。据《定县志》载，王灏"穷搜境以内二千余载名贤遗籍，博延方闻缀学之士，校雠编订，汇为一编，其零篇碎牒，不能成书者，更为《畿辅文征》，以附其后。历十余年，费金百万，合肥相国李鸿章以'畿南文献'榜其门，一时学者仰之如泰斗"②。关于刻书过程，据其后人回忆，"在丛书编辑的同时，开工用仿宋体雕刻书板。书板用枣木制成，约长30厘米，宽20厘米，厚2厘米。在王灏1880

---

① 黄彭年:《序》，王灏编:《畿辅丛书目录》，清末刻本，国家图书馆馆藏，第1页。

② 《名绩·王灏》，《文献志人物篇》卷十三，何其章修，贾恩绂主纂:《定县志》，民国二十三年（1934）版，第24页。

年去世时，丛书已全部编撰完成，尚有一部分书板未刻完，由王灏之子清末进士王延纶继承父业，于1886年将书板全部雕刻完毕。全书订成四百本，全套木刻板共三万八千余块，专置于后花园十间瓦房内保存"①。缪荃孙称是丛书"实为有功先贤，嘉惠后学"，"格既清朗，字少讹夺，与钱塘丁氏所刻武进掌故丛编，往哲遗书相□，北地更为罕见矣！"②

二、王树楠与《畿辅丛书》

至于丛书编辑过程，《续修四库全书总目提要》中有如下记录：

> 南皮张之洞、贵筑黄彭年，亦参预其事。因延钱恂等为之校订。先刻《采访畿辅先哲遗书目》，复设局于保定，延王树楠、胡景桂董之，陆续开雕。已刻成者四部共百余种，而永年申氏、尹嘉铨、颜元、李塨、孙夏峰、崔东壁等，复各自为书焉。惜刻未毕而灏遽殁，故书刻虽多，前后并无序跋，且为综理，遂未能印行。其后由武进陶湘重

---

① 王承琴：《王灏和〈畿辅丛书〉》，http://jifucongshu.blog.hexun.com/1901643_d.html.

② 缪荃孙：《序》，王灏编：《畿辅丛书初编》，民国二年（1913）版，第1页。

为编订，附以总目，坊贾集资，汇印成书以行。①

由此大概可知，王灏自己编写畿辅先哲遗书的书目，即《畿辅丛书佚书考》《畿辅丛书经籍目录》等书，并对收集的书进行校订。张之洞与黄彭年参与了丛书编纂前的收罗与整理工作，钱恂为之校订，然后于保定设专门刊刻丛书的机构，延请王树枏、胡景桂等人主持监督，然而书未刊完，王灏遽殁，以致书籍前后皆无王灏序跋，次序凌乱，且只是刻版而未能印行，待之后的陶湘予以重新编定并附上总目时，方得顺利印成。

现存可见的《畿辅丛书》收书182种，它荟萃了先秦自清代二千年间各朝代上百位作者，包括文臣武将、名贤哲匠、文豪学者所撰著的各种著作，记录了畿辅历代先贤的生命轨迹与嘉言懿行。每部著作俱收录全部原文，其内容广泛，涵盖政治、经济、军事、文学、教育、哲学等许多方面，特色鲜明，价值极高。综观《畿辅丛书》的所收书目，根据时代划分，可分为：周1种，汉4种，魏2种，晋1种，后魏1种，北周2种，北齐1种，隋1种，唐17种，宋11种，金2种，元7种，明24种，清108种。另外，从四部分类

---

① 王云五主持：《续修四库全书提要》卷十，子部第二册郡邑类，台湾商务印书馆1972年版，第795—796页。

法的角度看，经、史、子、集各部皆备，其中经部 23 种，史部 30 种，子部 29 种，集部 42 种。格外需要注意的是，《畿辅丛书》还收录了明末清初以来学人专辑 6 部，共 59 种，详见下面表格：

作者	文集名称	具体名目
申佳胤、申涵光	《永年申氏遗书》13 种	《申端愍公文集》《申端愍公诗集》《申凫盟先生年谱》《聪山集》《聪山诗选》《荆园小语》《荆园进语》《省心短语》《通鉴评语》《忠裕堂集》《西巌赘语》《耐俗轩新乐府》《申氏拾遗集》
颜元	《颜习斋遗书》5 种	《颜习斋先生年谱》《颜习斋先生言行录》《颜习斋先生闢异录》《习斋记余》《四存编》
李塨	《李恕谷遗书》12 种	《李恕谷先生年谱》《圣经学规纂》《论学》《小学稽业》《大学辨业》《学礼》《学射录》《阅史郄视》《拟太平策》《评乙古文》《恕谷后集》《平书订》
孙奇逢	《孙夏峰遗书》6 种	《夏峰先生集》《语录》《答问》《孙夏峰先生年谱》《孝友堂家规》《孝友堂家训》

作者	文集名称	具体名目
尹会一	《尹健余先生集》9 种	《尹少宰奏议》《健余先生文集》《四鉴录》《吕语集萃》《健余劄记》《健余先生读书笔记》《健余先生抚豫条教》《健余先生尺牍》《尹健余先生年谱》

永年申氏是绵延百年的文化世家，其中以申佳胤、申涵光父子最有声望和影响。申佳胤（1602—1644），字孔嘉，号素园，进士出身，为官清正，李自成起义攻破北京时，投进殉难，南明赐谥节愍，清初旌表明末殉难二十四忠臣改谥为端愍。其子申涵光（1618—1677），字孚孟、和孟，号凫盟或聪山，入清后拒不出仕，专心于诗文创作，并开创了河朔诗派，与殷岳、张盖并称为"畿南三才子""广平三君"，在清初极有影响。《永年申氏遗书》是《畿辅丛书》所收的河北乡贤六大遗书之一，全面反映了明末清初的社会现实，燕赵一带的自然环境、风土人情、社会习俗等方面的变迁，具有重要的文化价值和历史价值。

颜李学派是清初非常重要一个学术流派。颜元、李塨二人所倡导的带有复古色彩的、以"三事三物"为核心的习行经济与事功之学，并于此基础之上构建而成的实学思想体系，在中国思想史上独树一帜。不过由于自身学说痼弊及外部政学环境的变化，颜李学派仅传承三代即走向衰落，于清中叶中绝，其文献也长期处于湮没于世的状态。正基于保留乡贤遗著的初衷，王灏广加搜集颜李之书，编修在《畿辅丛书》中，所收录颜、李著作的数量与其他各家相比是最多的。可以说是第一次真正意义上对颜李文献的整理，不仅为后学者研究提供较充足的资料，而且为民初颜李学异军突起打下了文献基础。

丛书所收《崔东壁遗书》14种里，最重要的一部为《考信录》。崔述（1740—1816），字武承，号东壁，直隶大名（今河北魏县）人。他的著作有30余种，其弟子陈履和辑其著作为《崔东壁遗书》。《考信录》为其一生精力所注，为整理上古史做出了重大的贡献。他学习司马迁"考信于六艺"的方法，对诸子百家里的神话传说进行考辨，撰成《考信录》，其"考据详明如汉儒，未尝墨守旧说而求其心之安；辨析精微如宋儒，未尝空谈虚理而核乎事之实"[①]。崔述一生的学术活动在于对古代典籍里所阐述的古史考辨真伪，辨伪事亦辨伪书。他的疑古思想与考辨行为，在中国的学术史上是堪称无古人，十分可贵。

另外前已论及，孙奇逢、尹会一皆是构建北学谱系的关键人物，其文集的整理对于后学厘清学脉，非常有益。不难发

---

① 徐世昌主编：《崔述》，《文学传六》，《大清畿辅先哲传》卷二十四，北京古籍出版社1993年版，第778页。

现，如此之大量宝贵北学人物资料的发掘与整理，为之后北学复兴预备了十分必要且丰富的文献。

在王灏倾一家之资财整理自先秦至晚清之燕赵文献的过程中，黄彭年、王树楠等人的指导与协助起到了极为重要的作用。"丛书原稿多系手抄本，需要整理校订，就请来当时有名的文学家荣城三杰等做这个工作，有的原著就是印刷体的，也照原书内容重刻成统一尺寸的书板，所请刻板师都是北京、保定有名高艺的篆刻者。当时文学家吴挚甫、张之洞、祁寯藻老前辈，或书信来往或来家共同研究编辑丛书事宜。胡景桂、孟庆荣参加了编辑丛书之事。黄彭年老前辈为丛书作了序，并亲笔书写八扇条幅的序文，曾在我家客厅中悬挂"①。对于王氏此义举，黄彭年深表赞同，"彭年领畿辅通志局事，广求群籍以资采证。定州王君文泉每过访，辄携故书相与论定，所见愈多，其志乃愈广，远近旧家藏书，子孙世守已刊未刊之册，或购或钞不吝重费慨然思萃其乡先生所著，延朴学之士校勘为一书，彭年亟赞成之"②。而且黄氏慧眼独具的是，搜辑畿辅文献其更大功绩在于进一步缕清北学历代谱系，"自丑子家言易而有韩商、孟但，荀卿言礼而有卢植、二刘、毛苌，韩婴言诗而

---

① 王承琴：《王灏和〈畿辅丛书〉》，http://jifucongshu.blog.hexun.com/1901643_d.html.

② 黄彭年：《序》，王灏编：《畿辅丛书目录》，清末刻本，国家图书馆馆藏，第1页。

有韩伯高、贯长卿、秦恭，鲍宣言书而有胡常、卢景裕，董仲舒言春秋而有严彭祖、颜安乐，至于唐之孔、贾，而五经大义备矣。史则张晏、孟康，子则荀卿、慎到，词赋则张超、崔骃，算学则高允、李冶，小学则崔瑗、张楫。历代以来，递相祖述，诸史艺文著录者，千有余家，北学之盛，由来旧矣"①。故黄氏指出整理畿辅丛书应契合北学趋实经世之特质，"言考据者去其繁碎，言义理者去其空疏，举最古最切于实用有裨于学术治术者，先刊以传，其书虽精而人有遗议，与其人可传而书或稍逊者，则姑缓焉"②。可见对于王灏所辑《畿辅丛书》，当时身为畿辅通志局总纂的黄彭年，是深表支持，并参与具体研讨，难怪缪荃孙言"直隶定州王文泉郎中灏咸丰壬子科举人，与张文襄公同榜，曾识之文襄公座上。时在光绪初年，畿辅丛书之辑，文襄公与议，黄子寿年丈主莲池讲席亦怂恿之"③。

其中参与最深、出力尤多的当属黄门高足王树楠。王树楠（1851—1936），河北新城人，字晋卿，号陶庐老人，又号绵山

---

① 黄彭年：《序》，王灏编：《畿辅丛书目录》，清末刻本，国家图书馆馆藏，第1页。
② 黄彭年：《序》，王灏编：《畿辅丛书目录》，清末刻本，国家图书馆馆藏，第1—2页。
③ 缪荃孙：《畿辅丛书初编·序》。据缪回忆，彼时"文泉豪富好事，在京广购书籍，海陵陈研香年丈书尽归之，皆钞刻秘帙，遂延贵筑黄再同国瑾、归安钱彦恂分校开局，保定大半王棣轩方伯树枏、胡月舫廉访景桂主之，有采访畿辅先哲遗书日之刻。"由此可知，畿辅通志局与畿辅丛书局双方联系颇为紧密，甚至可以说其中不少学人可谓身兼两职，编志与搜辑同举。

老牧，晚清民国著名史学家、方志学家、文学家。王氏天资聪慧，光绪丙戌科（1886）进士，历任四川青神县知县、彭山县知县、资阳县知县、富顺县知县、铜梁县知县、甘肃省中卫县知县、新疆布政使。民国期间任《清史稿》四总纂之一。据其自编年谱载，二十四岁时，"直督李文忠公聘余修畿辅通志。先是文忠公到直督任，开畿辅通志局于古莲花池，聘贵筑黄子寿主其事"，"余到局任分纂，与桐城劳玉初乃宣同驻藻泳楼下"①。五年后，王氏始参与王灏《畿辅丛书》搜辑一事，"定州王文泉灏搜采古今名人著述，汇刊《畿辅丛书》，邀余襄办"②。

由于王树楠一面协助其师黄彭年编纂《畿辅通志》，一面与王灏商讨《畿辅丛书》相关事宜，故他充分利用此便利条件，以通志理念及所需影响促进丛书搜辑工作，凭借丛书文献资源反哺通志编纂。在搜辑畿辅文献过程中，王氏与王灏来往颇频，细数《陶庐笺牍》四卷书札函牍，其中收录二王来往书信达24封，多为就搜集刊刻丛书事宜问题的沟通与探讨。大致看来，二人函牍往来主要围绕四个方面问题展开。其一，对畿辅先哲的著述进行考证，具体而言涉及考订所选著述的作者、版本、校勘文字等。比如就李卫公遗集，王树楠认为："《书录解题》称李卫公有备全集五十卷，今亡逸不著。先生所得《会

---

① 王树楠：《陶庐老人随年录》，中华书局2007年版，第20—21页。
② 王树楠：《陶庐老人随年录》，中华书局2007年版，第24页。

昌一品制集》二十卷，别集十卷，外集四卷，与书录解题合，不知何时所刻。当即四库所收之本，其中伪讹甚多，其显然讹错如第一卷《上尊号玉册》文及文武百官五字误列于李坤之下。第十五卷《请赐仲武诏状》《请授王宰兼行营诸军政攻讨使》，论石雄请添兵状，彼此错简，至不可读。十卷之末附载诸书记平泉花石之盛，颇于本集无涉"①。再如对直隶元代名人文献与事迹，王树楠比勘众书，指出："《元朝名臣事略》十五卷所载名臣凡四十三人，盖苏伯修初为成均诸生时所为也。《元史列传》多采是书而其间往往足证史臣删益失宜之处。如《张柔传》先书苗道润被杀而后书戊寅不知。此书所记道润之死即在戊寅岁，与《金史》合。《李德辉传》以招张珏及王立同为至元十五年事。不知此书所记招张珏事乃追述之辞。在至元十三年与招降王立截然两时两事。史传删去初公抚蜀一段之文，遂误合为一。又赵良弼以托克托镇邢其属要结罪废者，交媾嫌隙动向沮挠，良弼白其事，黜托克托，郡大治。案元世祖纪及张文，嫌传托克托治邢有政绩可称，此书纪良弼为邢州幕长，亦不言黜托克托一事，则又足证史传之误妄矣。是书亦间有年月舛误，事迹竦略未能详核者，盖所据各家文集碑状传纪撮录成书，未及博征而审订之也。史称伯修为学博而知要，长于记载，为文

---

① 王树楠：《致王文泉》其三（辛巳），《陶庐笺牍》卷一，《陶庐丛刻》之十五，光绪戊申（1907）刊行本。

长于序事，平易温厚，成一家言。先生常言，往在京师书肆中，见有《滋溪文稿》三十卷，阅日寻之，已为他人持去，据此则其集海内当有藏之者，请再留心购之。"① 其二，王树楠还对前辈学人作品所彰显之治学风格多有讨论，如对名臣黄叔璥，其认为："康熙末年台湾初定，大兴黄玉圃先生时官御史，特遣巡边。雍正元年任满再留一年。遂为《台海使槎录》八卷，观其所记山川民物，攻守控驭之方，缕析条分，灿如指掌，可谓留心采风，不负厥职者矣。至其博征详考，编载赅备，尤足补诸书之缺漏，是可贵也"② 另就朱筠的《笥河文集》，王评曰："先生博学宏才，通经守汉人家法，乾隆中开四库全书馆，先生倡之而河间纪文达公成之，天下之言实学者必推二公，故先生之名与文达相。其所著书多散失不传，而学问大旨见于《笥河文集》之中。先生不以文名家，而博于考辨，反复不休。姚姬传先生谓其文采气奇横于义理，事物情态无不包，所欲言无不尽，盖微词也。然观其颂赋大篇，裔皇典丽，与文达伯仲，实一代不朽之文。又先生尝自言文章经世，闻见猥陋不足成家，精专又不可以旁涉，汉人不能无失，近古得之者多实得。文家要旨特不欲以文自隘耳。先生故精小学而用韵之文，往往与古韵部

---

① 王树楠：《致王文泉》其三（己卯），《陶庐笺牍》卷一，《陶庐丛刻》之十五，光绪戊申（1907）刊行本。

② 王树楠：《致王文泉》其三（己卯），《陶庐笺牍》卷一，《陶庐丛刻》之十五，光绪戊申（1907）刊行本。

分出入不合，岂当时偶未之检耶？"①其三，王树楠利用编修《畿
辅通志》的有利时机，结合王灏所提供文献，对直隶一地散乱
的名贤文献，进行了系统整理。比如将金代赵秉文的著述合为
《赵闲闲老人集》，另"此公大类东坡，为作年谱二卷，诗则重
为编订以年次之，不日当可成书，殊可观也"②。此外，王氏还
整理唐宋时人著作《近事会元》等五卷。其四，因王灏"好谈
义理，不喜词章考据之学"③，同时又"无门户之见，尝谓自汉
宋之学既分，后世学者或专执一说，笃守而不易，而宋学之末，
又分为程朱陆王之学，入主出奴，互相庇诟，自博野颜习斋先
生出，乃蔑弃一切，一返之躬行实践，至蠡县李恕谷益昌言之，
直欲跻之尼山之次，然揆诸往者，数家之说厥弊维均，惟实事
求是可以救末流之弊，亦吾乡豪杰之士也。"④所以他对颜李学
派著作竭力搜讨，精心编修，"故甄采其书独多于他籍。盖欲以

① 王树楠：《致王文泉》其四（己卯），《陶庐笺牍》卷一，《陶庐丛刻》
之十五，光绪戊申（1907）刊行本。

② 王树楠：《致王文泉》（甲申），《陶庐笺牍》卷二，《陶庐丛刻》之
十五，光绪戊申（1907）刊行本。

③ 王树楠：《陶庐老人随年录》，近代史料笔记丛刊，中华书局2007
年版，第24页。不过由于王树楠治学乃纯粹乾嘉路径，故对王灏的编纂方
法颇有微词，认为"应刊之书若通州雷氏父子、河间苗先簏未刻诸作，皆束
之高阁，而人所习见《春秋繁露》《广雅》《大戴礼》诸书，既非古本而首先
付梓，可谓不善择矣。"

④ 徐世昌主编：《王灏》，《师儒传六》，《大清畿辅先哲传》卷十五，
北京古籍出版社1993年版，第495页。

挽当时学者空虚无用之弊而返之实行也。"① 王树楠对王灏的主
张颇为认同，二人就颜李文献多有切磋：

> 承示李恕谷先生《阅史阅视》四卷续一卷，此书历举
> 累朝治乱之大端，旨约意赅，足与顾亭林《日知录》并传。
> 至论宋室之亡，概归咎于程朱之讲学，遂使理学、经济歧
> 为两途而轻内重外。其流失亦有不可胜言者，故当时如孙
> 勷、宋瑾辈皆不甚然其说。然其指陈古今，洞中切要，亦
> 讲求时务者，必不可废之书也。②
> 颜习斋先生《四存编》十一卷世鲜行者，其所编体例
> 未甚雅洁，宜重为编校，以广其传。先生为学初好陆王，
> 又从事程朱，既而悟宋儒发明气质之性不合于孔孟，于是
> 著《存性》一编以明理气俱是天道，性形俱是天命，人之
> 气质虽有等差，至于有善而无恶，则一也。所谓恶者乃由
> 引蔽习染为之。孟子明言为不善非才之罪，非天之降才尔
> 殊。若曰：气质有恶是罪才矣。又以道不在诗书章句，学
> 不在颖悟诵读，于是著《存学》一编以明尧舜周孔三事六
> 府六德六行六艺之道，使学者实习之而实用之。虽掊击先

---

① 《名绩·王灏》，《文献志人物篇》卷十三，何其章修，贾恩绂主纂：
《定县志》，民国二十三年（1934）版，第25页。

② 王树楠：《致王文泉》其四（己卯），《陶庐笺牍》卷一，《陶庐丛刻》
之十五，光绪戊申（1907）刊行本。

儒未免过激，然其言实足挽理学空谈之弊。其《存治》一编则谓三代为必可复，王道为必可行，李恕谷谓此为先生少年所为，初不尽然。其说至《存人》一编，则专戒当时佞佛之徒，而兼及儒者之心禅，盖明季佛教尚炽，故先生辞而辟之，不遗余力耳。其剖析儒释相近之处，实先儒之诤友，非故与为难者比也。①

博野钟金若从颜习斋学六艺，正九容，负经世略，以诸生终。学者称为逸叟。初李恕谷辑《颜先生年谱》，金若复摘日谱为《言行录》二卷，先生学行大端已具于是。先生鉴学者高谈泛务之失，一切返之以平易切要身体力行，其主敬不主静，言礼不言理，尤得古圣相传之宗旨，金若与李恕谷、恽皋闻辈推崇其教，笃信谨守，跬步不敢，或口至今。颜李之学盛称于时，俨然与程朱陆王鼎峙而三矣。此书专录先生言行而摘他人言行之善者，厕于其中，虽立教之旨则同，而于编书体例终嫌驳杂，正不得援论语记门弟子诸条以为例也。②

如上诸封书信说明，王树楠与王灏保持着密切联系。他就《畿

---

① 王树楠：《致王文泉》其三（辛巳），《陶庐笺牍》卷一，《陶庐丛刻》之十五，光绪戊申（1907）刊行本。

② 王树楠：《致王义泉》其四（辛巳），《陶庐笺牍》卷 ，《陶庐丛刻》之十五，光绪戊申（1907）刊行本。

辅丛书》应如何选择收录书籍、如何选择底本、各书的优缺点、各书的刊刻过程中应注意的问题，给出了很多具体建议，同时还承担了多部书籍的校勘工作，付出了大量劳动。而他在信中提到的学人及相关书籍，《畿辅丛书》几乎——收录，涉及书目达 20 多种，可见王树楠在丛书的编刻过程中起到了非常重要的作用。

毫无疑问，正是王灏与黄彭年、王树楠诸人共同携手搜辑，为后世保留了许多珍贵的直隶先贤典籍。也正是全心参与《畿辅丛书》整理工作，王树楠对北学演变脉络有了进一步的认知，这为其日后续写与完善北学谱系奠定了坚实的学术基础。

第三节　倡扬古学：黄彭年与莲池书院学风转移

一、改善校舍与丰富藏书

纂修《畿辅通志》仅是李鸿章振兴直隶文教规划的一部分，在其看来，"教育人才以端始进为治民行政之首务"[1]，故延聘

---

① 《培植人才以维风化折》（具体时间不详），《李鸿章全集·奏议》之六，安徽教育出版社 2007 年版，第 395 页。

宿儒名师，执教莲池书院，从而培植人才，弘扬学术，便成为李氏题中应有之义。经过多年于通志编写中形成的默契，加之莲池书院山长王振纲年老体衰，光绪四年（1878），李鸿章聘请黄彭年再度出任书院山长①。黄氏"专课士子古学，北方士习，自此一变"②。

前文言及，黄氏治学，一秉乾嘉汉学路径，故其主持莲池书院，自然结合北学特色，倡扬古学，使北地学风为之一变。

倘若改变莲池书院之学风，首要亦是最基础的即改善校舍条件与丰富藏书。据黄彭年所撰《莲池书院增修碑记》载，莲池书院原址位于万卷楼西部，长十丈，宽十六丈，占地约三亩，中分东西两院。随着书院的影响日益扩展，慕名求学之人络绎不绝。书院仅有的十几间讲舍，根本无法应付更多学子的日常受教与食宿，黄曾亲历此窘境，"今年学者麕集，予既居志局，乃举向日院长校官之居以待学者，犹不能容，或怅然而返。"③鉴于此情形，黄彭年上书直隶总督李鸿章力求扩建，

---

① 黄氏曾于咸丰十一年（1860）至同治元年（1861）间出任莲池书院山长，后因母亲左太淑人病逝，依祖制丁母忧，辞职返乡。此次任职时间甚短，故无甚作为。

② 王树楠：《陶庐老人随年录》，近代史料笔记丛刊，中华书局2007年版，第23页。

③ 黄彭年：《莲池书院记》，《陶楼文钞》，民国十二年（1923年）江苏书局刻本。

"布政使宜兴任公闻之,命知府吴君焕采购增舍。顾书院北通衢,东南接莲池西,西则笔帖式署,无隙地可辟"①,在这种情况下,"吴君乃就院中相度,分布鸠工庀材。西院增设九,东院增舍十有一,葺废舍而新之者四,凡增二十四楹装,治用具咸备,费金千二百有奇。"②经过该次修建,莲池书院基本满足正常教学之需。

藏书亦是书院大事。书院的藏书楼就如同当下的学校图书馆,是教育机构功能完备的表现。书院藏书的来源大多来自皇帝赐书、官款购买及统筹购书等途径。黄彭年再度担任莲池书院院山长后极力提倡古学,但若无丰富古籍,所谓考据则流于空谈。于是黄一方面利用总纂《畿辅通志》及协助王灏搜辑《畿辅丛书》之条件,为书院添置不少北学典籍,一面不断恳请官方出资购书。努力终有回报,光绪四年(1878),李鸿章拨银1500两,买书33170卷,藏书于万卷楼,这是莲池书院藏书的最高纪录。与官方、个人及寺庙藏书不同,书院的藏书目的就是为了便于师生借阅,配合正常的教学活动展开,拓展学生的知识面。黄彭年明确提出,莲池书院所藏典籍,博观而取之,乃藏书本意。

---

① 黄彭年:《莲池书院记》,《陶楼文钞》,民国十二年(1923年)江苏书局刻本。

② 黄彭年:《莲池书院记》,《陶楼文钞》,民国十二年(1923年)江苏书局刻本。

莲池书院的藏书，在黄到任之前曾有过三次丢失，"国朝以来莲池藏书三聚散"①。咸丰十一年（1861），他首次掌教莲池书院时，书院藏书四橱藏书不到千册。光绪四年（1878），黄"重主莲池谋之当事，先后酬金千五百，置书为卷三万三千七百十有一卷"②。为防止书院藏书重蹈丢失覆辙，黄采取如下管理方法：一，"增橱十别以十干，续增橱十二别以地支藏之万卷楼之前"③，以天干地支的方法藏书，有利于图书管理以及方便学生查阅；二，增加人手，派专人管理图书。命令学古堂的堂长管理图书的借阅，并派两个斋长协助管理；三，委托莲池书院学生分别部次编写图书目录，把书的作者、成书年代以及何年出版一一记载清楚。黄彭年并亲自为此作序即《万卷楼书目·序》。

二、"学以言乎道也，期于实践而已"

由于长期在直隶编纂史志，接触学风民情，黄彭年对于北学流衍认识颇深，并有所概括：

---

① 黄彭年：《万卷楼书目·序》，《陶楼文钞》，民国十二年（1923）江苏书局刻本。

② 黄彭年：《万卷楼书目·序》，《陶楼文钞》，民国十二年（1923）江苏书局刻本。

③ 黄彭年：《万卷楼书目·序》，《陶楼文钞》，民国十三年（1923）江苏书局刻本。

夫圣人之道，昭著于六经；经师之传，导源于北学。其在汉时，京氏言《易》，卢氏言《礼》，董氏言《春秋》，毛、韩言《诗》。至于隋唐，二刘、熊、李疏注于前，孔、贾诸儒正义于后，譬诸渊海，宏纳众流，大矣广矣！自是以来，二程、康节、元城、河间倡道于宋，文靖、子声、伯修、敬仲传业于元，迄于有明之孙、鹿，国初之颜、李，莫不敦崇大节，焜耀儒林。即以新城一邑而论，远则道远之博，许茂之精，近则五公山人怀文武之才，抱忠孝之节，隐居乐道，确乎不移，当时学徒谥以"文孝"。健余北学之编屈一指焉。《传》曰："士希贤，贤希圣。"凡诸贤之言，莫非言圣人之言；凡诸贤之行，莫非行圣人之行。虽所造或有浅深之殊，要其归则无古今之异。士之有志于圣人者，闻诸贤之风，其亦知所兴起乎？求之六经，验之五伦，推之万事。严义利之辨，大名教之防，于以绍乡贤之遗徽，靳至乎圣人之大道。则北学之兴，将于是乎，在庶几吾夫子垂教来世之本意。①

虽只是为新城一县撰写碑文，但黄氏却有意将其心目中的北学谱系做一梳理，尤其值得注意的是，黄特意提到明末清初的孙

---

① 黄彭年：《新城县重修圣庙碑记（代）》，《陶楼文钞》卷三，民国十二年（1923）江苏书局刻本。

奇逢、鹿善继、颜李学派，并提出承袭先贤之道，则北学之
兴，"将于是乎，在庶几吾夫子垂教来世之本意"。故在莲池
书院具体教学中，黄氏既因循北学特质，又结合晚清经世致
用之风，追求一种求实重用的古学教育。首先，黄氏创立存
古学堂，推广乾嘉汉学。"学古堂在书院东，光绪八年总督李
鸿章、院长黄彭年因莲花池万卷楼。置广储书籍，明立章程，
为诸生肄业古学之所。"① 据民国《清苑县志》记载，黄彭年创
立学古堂后，立下九条学规，其中的第七、第八条乃指导学
生读书之法。黄指出，"看书有'三法'而记诵不与焉。一曰
论著：或独抒己见，或折中众说，以及观摩前人名作，议求义
法之类；一曰校勘：或以诸本对勘，或根据他本校定，篇章字
句之不同，意义个别，在学者详考精审；一曰纂录：或采辑诸
书，自出手眼，或专辑一书，归诸简要，务须条理分明。以上
三条，看书之法略具"② 。另外他还要求学生在看书的过程中要
注意记录自己读书体会，每十天交给老师评阅，以指出其不足
之处。读书当博览，做到融会贯通，学以致用，不可存门户之
见，"欲征文献，则观《通典》《通志》《文献通考》《五礼通考》
诸书。欲考舆地，则观各史地理，河渠诸志……取材则有《佩

① 李鸿章、张树声、黄彭年主纂：《略六十九·经正二十一·学校
一·保定府》，《畿辅通志》卷一百十四，第十函，清光绪十年（1884）保定
畿辅通志局，宣统二年北洋官报兼印刷局石印木。
② 金良骥、姚寿昌修：《清苑县志》卷三，1934 年版。

文韵府》《渊鉴类函》《子史精华》诸书"①。莲池学古堂的建立，确实改变了莲池书院原有单一科举应试之风，使其向学术研究方面转化。

其次，为提高书院教学质量和改进教学方法，黄彭年指出："畿辅先儒在汉为毛、韩、董、卢，在唐为贾、孔，在宋为邵、程，在金为赵，在元为刘，在明及我朝为蔡、刁、孙、鹿、颜、李。地非乏才也，今非异古也。士非学不成，学非书不广，富罕藏书，贫不能置书，士窘于耳目，乃溺于科举"②，那如何才能继承北学统绪且振兴之？在黄氏看来，"先圣垂教，博文约礼；湖州设规，经义治事。厉士以学，未试以文。学海·诂经，彪炳近代，斐然成帙，著作之林。然课试成材，非启牖乡学，限之以命题，虑非性所近也；拘之以篇幅，惧其辞不达也。积日而求之，逐事而稽之，知其所亡，无忘所能。为者不畏其难，教者得考其实，途有程也，匠有矩也。于是命诸生为日记，人给以札，旬而易焉。月论其得失而高下焉"③。易言之，黄采取古人日课方式，规定莲池书院学生记日记，将每日之读书体会、难点、进程，以日记的形式记

① 金良骥、姚寿昌修：《清苑县志》卷三，1934 年版。

② 黄彭年：《莲池日记·序》，《陶楼文钞》卷九，民国十二年（1923）江苏书局刻本。

③ 黄彭年：《莲池日记·序》，《陶楼文钞》卷九，民国十二年（1923）江苏书局刻本。

载下来，每十天向书院交一次，然后每月再由老师评论。书
院通过对学生所提交日记的认真点评筛选，择取其中优秀者，
由书院统一印发学习，书名为《莲池日记》。黄彭年还亲自为
《莲池日记》作序。黄氏认为，北宋胡瑗在苏州、湖州执掌的
书院分斋教学，经义注重理论，而治事注重致用，此教学方
法虽然能够"厉士以学"，但其缺陷在于学生"不试以文"。
清代广州的学海堂和上海的诂经学舍，刊印学生的著作甚多，
但两座书院皆用课试、命题、限篇幅的办法。该模式"则取
前人之文，日夜诵读之，仿而效之，迨其成也，足以戈取科
第，驯至于公卿，则是教者竭其聪明之力，授人以揣摩迎合
之术，铿锵无用之文，坏人才而害国家，学者之误，教者之
罪也"①。黄心目中合理的方法应是倡导学生写日记，以此来培
养学生读书、写作的能力。如此旬日逐月，学生可期达到如
下效果：

> 文者，弟子以余力学之者也；言者，心之声也。文之
> 实在行，行之实在心。心术端，行谊立，文虽不工，称善
> 人焉。况充实而有光辉，文未有不著者。②

① 黄彭年：《莲池课艺·序》，《陶楼文钞》卷九，民国十二年（1923）
江苏书局刻本。
② 黄彭年：《莲池课艺·序》，《陶楼文钞》卷九，民国十二年（1923）
江苏书局刻本。

同时，黄告诫弟子们治学勿眼界狭隘，持门户之见，"门户不可分，门径不可不识，陈言不可袭，法式不可不明，汇而存之，刻而布之，得失自知也，长短共见也。匪惟旌之，实用励之。为学者勖，为来者劝。于是刊日记，月刻一册，期年裒之为初集"①。采用日记的方法教学，可令每个学生看到别人和自己的优长与不足，这样的开放式教学确有其独到之处。故张之洞曾这样评价道："黄彭年主讲莲池书院，购书三万三千余卷，储之院中。课士有度，度人给以札，使为日记，月考其得失而高下之。选刊莲池肄业生日记三十二卷，院中经明行修之士，接踵而起，人文彪蔚，一时称盛。"②

再次，黄还提出"化乡酬世"的教育观念。清代书院，大都成为研习制艺之文，培养科考之士的场所，一言以蔽之，读书就是为了做官，学问乃进身之阶。黄彭年在莲池书院校舍扩建完毕之际，曾对学生们说："诸生之来居于此，为其可以举业而博科第、登显要乎？则揣摩以求和，撴拾以为美，而为可必得。幸而得之，而举空疏无用之身，又进以揣摩撴士之术，以坏天下国家之事而有余，夫岂置书增舍之本意哉？"③由此可见，

① 黄彭年：《莲池日记·序》，《陶楼文钞》卷九，民国十二年（1923）江苏书局刻本。

② 苑书义、孙华峰、李秉新主编：《张之调全集》第2册，河北人民出版社1998年版，第853页。

③ 黄彭年：《莲池书院记》，《陶楼文钞》卷九，民国十二年（1923）江苏书局刻本。

黄反对学生单纯为了博取功名而来书院学习。治学之目的，不单单为了谋生，亦不是为了修身，而是经世致用，故"夫学不殖则落，仁无辅则孤；中外之形势扼塞，四方之风俗美恶，古今政治之盛世得失，不考则不知。士就闲燕，群萃州处，讲贯而服习之。善则相劝，过则相规学之成也。穷则以孝悌忠信化其乡，达则以经济文章酬乎世。"①他提倡学生在实际的学习过程中，不仅要掌握书本知识，更要了解各地形势扼塞、四方风俗以及古今的政治得失。从莲池书院之后数十年的发展态势来看，恰与黄彭年所提出的"化乡酬世"之思路大致符合。

诚如王树楠所言，黄彭年在莲池书院的教育实践，确令直隶学风"自此一变"②。并且其模式还被其他学人所吸收借鉴，如曾参与黄氏通志撰写的劳乃宣，深受黄彭年治学影响，"予究心义理之学有年，见举世胥尚通脱，以道学为诟病，意谓古道不能行于今世，内颇自馁。及见黄先生言行一出于正，毅然无所挠，始知今之世，犹有不随流俗者。气为之壮，益用自厉焉。后之所就得力于此者，为不少矣。"③劳乃宣在吴桥担任知

---

①　黄彭年：《莲池书院记》，《陶楼文钞》卷九，民国十二年（1923）江苏书局刻本。

②　王树楠确也从黄彭年处受益良多，"余素喜考订之学，局中若崔芋堂乃翚，蒋侑石曰豫、袁爽秋昶、方子瑾恮、丁听彝绍基，皆方闻博雅之士，朝夕过从，质疑问难，获益良多"（王树楠：《陶庐老人随年录》，近代史料笔记丛刊，中华书局2007年版，第23页）。

③　劳乃宣：《韧叟自订年谱》，台湾文海出版社1969年版，第28页。

县时，便效仿莲池书院的规章制度，"命诸生读书各作笔记呈阅评骘，奖赏而鼓舞之。刻曾文正公督直隶时所做《劝学篇》，附以黄子寿莲池书院三规则于后，以示诸生"①。

黄彭年尝言："学以言乎道也，期于实践而已。"② 五载悠悠，黄氏在执教莲池的岁月中，躬行致用，倡扬古学，为久已文风凋敝的直隶注入一股活力。然彼时直隶学界，经之前曾国藩有意引导，桐城古文已渐在直隶呈引领之势。时曾门高足、清末古文翘楚吴汝纶出任冀州知州，致信黄彭年，欲聘王树楠出任冀州书院主讲，"求其允让"。黄"见之大愠，复书语多讥讽。挚甫再以书请，有'子夏设教西河，正以广传师道'之语，辞极和婉"。孰料黄"坚持不允。挚甫立上辞职书于李文忠公，谓某作官一无所长，惟整顿学校，为国家造就人才，尚堪自信。今求一山长而不得行其志，尚何面目尸此位乎？"后经代理直督张树声居中调解，王树楠"保定、冀州各住半月"，而黄、吴"二人自此水火矣"。倘此事可视作学人间私怨，其实亦可折射出直隶学术时趋之递嬗。吴汝纶在冀州"购置书籍数千卷，专讲经史有用之学，以其间习时文试帖。若赵衡、李谐韺、刘登瀛、吴镗等，皆一时之秀也"。甚至就连向来为乃师亦步亦趋的王树楠，也与"古文名家"吴汝纶"朝夕讨论"，

---

① 劳乃宣：《韧叟自订年谱》，台湾文海出版社1969年版，第37页。
② 黄彭年：《息争书杨湘筠叙交篇后》，《陶楼文钞》卷十，民国十二年（1923）江苏书局刻本。

"自是专攻古文，不复为骈俪文字矣"①。

由上不难想见，黄彭年虽极力在莲池书院推广古学，但彼时学风变化与时代需要，乾嘉汉学之市场已愈发狭小。因之，在选聘黄氏继任者时，李鸿章不再垂青汉学名师，而是将目光投向了曾国藩的另一高足张裕钊。

第四节 "古文者蜂起"：张裕钊与莲池文派的兴起

一、"海内第一"：张裕钊之学行

于清季文坛，张裕钊之造诣与名声，皆堪位居前几把交椅。曾国藩、刘熙载称其古文当世"海内第一"②。吴汝纶则极力强调张在清代古文传承谱系中的重要地位，"清代足与文章之事者，姚鼐、梅曾亮和曾国藩后，惟张裕钊而已"，故"廉卿死，则《广陵散》绝矣。"③

---

① 王树楠：《陶庐老人随年录》，近代史料笔记丛刊，中华书局2007年版，第25页。

② 张沇、张浍：《哀启》，《张裕钊诗文集》，上海古籍出版社2012年版，第592页。

③ 吴汝纶：《与吴季白》，《吴汝纶全集》第三册，黄山书社2002年版，第63页。

张裕钊（1823—1894），字方侯，又字廉卿；初号圃孙，又号濂亭，湖北武昌人。张氏虽二十四岁即高中进士，但其后仕途并不顺遂，终辞官任教四方，先后主武昌勺庭书院、金陵凤池书院、保定莲池书院、武昌江汉书院和经心书院、襄阳鹿门书院讲席、山长等职。据《清史稿》载，张氏执教所到之处，"成就后学甚众。尝言：'文以意为主，而辞欲能副其意，气欲能举其辞。譬之车然，意为之御，辞为之载，而气则所以行也。欲学古人之文，其始在因声以求气，得其气，则意与辞往往因之而益显，而法不外是矣。'世以为知言。"①

张之古文成就与乃师曾国藩之点拨教诲密不可分。若非当初曾门立雪，受湘乡之陶铸，恐无张日后文坛翘楚之地位。1850 年 8 月，张氏在京师应试，恰时任礼部侍郎的曾国藩为读卷官，对其文甚为激赏。待张拜访曾，曾问："子岂尝习子固文耶？"②曾向张推荐王安石之文，张"言下顿悟，不待讲说而明"，"自此研讨王文，笔端日益精进"③。之后张拜入曾氏门下，二人来往颇密，曾时时关注张之古文进展：

> 廉卿今日好学不倦，做古文亦极精进。余门徒中渴望

---

① 赵尔巽：《清史稿》，中华书局 1977 年版，第 13442 页。

② 赵尔巽：《清史稿》，中华书局 1977 年版，第 13442 页。

③ 吴汝纶：《王介甫〈泰州海陵县主簿许君墓志铭〉评语》，徐树铮纂：《诸家评点古文辞类纂》卷四十八，都门书局，民国五年（1916）刊本，第 3 页。

有成就者，端推此人。①

足下为古文，笔力稍患其弱。昔姚惜抱先生论古文之途，有得于阳与刚之美者，有得于阴与柔之美者，二端判分，画然不谋。余尝数阳刚者约得四家：曰庄子，曰扬雄，曰韩愈、柳宗元。阴柔者约得四家：曰司马迁，曰刘向，曰欧阳修、曾巩。然柔和渊懿之中必有坚劲之质、雄直之气运乎其中，乃有以自立。足下气体近柔，望熟读扬、韩各文，而参以两汉古赋，以救其短，何如？②

张廉卿于午刻及夜间来船痛谈古文，喜吾学之有同志者，忻慰无已。③

接张廉卿信，寄文四篇，有王介甫之风，日进不已，可畏可爱。④

日内与张廉卿屡谈，渠学问又已大进。而余志学廿年，至今毫无进步，耄已及矣。⑤

阅张廉卿近所为古文，喜其入古甚深，因为加圈批五首。⑥

与张廉卿至后园谈论古文。渠所作古文十余首，余与

① 《曾国藩全集·日记》之一，岳麓书社 2011 年版，第 468 页。
② 《曾国藩全集·书信》之二，岳麓书社 2011 年版，第 124 页。
③ 《曾国藩全集·日记》之一，岳麓书社 2011 年版，第 466 页。
④ 《曾国藩全集·日记》之二，岳麓书社 2011 年版，第 34 页。
⑤ 《曾国藩全集·日记》之二，岳麓书社 2011 年版，第 228 页。
⑥ 《曾国藩全集·日记》之四，岳麓书社 2011 年版，第 89 页。

昨夕及本日午刻圈批一过矣。①

正由于同曾国藩的经常交流，张裕钊古文造诣日益精进，为文也由昔日的柔弱折入雄奇一途。同时，在治学方面，曾氏兼采汉宋的风格对张影响甚大。二人不时"论国朝诸大儒优劣"②，曾"导达汉宋，藩决途夷"③的主张对于张学术观念的塑造至关重要。

毫无疑问，清季古文，自是桐城派之天下，"昭代盛文藻，桐城今所推。崛兴得湘乡，大途辟千期"④，曾国藩从中推扬可谓居功至伟。而张裕钊出自曾门，自然承继桐城之风。然诚如费行简所论"独裕钊脱桐城派最早"⑤，张脱胎于桐城又越其藩篱，自成一家。对于桐城文统及各位前辈，张深表尊崇，"国朝方、姚之徒出，以古文为海内倡，而桐城文章遂冠天下"⑥，"学文不信桐城诸老绪论，必堕庞杂叫嚣之习"⑦。不过张氏并

---

① 《曾国藩全集·日记》之四，岳麓书社 2011 年版，第 89 页。
② 《曾国藩全集·日记》之一，岳麓书社 2011 年版，第 418 页。
③ 张裕钊：《祭曾文正公文》，《张裕钊诗文集》，上海古籍出版社 2012 年版，第 200 页。
④ 张裕钊：《赠朱生铭盘》，《张裕钊诗文集》，上海古籍出版社 2012 年版，第 324 页。
⑤ 费行简：《近代名人小传》，中国书店 1988 年版，第 15 页。
⑥ 张裕钊：《汝南通判马府君墓表》，《张裕钊诗文集》，上海古籍出版社 2012 年版，第 123 页。
⑦ 姚永朴：《旧闻随笔》卷三，民国八年刊本，第 17 页。

不甘于在桐城诸老脚下盘旋，心中实有凌迈前贤之志，故其对桐城派行文之不足，亦有独到看法。比如张认为方苞"未能自然神妙""风韵绝少"，刘大櫆"意不免芜近"，姚鼐则"质朴醇厚，实不及归、方……盖惜抱名为辟汉学，而未得宋儒义理之精密，故有序之言虽多，而有物之言则少"，另梅曾亮之文"不能穷极广大精微之致"①。正因胸怀颇高之学术抱负，张氏"踵武曾氏之雄奇，又调以方、姚、梅之平淡，既集众家之成，又在众家之外别辟新境，终成自家面目"②，领悟出"稍日苦求言语工，九天九地极溟鸿。岂知无限精奇境，尽在萧疏暗淡中"的道理，将雄奇与平淡合为一途。

二、"畿辅治古文者踵起，皆廉卿开之"

职是之故，由张裕钊来执教莲池书院教鞭，扬播清末古文之风，可谓践履曾氏《劝学篇示直隶士子》一文中"词章之学，亦所以发挥义理者"理念的上佳人选。

至于张氏赴莲池书院之具体始末，王树楠曾有颇为细致的回忆：

---

① 张裕钊：《与黎纯斋书》，《张裕钊诗文集》，上海古籍出版社2012年版，第81页。

② 王达敏：《前言》，《张裕钊诗文集》，上海古籍出版社2012年版，第16页。

（1883 年）先是子寿师赴官去，莲池山长一席，文忠
公命藩台崧骏函商于余继主此席。余言先祖主讲此席相隔
仅四五年，考课之士，大半为余前辈，余以年少后生忝居
师位，不惟余心不安，亦必不能孚众望也。崧曰："只论
学问，不在年之老少也。"余坚执不允，乃与挚甫共荐张
廉卿裕钊来主此席。①

可知，张氏得以赴冀，作为古文同道，王树楠与吴汝纶其
间举荐之力甚巨。尤为值得注意的是，张裕钊掌管莲池书院
之年，即 1883 年，之于其古文创作历程，有着特殊的节点意
义。综观张氏一生的古文写作，大致分为四期，一为起步期，
从道光三年（1823）至道光二十九年（1849），此时他对古文
虽有兴趣，但无名师指引，尚处于懵懂阶段。二为全盛期，从
道光三十年（1850）至光绪八年（1882），自于京师拜曾国藩
门下，张深受乃师影响，古文造诣一日千里，1882 年，张之
门人查燕绪编刻《濂亭文集》，"得文八十五篇，厘为八卷，以
授梓人"②，既是献给恩师六十大寿之贺礼，亦是对其此时期创
作的一种总结。三为成熟期，从光绪九年（1883）至光绪十四

---

① 王树楠：《陶庐老人随年录》，近代史料笔记丛刊，中华书局 2007
年版，第 26 页。
② 张裕钊：《与黎纯斋书》，《张裕钊诗文集》，上海古籍出版社 2012
年版，第 577 页。

年（1888），该时期正是张裕钊出任莲池书院山长的六年，也是其晚年创作最为集中的时期。粗略算来，张氏之《濂亭遗文》所收古文中，有近半数创作于该时期，《濂亭遗诗》中收录此时期的诗作也多达 72 首。此外，执掌莲池期间，张裕钊经常与吴汝纶切磋交流，《张裕钊论学手札》中写给吴汝纶的 56 封书信大多写于此时，《张廉卿先生论文书牍摘抄》中的大部分书信也作于这段时期，恰恰通过频繁的函牍往返切磋，张之古文创作境界再上层楼，其治学观念亦得到充分阐述与广泛流播。故莲池六年，可谓张氏古文创作历程中之关键阶段。四为衰落期，从光绪十五年（1889）至光绪二十年（1894），迫于生计，离开莲池书院后，张辗转于武昌江汉书院、经心书院和襄阳鹿门书院，后又由长子张沆接到西安养老，年老体衰，加之四处漂泊，其诗文创作因之锐减。

常言道教学相长，张氏在莲池书院治学所得，恰是与师友弟子的交流问难中启悟积累而来。张舜徽先生点评张氏治学，认为"一生所黾勉从事者，亦非徒以求文，而固以学问植其基矣"[1]。张亦曾夫子自道曰："裕钊惟天下之治在人才，而人才必出于学"[2]。故自入主莲池后，张十分注重弟子们的学术培育，并未仅将精力放在科举制艺上面。这在其日常教学中多有

---

① 张舜徽：《清人文集别录》，华中师范大学出版社 2004 年版，第 489 页。

② 张裕钊：《重修南宫县学记》，《张裕钊诗文集》，上海古籍出版社 2012 年版，第 279 页。

体现。如对怎样读史，张认为"夫博甄制度，亭绝疑异，读史者之所宜先事也。有得有失而莫之辨，考古而不能知其意，学欲以自慊何由？"① 对于熟谙历代政治制度，张将其提到经世治国的高度，"儒者读书稽古，虽一介之士，皆与有天下之责焉。将欲通知古今，讲求经世之大法，稽诸古而不悖，施之今而可行，其必自诸书始矣。然其孰得孰失，孰先孰后，异同之迹，长短之数，浅深博狭之量，神明通变之宜，不先昭然于其心，则亦未有能与于此者也。"② 由于近代以来边疆与沿海倍受列强侵扰，张氏特别强调舆地之学的重要性，在其看来，"国朝内府舆图，为武进李氏所本胡文忠公《皇朝中外壹统舆图》益恢而大之。顾其间亦有得有失，有详有略。且以目验证之，亦时有讹误。能言其大要欤？近者诸行省，及南之长江，东南之海道，北界俄罗斯之地，旁及诸地志，或往往有图"。"夫史学莫要于地理，而山川阨塞，河渠水利，原隰土宜，疆域远近，尤经世者之所必知。是故有考古之学，有知今之学。考古以何者为先，知今以何者为要，二者固相须为用。然果孰在所缓，孰在所急欤？今世之士，问以郡邑而不能举其名，东西朔南不辨其为何方。即间有从事图绘者，亦多择焉不精，语焉不详。盖

---

① 张裕钊：《策莲池书院诸生》，《张裕钊诗文集》，上海古籍出版社2012年版，第235页。

② 张裕钊：《策莲池书院诸生》，《张裕钊诗文集》，上海古籍出版社2012年版，第238页。

图谱之学亡，而后世之治，与三代两汉之不相及也久矣。自泰西人入中国，其所绘舆图详尽精确，无毫发差失，殆所谓'礼失而求诸野'者。吾中土之人，亦颇能言其所长乎？今日之事，有心者其必以舆图为当务之急矣。"①既然外患日亟，如何抵御欺辱便与军事问题息息相关，张氏对此也有自己的见解，"兵者，有国之重寄。废兴存亡，恒必由之……议者或欲复古者兵农合一之制，其说果可行欤？夫古今时势异宜，契舟求剑，胶柱鼓瑟，适足以乱天下。虽然，近代以还，固时有用民兵而收其效者。其张弛变通，抑亦有微权以寓其间者欤？小不可以敌大，寡不可以敌众，用兵之常也。然宋、明自中叶以来，兵额皆百有余万，而足以乱亡。其故安在？有国者欲为强兵之计，其道果何由欤？且自古内外强弱之势，壹视兵为轻重。内重则有奸臣指鹿之患，外重则有大国问鼎之忧。此尤治兵之要，而国家之所以为安危者也。将欲使内外相制，轻重相权，有二者之利而无其害，其于兵势分合、文武左右之际，宜必有善所处者矣。"②

而张氏如此注重经世致用之学，恰基于其对科举之弊端的深刻反思之上，该理念在他所撰《重修南宫县学记》中有过集

① 张裕钊：《策莲池书院诸生》，《张裕钊诗文集》，上海古籍出版社2012年版，第240页。
② 张裕钊：《策莲池书院诸生》，《张裕钊诗文集》，上海古籍出版社2012年版，第243—244页。

中论述：

今之学者，则学为科举之文而已。自明太祖以制艺取士，历数百年，而其弊已极。士方其束发受书，则一意致力于此。稍长则颛取隽于有司者之作，朝夕伏而诵之，所以猎高第、跻显仕者，取诸此而已无不足。经史百家，自古著录者，芒不知为何书。历代帝王卿相、名贤大儒，至不能举其人。国家典礼、赋役、兵制、刑法，问之百而不能对一。诸行省郡县疆域，不辨为何方。四裔朝贡、会盟之国，不知其何名。卑陋苟且成于俗，而庸鄙著于其心。其人能骥目攘臂而道者，则所谓仁义道德，腐熟无可比似之言而已矣。乌乎！以彼其人服中外，官膺社稷，人民之寄，生民何由而义安？内忧外患，何恃而无惧哉？

且朝廷取士其立法之始，盖亦欲群天下之士，范之孔孟之道，以端其趋，又益试之诸经艺、策问之属，以觇其所蕴蓄。其所以博士于学问之涂者，故不可谓不备。士诚一一求其实而践之，其学之成固自足出而为天下用，即其试于有司亦未必不角出于庸俗之人。然而相习而靡者，苟得之弊，中于人心，而莫有能振拔于其间者也。士莫先于尚志．而风俗之移易，莫大乎君子之以身为天下倡。今天下师儒学子，诚得一有志之士，闵俗之可恫，耻庸陋污下之不可以居，毅然抗为明体达用之学，以倡其徒，同明相照，同类相求，水流湿，火就燥，志气所动，人蹶而兴，由一人达之一邑，由一邑达之天下，风会之变，人才之奋，未可以意量也。①

虽仅有区区五百余字，但紧扣"育才"与"治学"两大问题论述，文气贯通，浑然一体。张裕钊论文提倡"以意为主"，他曾说过："及吾所自为文，则一以意为主，而辞、气与法，胥从之矣。"②此文正是该主张的绝佳体现③。同众弟子研治古文，便成为张氏入主莲池后的一大特色。如在批阅书院学生安文澜的课卷中，张氏就东汉张衡与班固之文章高下略表己意。他认为安"谓平子可步孟坚之后，此殆非笃论也。平子之文，

---

① 张裕钊：《重修南宫县学记》，《张裕钊诗文集》，上海古籍出版社2012年版，第279—280页。

② 张裕钊：《张裕钊诗文集》，上海古籍出版社2012年版，第84页。

③ 张裕钊该文章在社会上广为流传，另有一要因在于该文是他亲自手书的，有很多书法爱好者竞相临拓，甚至在书法界形成了"南宫体"一说。康有为在《广艺舟双楫》中对张裕钊的书法也赞誉有加："本朝书有四家，皆集古大成以为楷。集分书之成伊汀洲也；集隶书南碑之成邓顽伯也；集帖学之成刘石庵也；集北碑之成张廉卿也。""其书高古浑穆，点画转折，皆绝痕迹，而意态逋峭特甚，其神韵皆晋、宋得意处，真能甄晋陶魏，孕宋、梁而育齐、隋，千年以来无与比。其在国朝，譬之东原之经学，稚威之骈文，定庵之散文，皆独立特出者也。吾得其书，审其落墨运笔：中锋必折，外墨必连；转必提顿，以方为圆；落必含蓄，以圆为方；故为锐笔而实留，故为涨墨而实洁，乃大悟笔法……张君兼唐、宋体裁而铸冶之，尤为集大成也。"

其才思大于孟坚，而功力之深纯或逊之。"①以此为例，张氏升华到作文之道，"故学问文章之事，徵志趣卓远、风节高峻者，必不茞以与于斯。区区之心，所愿与诸生共勉之者也。"②如此课卷批语，在其文集中不在少数，不妨再举数例：

"赋"寄寓颇深，足徵襟袍。"论"词雅而气动，骎骎入古，俗手不能道其一字。似此懿才，何处得来？青眼高歌，望吾子勉之勉之。③

精意推测，颇能剖决。然想此策，自安文澜、刘若曾二卷外，惟此卷最为得之。所不逮二生者，文笔之古雅与意境之深造耳。然要可谓真能用心者矣、所说虽每本之前人，然别白分明，具有条理，且于声音训故之学，亦颇能窥见涯涘。④

"说"粗得崖略。"拟序"庄雅可诵。

"拟赋"虽不甚瑰古，而差有意致。"拟论"蔽罪商鞅，

①　张裕钊：《书莲池书院安生文澜课卷后》，《张裕钊诗文集》，上海古籍出版社 2012 年版，第 286 页。
②　张裕钊：《书莲池书院安生文澜课卷后》，《张裕钊诗文集》，上海古籍出版社 2012 年版，第 286 页。
③　张裕钊：《张裕钊课卷批语》，《张裕钊诗文集》，上海古籍出版社 2012 年版，第 588 页。
④　张裕钊：《张裕钊课卷批语》，《张裕钊诗文集》，上海古籍出版社 2012 年版，第 588 页。

洵探本之论，文笔亦复不平。"诗"间有佳句。①

初到保定，张裕钊尚感慨"北方风气朴僿，然亦时有一二有志于学之士。惟古文一事，可许问津者，殊难其人。乃知学问之道，惟此事正复大难。依古以来，代不数人，人不数篇，有亦哉!"②然经过数年执教，古文之风已悄然于北地勃兴，不少后辈学人承张氏学术衣钵，渐成气候。张目睹莲池书院学风之变化，自然喜不自禁，与友人书信中多有展露，如他认为王树楠、贺涛"尤为北方学者之冠"，"王晋卿于许、郑之学，已得要领，它日当以经学名家"，贺涛"其文由曾文正以上窥昌黎，创意造言，已卓然远绝流俗，十八九可望有成。得此士尤以为快也。"③另"此间肄业诸生，有崔栋上之、孟庆荣苕臣、刘彤儒翼文、张殿士丹卿，皆翚翚雅才。经学以崔生为最，其余颇识考证途辙，文笔亦并可造就。"④张还积极引介得意门生范当世赴冀任教，并向吴汝纶推荐道："肯堂天亮诚为过人"，

---

① 张裕钊：《张裕钊课卷批语》，《张裕钊诗文集》，上海古籍出版社2012年版，第589页。

② 张裕钊：《与张謇一首》，《张裕钊诗文集》，上海古籍出版社2012年版，第532—533页。

③ 张裕钊：《与查燕绪一首》，《张裕钊诗文集》，上海古籍出版社2012年版，第533页。

④ 张裕钊：《与查燕绪一首》，《张裕钊诗文集》，上海古籍出版社2012年版，第533页。

"但以肯堂之才，得大君子以为依归，固当一日千里耳"①。六载时光，莲池书院受教于张裕钊门下的学生不下数百人，且有人钻研古文的同时，亦能科考高中，故张曰"阅顺天榜录，安翰卿竟中解元，为之喜慰无已。阎瑞庭亦同时获隽。莲池仅此二人，可见文章究属有凭也"②。据刘声木《桐城文学渊源撰述考》所载，在莲池书院期间，单独师事张氏的有崔栋、张殿士、刘若曾、宫岛彦、黎汝谦、齐令辰、宫岛诚一郎7人，加上王树楠、贺涛、范当世及其余弟子，他们共同倡扬古文，初具学术共同体的雏形。刘禺生在《世载堂杂忆》中记道："保定莲池书院，桐城古文派渊薮。武昌张裕钊濂亭先生掌教多年，以桐城文教诸生，濂亭文集，半在莲池所作。"③张裕钊与莲池书院，可谓双赢。张氏古文造诣于莲池书院达至顶峰，其理念亦流播甚广；而莲池书院诸弟子通过终日于张氏门下耳提面命，学问长进神速，渐形成独具北学色彩的古文派别——莲池文派。故徐世昌评曰："廉卿博综经史，治古文宗桐城家法，而益神明变化之，以是负文誉。主莲池书院最久，畿辅治古文者踵起，皆廉卿开之。"④另须着意之处，张裕钊任教莲池之时，

<hr>

① 张裕钊：《与吴汝纶》，《张裕钊诗文集》，上海古籍出版社2012年版，第474页。

② 张裕钊：《示沆儿》，《张裕钊诗文集》，上海古籍出版社2012年版，第518页。

③ 刘禺生：《世载堂杂忆》，中华书局1997年版，第291页。

④ 徐世昌：《晚晴簃诗话》，华东师范大学出版社2009年版，第1069页。

恰是吴汝纶知州冀州之际，两位桐城古文翘楚得以书信频往，切磋交流。正因交谊熟稔，张氏对吴古文特色谙熟于心，"大抵阁下迩岁多读周、秦、盛汉之文，其意所追取者过允，故其高者直已突过贵邑诸老。其次或力不从心，恐不免更滋流弊。窃独谓阁下之文，其意格之高，笔力之雄，已不懈而及于古。所微不足者，音节气韵未能顺成和动，自然入妙耳。"[1]故张舜徽先生亦认为"盖裕钊与吴汝纶，并以能为古文辞，雄于晚清。吴之才雄，而裕钊则以意度胜"[2]。也正因张、吴二人在直隶同气相求，互伸援手，莲池文派才得以在北地异军突起。是故当张氏萌生退意之际，为保住清季古文阵地，吴汝纶接过重任，继续维持此古文圈子。

余英时先生曾如此评价曾国藩的"士大夫之学"："'百无一成'，因为他没有走任何'专家'的道路；'窥见其大'，因为他的整体成就属于'通识'的范围。"[3]与乃师不同，更近似于军功督抚类型的李鸿章，其对儒家文教并没有精深的体悟与了解，不过这并不妨碍他延续曾氏思路，继续重振直隶学风、文风与士风，编纂《畿辅通志》可谓其"大手笔"。与此同时，

---

[1] 张裕钊：《与吴汝纶》，《张裕钊诗文集》，上海古籍出版社 2012 年版，第 467 页。

[2] 张舜徽：《清人文集别录》，华中师范大学出版社 2004 年版，第 488 页。

[3] 余英时：《曾国藩与"士大夫之学"》，《士与中国文化》，上海人民出版社 2003 年版，第 596 页。

李氏延聘名儒黄彭年、张裕钊执掌莲池书院，也体现出其以书院作为培育人才、恢复文教的良苦用心。当然，学术发展自有其内在理路，黄彭年与张裕钊之间的山长交替，恰能折射出直隶一地学术嬗变的不少信息。

第四章 "北学关会"：莲池书院与清末古文余晖（下）

莲池文派能一跃成为清季古文圈之翘楚，与张裕钊、吴汝纶二人前后相续的执掌书院、培育人才密不可分。故后世每回顾这段往事，时将二者此学术交集视为桐城派文脉流衍中顺理成章、自然而然之情形。如吴汝纶之子吴闿生所言："自廉卿先生来莲池，士始知有学问。先公继之，日以高文典册摩厉多士，一时才俊之士奋起云兴，标英声而腾茂实者先后相望不绝也。"① 然他人评骘之辞往往于有意或无意间忽略个中某些具体细节或片段，而彼细节或片段却常涉及历史走向的关键节点，故不当一笔带过甚至只字不提。回望光绪十四年（1888）张、吴二人在莲池书院山长交接一事，其过程并不顺遂，对于当事人而言，张裕钊颇有些依依不舍之意，吴汝纶倒有点勇于任事之风，从而拂逆直督李鸿章之安排，使得桐城古文得以在莲池

---

① 吴闿生：《吴门弟子集》，保定莲池书社 1930 年版。

书院赓续扬播，不至半途而夭，从而终形成蔚为大观的莲池书院学术共同体。

第一节　柳暗花明：光绪十四年
莲池书院易长风波

一、风波肇因

此风波缘起，似应从光绪十四年（1888）六月初一李鸿章致张裕钊的一封书信说起。此函原文如下：

> 顷接奎乐山中丞来书，以江汉书院讲席虚悬，鄂中人士延企名德，欲回几杖，还式枌榆。燕赵诸生，久亲教泽，岂于中路，夺我儒宗。散处气谊素洽，倚助良多，闻信之余，怅惘曷极。独是执事楚国耆旧，儒林大师，况以贵乡文史之渊，重以阖部士民之望，情词如此，恐难靳辞，弥念高年，亦便故里。近代耆硕，竹汀、抱经诸老，晚主坛席，并在乡间；董浦、谢山，偶一度岭，终返遯斁，讲席近郊。此则议郎绝学，原属关西博士。奇龄归教齐郡，养老服德，情礼攸宜，似非鄙人所能维挚矣。谨将乐帅原书钞呈察览，如蒙赐议，便希示知。彼中延盼殷

肫，当先转致，以慰其意。至莲池一席，子寿方伯与执事
递主，并海内龙门之归。极盛之后，殊难为继，然亦不得
不预为筹谋。适张幼樵学士还自塞上，北学之秀，曾主问
津，津人至今慕恋，将来如延置礼堂，定能画守萧规，不
坠孔业也。①

　　李氏此信暗藏玄机，颇耐人寻味。他先借湖北巡抚奎斌之
口，告知张氏江汉书院尚有空缺，鄂中士子盼其返乡执掌。接
着送给张一顶高帽，颇为客套地高度评价其在莲池书院六载任
教成就，并以"夺我儒宗"来显示己之惋惜之情。然李马上口
风一转，列举清代钱大昕、卢文弨、杭世骏、全祖望及毛奇龄
之例，劝慰张氏回到家乡教书育人亦不失为两全其美、落叶归
根的极好选择。经此一番铺垫，李氏终落到正题上来，将其想
法和盘托出。原来对于下一任莲池书院山长，李腹中早有中意
人选，即先前因中法战争褫职遣戍，恰时年令回原籍的张佩
纶。为证明张堪为大任，李鸿章特意夸其为"北学之秀"，一
定承接山长之职，"定能画守萧规，不坠孔业"。

　　李鸿章如此力推张佩纶，无疑等于递给张裕钊一纸逐客
令。不禁让人心生疑窦，其此举有何隐衷？首先可以判断，李

――――――――――

　　①　李鸿章：《致莲池书院山长张》（光绪十四年八月初一日），《李鸿章
全集·信函》之六，安徽教育出版社2007年版，第384—385页。

鸿章与张佩纶二人交谊绝不一般。张氏于晚年为李鸿章所作祭文中写道："昔我先君，孤军转战，始识公于庐肥，患难定交，先君为公设醴，公亦投以𫄙衣。死生贵贱之异态，公独念旧而依依，访先人之敝庐，慨然谓廉吏之不可为。自不肖以翰林上谒，喜故交之有后，乃深责其来迟，立谈之下，示以为学之次第，曰：此湘乡授受之精微。上疏则屡称其直，归葬则更助其赀。从容侍坐，谈天下事。年少气盛，侃侃而进危辞，流俗所不能堪者，公虽变色欲起，旋温然而意怡。宾僚燕见，或及不肖姓氏，辄叹赏其瑰奇。东陵道上，评骘当世人物，虽盛名，或见鄙夷，已而拊吾背曰：子之于我，大体相似。"①可知张父张印塘与李鸿章早在镇压太平天国时期已结下金兰之交。况且作为后辈的张佩纶，"英锐无匹"，"忠诚謇謇"，深得李之赏识。故刑满之后，李鸿章不顾流言非议，心生将爱女许配于张佩纶之意。然此际张已非以往意气风发、炙手可热的"清流"之"青牛角"，戴罪之人，尚无安身之职。因而李氏便欲在莲池书院山长上动手做文章。

根据董丛林先生的说法，"在谋划张佩纶出任莲池书院山长一事上，李鸿章虽难脱干系，但与张关系密切的湖北巡抚奎斌可能起了更重要的作用"②。此说法确属别具只眼。按董先生之

①　张佩纶：《祭外舅李文忠公文》，《涧于集》，《续修四库全书》第1566册，上海古籍出版社2002年版，第60页。
②　董丛林：《吴汝纶弃官从教辨析》，《历史研究》2008年第3期。

判断，李氏之前或向奎斌透露意图安置张佩纶一事，奎氏顺水推舟，空出江汉书院讲席之虚位以待张氏。但以笔者目力所及，尚未看到相关直接证据。其实亦有另一种可能。执掌莲池之前，张裕钊已任教多所书院，阅历丰富。莲池六载，其文名更是扬播四方，想来其间已有多家书院欲重金聘其执教。而湖北巡抚奎斌恰在此时向张氏发出橄榄枝，正中李鸿章下怀。李氏因之极力促成，为张佩纶腾出位置。此种情形应并非没有可能。

　　既然直督李鸿章已将继任人选择定，张裕钊实无从恋栈，彼此心照不宣，张顺势复道："承示奎乐山中丞以鄂垣江汉书院主讲需人，欲裕钊承乏其间，函请垂询。裕钊衰年久客，倦飞知还，久有故山之思。且数十年来奔走四方，幸得与海内英俊奉手游处，而于奋圃人士切磋讲论之日，转复阔疏。往者微闻众论，颇以为憾……今承奎中丞雅意相招，重以彼都官师徒友眷言衰朽虚伫为劳，拳拳之雅，似未可负。而夫子深鉴鄂中知友念旧之勤，复曲体裕钊游子思乡之隐，实为感荷无既。敬请函告乐山中丞，即与定约，此后鄂人得邕其师友游处之乐，裕钊亦得遂其蓬庐息影之志，皆夫子之赐也"。至于继任者张佩纶，张氏亦只能附和一句"可谓得人，莲池诸生亦皆有所依归矣"①。

---

　　①　张裕钊：《与李鸿章》，《张裕钊诗文集》，上海古籍出版社 2012 年版，第 502—503 页。

　　且李鸿章期张氏南下之心甚切，八日后，又致信一封，催促道："方期子夏，遂老西河之滨；岂谓周生，遽返东陵之驾。縶维无术，怅悒如何。江汉大藩，文儒薮泽，执事昔领书局，今开讲堂，不惟吾党狂简之思，亦是南邦文献之寄。大府修敬，特表司农之乡；比户向风，并列学坐之屋。此固鄂中所不肯让，亦即此间所不能争者矣。来缄当即抄乐山中丞，早慰彼都人士延望之切。"对于继任者张佩纶，李氏表示"再函曰幼樵学士，幸继东海、扶风大儒之后，知必乐从也"①。同日，李又致函奎斌，告知张裕钊允诺南返之事，"月杪接奉惠函，以鄂中人士欲请张廉卿中翰还主江汉书院讲席，属为劝行。廉卿主莲池六年，士论惬服，原无中道舍去之理，惟耆年倦游，当思乡井，且以桑梓人文之托，似不能恝然置怀，当即专函往询，并将来函钞寄。顷得复讯，欣然愿归，属致台端，深铭厚意。楚国耆旧，自应还让楚人。"接着，李禁不住道出安置心中早已青睐之人张佩纶的计划，"幼樵学士，返自塞上，文学风节，北士所慕，廉卿行后，即如尊意，延主石室，允称得人。南北经师，各主其乡，亦自曲当也。幼樵四月来京，小住旬日。患难之后，意气都平，天以艰屯，玉成大器。其本籍并无生业，而于京、津两处皆不愿久住，故于保阳尤属相宜"。

---

　　①　李鸿章：《复莲池书院山长张》（光绪十四年六月初九日），《李鸿章全集·信函》之六，安徽教育出版社 2007 年版，第 387 页。

既然已将二张更迭之事交代明了,李便径直希望奎氏尽快落实接待张裕钊相关事宜,"鄙意江汉一席,现久虚悬,或可于关订函中,力为促驾,于重阳后航海南归,既慰阖省延望之意,又不误明岁开课之期。敝处义属居停,今值临歧,不便更作此等语,若有尊处敦请,自是情礼宜然,如此则幼樵今年便早得栖泊之地,且于来年两处开馆俱不耽延,实为公私两益。"①

秋实初成,却骤然被迫离开,张裕钊实颇为不甘。这在其与吴汝纶的信中多有展露:"弟以前月廿八日返至保阳,卒卒摒挡行箧,计九月杪便当南返。此番与阁下必不可不一面别,且胸中觉尚有千言万语,欲与阁下言者。想当惠来肯来,故

---

① 李鸿章:《复湖北抚台奎》(光绪十四年六月初九日),《李鸿章全集·信函》之六,安徽教育出版社 2007 年版,第 388 页。与奎斌协商停当之后,李鸿章便于七月初八致信张裕钊,"顷得乐山中丞书,寄到江汉书院关书,并公函聘敬川资各一分,属为转致,兹特专弁赍呈,即希察入。再阅来书,想见鄂垣官绅企慕名德之殷,真子车氏所云心悦诚服者,一闻俯就,大喜过望,情溢于此。人士能求师资,长吏能重民望,文献大国,风轨自殊。所恨北学方兴,道南遽叹,敢忘置醴之敬,遂有望尘之思。详绎乐帅书意,竟欲今岁南辕既及来岁开课之期,亦慰国人延企之切,极知促迫,而其意则出至诚。科年下半载文课,本自宽闲,而春间开课,向有定期,自应预计。惟念两贤郎正待秋赋,联镳之庆,当过重阳,诗礼之闻,是否须烦指授。若交冬令,则风严浪劲,航海非宜,尚望酌夺示复,以便转告鄂垣。迟速之间,均听尊便"(李鸿章:《复莲池书院山长内阁张》(光绪十四年六月初九日),《李鸿章全集·信函》之六,安徽教育出版社 2007 年版,第 399 页)。名为垂询关心张氏行程,不免给人以催促之观感。

无俟裕钊之哼哼，"①"书院诸生尤惝然若失。其隽异之士，愈益眷言衰朽，彷徨莫释，异日并拟散去。弟感此深情，良用敞惘。"② 况且张已知李欲用张佩纶取而代之，"张幼樵已为傅相乘龙之选，曾闻之否？外间咸称莲池一席，渠已改计不就，此言虽无确据，然十八九其信……又传有王廵秋主讲莲池之说，此语或亦不妄耳。"③ 收到张氏来信，吴颇为心焦，极力劝告张留下继续执教，"据述在京闻莲池有定请丰润之说，过津乃不闻此语。吾意此传不妄。居数日，果接来示见告前事。目前深、冀二州读书之士，意欲挽留在北，由此二州醵金为寿，亦如莲池之数。虽由省城下至外州县，俗人以为左迁，而大贤固不屑校论此等。缘恐从者南返，北士从此失师，不复能振起，非有他意也。执事倘见许，乞密赐一复示，二州人当自上书傅相乞留，续自具书币造门请谒，于上游决无妨碍，于执事亦无轻重，不过于北方学者有无穷之益，而弟乃坐收渔人之利耳。江汉一席，迟速必为君有，故乡亦不须急谋归计。用则施诸人，舍则传诸徒，自古君子皆然也。书所不能达者，敝友张采南兄名颉辅，壬午孝廉，久慕盛业，与

---

① 张裕钊：《与吴汝纶》，《张裕钊诗文集》，上海古籍出版社2012年版，第493页。

② 郭立志：《桐城吴先生年谱》，台湾文海出版社1967年版，第48页。

③ 张裕钊：《与吴汝纶》，《张裕钊诗文集》，上海古籍出版社2012年版，第493页。

肯堂至交，顷来冀匝月，与松坡诸君往还酬唱，亦最款洽，与闻论议，愿面谒执事，一仰威仪，并口陈曲折，询之可知详也。"① 奈何去意已决，纵使千信万函，也难挽张氏失望之心绪。

二、峰回路转

事情至此，似已画上句号②。不过闻知张裕钊南归，张佩纶接手，莲池书院广大师生之反应却出乎意料之激烈，"今岁直隶士子入都乡试者，皆言张某来主此席，相约决不应课。人言纷纷，想彼或有所闻"③，纷纷以罢课之方式表示抗议。不仅莲池书院诸人对张佩纶继任山长有异议，"此间官寮人士同声怅恨，物议颇为纷然。书院诸生尤怊然若失，其隽异之士愈益眷言衰朽，彷徨莫释，异日并拟散去。弟感此深情，良用敞

---

① 吴汝纶：《与张廉卿》，《吴汝纶全集》第三册，黄山书社 2002 年版，第 639—640 页。

② 将张佩纶招为女婿后，李鸿章欣喜之情溢于言表，其曾在信中与奎斌倾诉道："幼樵以北学大师，作东方赘婿，北宋泰山孙先生故事，窃喜同符。若论门第人才，鄙人敢希鄄城，幼樵自胜明复矣。今以升堂之戴崇，遂为移郡之萧仲，老年得此，深惬素怀。"〔李鸿章：《复湖北抚台奎》（光绪十四年十月二十三日），《李鸿章全集·信函》之六，安徽教育出版社 2007 年版，第 444 页〕

③ 张裕钊：《与吴汝纶》，《张裕钊诗文集》，上海古籍出版社 2012 年版，第 493 页。

惘。"① 再者"佩纶故骄亢，专己自用，恃盛气，好面折人而不喜受人善，以此丛怨。鸿章素重佩纶，又申之以姻，据权要之地，内外辐凑，罔知自韬晦"②。故直隶官绅之无形压力使得张佩纶知难而退，遂"不敢就"③。不过既然答应李鸿章在先，且去意已决，虽莲池师生之挽留，吴汝纶之苦劝，张裕钊依旧表示返鄂执教，他回信给吴汝纶说："既深感阁下及二州人士拳拳衰朽之至意，又得与良友朝夕聚处，中心悦豫，岂复可言？惟前日已得鄂中督抚来函，并寄到关聘川资，当经函复，许以今岁南返，未便旋又辞谢，为此反复。缘悭福薄，怅也何如！且天下滔滔，吾辈持方枘以内圆凿，故自无入而可。此后在鄂，傥有龃龉，或仍可回辙北辕，依我故人，姑留此息壤，以俟异日耳。前者微闻莲池诸生，拟具状大府，合词请留。询之果然，当力为谕止。复闻此议似尚未衰息，它日傥竟冒昧出此，则亦无可如何者也。"④

张裕钊深受学子爱戴，然南归在即，张佩纶突遭官绅侧目，实继之不得，山长要职一时陷于悬置状态，李鸿章可谓弄巧成拙，不知如何收场，尴尬为难之极！

---

① 郭立志：《桐城吴先生年谱》，台湾文海出版社 1967 年版，第 48 页。
② 徐世昌：《大清畿辅先哲传》下册，北京古籍出版社 1993 年版，第 869 页。
③ 郭立志：《桐城吴先生年谱》，台湾文海出版社 1967 年版，第 48 页。
④ 张裕钊：《与吴汝纶》，《张裕钊诗文集》，上海古籍出版社 2012 年版，第 494 页。

值此僵局, 时任冀州知州的吴汝纶挺身而出, "时莲池讲席无人主持, 李相极费踌躇, 公 (吴汝纶) 因往年曾有夙约, 遂面请辞冀州任, 来为主讲, 李相大喜, 公即日于津寓具禀称病乞休, 讲席遂定"①。至于吴氏为何放弃仕途, 从事文教, 董丛林先生有关极其精辟的分析: "其实, 事情绝非如此偶然和简单, 对于吴汝纶来说, 自是在了解了个中内情底细的条件下, 斟酌再三, 才做出的一步攸关后路的抉择。从当时情形看, 官场蹇滞的境遇与厌弃心理, 对文事的挚爱情结, 努力维护和拓展学术门派的追求以及稳定家庭生计的筹度, 都成为吴汝纶做出这一选择的直接原因。"②

至于吴氏弃官从教之远因近由, 个中始末, 董先生文章中之交代非常详尽, 故本文无须再费笔墨展开讨论。不妨回看彼时之张裕钊, 山长人选一事尘埃落定后③, 其按期返鄂。然张氏对莲池书院的师生仍恋恋不舍, 这从其离开莲池书院前创作的《留别莲池书院诸生》可知一斑:

自我来畿南, 奄忽今六载。顾惟颠木蘖, 谬当菶菲采。

---

① 郭立志:《桐城吴先生年谱》, 台湾文海出版社 1967 年版, 第 49 页。

② 董丛林:《吴汝纶弃官从教辨析》,《历史研究》2008 年第 3 期。

③ 李鸿章事后特意致函张裕钊, 道 "幼樵仍辞讲帷。挚甫委弃方州, 欣然来就, 此固执事至好, 文望素孚, 定能不坠前型, 慰彼后学"〔李鸿章:《复江汉书院山长张》(光绪十四年十二月二十七日),《李鸿章全集·信函》之六, 安徽教育出版社 2007 年版, 第 476 页〕, 以期化解彼此间的心结。

我诚惭朽株，君等竞蓓蕾。枝蔓相萦结，恋嫪不可改。

乖合苦不常，归缆忽将改。征鸿念畴侣，欲去犹回睐。

矧与二三子，别泪忍一洒。离肠奔九回，纠若淮渊汇。

万古圣与贤，旷世不相待。神合形终暌，志士涕如霢。

幸得并世生，在远亦何喟？人生天地间，有若桴浮海。

波涛一冲激，谁能知定在？努力追前修，九州犹庭内。①

张氏此诗充满了离别时之浓厚深情及对莲池诸生的殷切期望。六载朝夕相处，今日骤然离别，回忆这六年间的点点滴滴，张心中自然满是感慨。他觉得学生们的好学勤奋、热情洋溢，使他有朽木逢春的感觉，而师生关系的融洽无间，又使他倍感温馨。六年间，他们在一起共同探讨学问，切磋诗文，教学相长，互有启发。而今却突然要分别，人生天地间，如沧海中一小筏，唯一能做的就是各自努力修行，向圣贤们学习，只要心神契合，九州之外也犹如同处一庭院之中。即使回到武汉，出掌家乡书院，张依旧致信吴汝纶，询问莲池近况，"而莲池诸生，游大匠之门，亦当复蒸蒸日上。近更新得佳士否？"②

张裕钊门生张謇曾于吴汝纶出任莲池书院山长后致函道：

---

① 张裕钊：《与吴汝纶》，《张裕钊诗文集》，上海古籍出版社2012年版，第380—381页。

② 张裕钊：《与吴汝纶》，《张裕钊诗文集》，上海古籍出版社2012年版，第495页。

"武昌师之归江汉，先生之来莲池，此中具有天命，抑亦可见君子之真能求福，而小人之无往而不为福于君子也。"①宽慰之间，颇能切中吴汝纶继任莲池山长的意义所在。故自张裕钊之后，书院正式进入"吴汝纶时代"。

三、一段插曲

前文言及，在致吴汝纶信中，张裕钊提到"又传有王纫秋主讲莲池之说，此语或亦不妄耳"，王纫秋即晚清湖南名士王闿运。此传闻并非谣言，实属确有此事。这也为本已紧张的光绪十四年莲池书院山长易手风波，平添了一段耐人寻味的插曲。

平生以春秋帝王术自诩的王闿运，此时的际遇并不理想，这位出身湖湘的学人却被视作湖南政教秩序的"搅局者"。究其缘由，其一便是《湘军志》风波。《湘军志》乃王闿运平生自认代表作之一，孰料该著尚未广播，已引来湖南官绅一片排诋声讨。郭嵩焘在光绪五年（1879）五月十五日日记里写道：

> 力臣论及壬秋所撰《楚军纪事》，惟于彭雪芹一人无

---

① 张謇研究中心、南通市图书馆编：《张謇全集》第6卷，江苏古籍出版社1994年版，第298页。

违言，自余无不轻侮者，于曾文正亦讥刺之意为多。吾未见其全书，惟据裴樾岑见示所已刻就者二篇，一《曾军篇第二》，一《浙江篇第七》。……叙次太简，而颠倒年月，违失事实，尤指不胜屈。樾岑、香苏但服其笔墨之高，而不知其叙论无当也。……就吾所见二篇中，恰无一可取处，不敢以其文笔之纵横，遂谓是非功过皆可倒行而逆施也。①

纵使文采飞扬，技艺高妙，然无论湘军故旧，还是省内士绅，都容不得王氏笔下对湘军的丝毫诋毁。其后，郭氏又再度评价王氏作品之短长，指出其最大不足在于缺少见识：

　　阅壬秋《湘军志》一卷，极意表章塔忠武公，而于王初田亦颇叙其战功，湖南人士，多隐其名，似不免意为高下。张笠臣所述，实亦信而有徵。盖以文字玩弄一世，所谓才高识寡者也。昔人言作史须才、学、识三长，壬秋才学有余而识不足，此亦天分使然，不可强也。②

如此自以为是之作，招致沸腾之物议，实情理之中，在所

---

① 《郭嵩焘日记》之三，湖南人民出版社1980年版，第883—886页。
② 《郭嵩焘日记》之四，湖南人民出版社1980年版，第253—254页。

难免。《湘军志》毁版后，王闿运有过相对理性的思考，自认"此书奇作，实亦多所伤，有取祸之道，众人喧哗，宜矣。韩退之言修史有人祸天刑，柳子厚驳之固快，然徒大言耳。子厚当之，岂能直笔耶？若以入政事堂相比，则更非也。政事堂就事论事耳，史臣则专以言进退。古今人无故而持大权、制人命，愈称职愈遭忌也。若非史官而言人长短，则人尤伤心矣"①。

仅此一事，王闿运已难以见容于湖湘之地，倘再添节外生枝之举，则将彻底被官绅摒弃，然王氏偏偏又生事端。依照王之学术旨趣，其以追摹八代古文为目的，对于彼时众人所尊崇的程朱理学颇有微词，不入己之法眼，故因此私下常见罪于众官绅。以当时湖南诗坛一年一度的为苏轼贺寿诗会（简称"寿苏活动"）为例，光绪七年（1883）王氏参加该活动，讲了些对理学轻狂之词，郭嵩焘力谏其"不宜不尊程、朱，以为启后生无忌惮之渐"②。王并不领情，以"近是而非，不可与辨"回应，并于几日后作寿苏词《八归》以谑此"雅会"，其词曰：

> 年年雅会，处处新诗，知谁暗里催老。散仙堪破人间世，付与将来好事，家家东道。湘上平安多福地，把海内风流占了。况新有、峨眉归客，觑著雪鸿爪。借问寿苏胡

_____

① 王代功：《湘绮府君年谱》，《近代中国史料丛刊》（第一编），台湾文海出版社1970年版，第126页。

② 王闿运：《湘绮楼日记》，岳麓书社1996年版，第1065页。

事？自覃谿去后，唯有杨家酒好。三年梦里，八仙局外，又见尊前一笑。使文章嬉骂，空胸怀可同调。且较量，红烛光寒，绿梅花暖，甚处得春早。①

这般自视甚高，此等戏谑怒骂，王氏在湖湘文坛人缘之差，名声之劣，可想而知，甚或被人视为危险分子，其"多布阵势，一重一掩，巧肆诟讥，乃成千秋万世之冤。正惟其不加诋毁，而相拘以蜚语，使人自生疑惑。竟不料壬秋居心奇险至此，此亦吾楚之一厄也"②。众人印象已是异常之坏，想必王闿运实无法于楚地立足久待。

既然湖南不是福地，一旦有合适外邀良机，王闿运自然会格外在意。到了光绪十四年，李鸿章欲图"送老张（张裕钊）迎小张（张佩纶）"之计划遭遇莲池诸生抵制，山长继任者问题一度陷入僵局。急于为自己寻觅台阶解围的李鸿章，想起了去年曾重逢的湘人王闿运，于是修书一封，委托故交郭嵩焘代为延请王闿运出任莲池书院山长。王闿运光绪十四年七月廿五日日记道："夕过筠仙，问昨访何事，云李中堂欲要至天津，托其代探去就耳。"③翌日，王迅即给出回复："昨筠兄戌鼓来，问及龚总兵，亦言垂念之殷，具仰贤相照微，乔辈笃旧，感荷

---

① 王闿运：《湘绮楼日记》，岳麓书社1996年版，第1066页。

② 《郭嵩焘日记》之四，湖南人民出版社1980年版，第259页。

③ 王闿运：《湘绮楼日记》，岳麓书社1996年版，第1470页。

感荷！前访铃阶，非欲谋馆，诚以自食其力，不至饥寒，惟向老山居，欲营亭馆，思假在高之力，为集万金，承谕其侠充饶，自当待其优暇，此亦古今恒有之事，知明公不怪其赊。至于游履所经，瞻仁知止，更不必拘以事守，要之期月也。筠公不能达意，故以笺闻。""非欲谋馆"与"要之期月"，可见对于北上出任山长一职，王闿运兴致甚浓，已默认担纲。

经过一番准备，光绪十五年二月，王闿运如约北上津门，意欲拜会直督李鸿章，甚至动了"联络湘、淮"①之妄念。然而迎接他的却是喧嚣过后的寂寥。去岁十月，吴汝纶主动请缨辞官担任山长，可谓解了李鸿章燃眉之急。吴氏的捷足先登，令王闿运感到北上了无意义，"久客累人，即将去矣"②。最终在直隶盘亘近半载后，王氏黯然离去。

日后再与曾门四弟子之一的黎庶昌通信中，就应聘莲池书院山长未果事宜，王闿运总算半开胸怀，剖露心迹：

　　闿运伏处卅年，于诸经稍有发明，惜曾公早逝，未及尽见。弟子数百人皆功利文章之士，无能读者。初欲倡明北学，两次燕游，诸公率以送字游学人相待，每住数月，辄舍而去。家塾教授，徒劳无益，又攒眉而去之。独寐寤言"考

---

　　① 王闿运：《湘绮楼日记》，岳麓书社 1996 年版，第 1548 页。
　　② 王闿运：《湘绮楼日记》，岳麓书社 1996 年版，第 1572 页。

槃在涧",亦今古伤心之事也。以公超然,故敢言深。①

或许湖湘已非久留之地,或许莲池书院薪酬颇丰,或许可以借机打通湘淮二系关脉,然而王氏恐怕更大的动机或抱负是欲将平生所精研之六朝文风、春秋之术扬播于燕赵大地,孰料受阻于曾氏另一弟子吴汝纶"弃官从教"之举。不过倘从学风交融的背景考察,吴氏弃官的最关键初衷,恐怕也是为了保证直隶桐城古文学派继续绵延,以免中夭。是故张裕钊告知其李鸿章有意延聘王闿运一事,加重了吴氏心中的担忧,也是刺激他坚定辞职执教的要因。看似人事纠葛的背后,似乎隐伏着清季区域学术风气的消长与对抗,这是我们在考察此事件时,应当注意的一层面相。

第二节 "一主乎文":吴汝纶与
直隶学术共同体

一、"性刚不能与俗谐耳":吴汝纶之学行

"学术共同体"这一概念,是由英国哲学家托马斯·布朗

---

① 王闿运:《湘绮楼日记》,岳麓书社 1996 年版,第 865 页。

率先提出，并得到了学术界广泛认同。"学术共同体"大致是指具有相同或相近的价值取向、文化生活、内在精神和具有特殊专业技能的人，为了共同的价值理念、目标或兴趣，并遵循一定规范而构成的群体。近代以来，随着大学制度的兴起，在校园或科研机构内，形成了较为固定的"学术共同体"及相应意识。反观晚清中国，地方书院由于其自身特质，将志同道合者聚于一地，在弦歌不辍中亦形成了类似学术共同体的古文群体，莲池书院即典型之一。其源头可溯自曾国藩督直期间，而执掌当地莲池书院的最后一任山长吴汝纶，则将该学派孕育光大，是故吴汝纶与该古文学术共同体进行考察，从而展现清季民初北学的驳杂面向，则颇有其意义。

　　吴氏入主莲池书院，与其个人秉性及毕生抱负息息相关。对于文事与仕途二者，吴汝纶心中其实早有定论。他曾数度与亲友坦言："以吾自揣才力，视今之州县之有名者，未肯遽让，即视今督抚司道，吾亦无甚愧焉。而久于州县，则意颇不平，不平而不欲露，又不欲求人，则徒抑郁，终无能伸之日。"[1]况且其自认"又吾无上交之才，无左右游扬之人，无冒耻干求之术，虽引见亦无升官之望，徒多此一举耳"[2]，作为"三无"人

---

　　① 吴汝纶：《与诒甫》，光绪十四年十月二十二日，《吴汝纶全集》第三册，黄山书社 2002 年版，第 641 页。

　　② 吴汝纶：《与诒甫》，光绪十四年三月九日，《吴汝纶全集》第三册，黄山书社 2002 年版，第 637 页。

员，吴自然无缘于宦海节节高升。究其实质，还在于吴氏"性爱读书，于官不相宜"①。故其弟子李景濂在《吴挚甫先生传》里，特意提及吴氏在任官直隶时的文教成绩，"在冀州八年，兴学如在深州时，招新城王树楠、武强贺涛、通州范当世为之师，且自教督之，一时得人号称极盛，深州则贺涛，冀州则李刚己、赵衡其尤也"②。可知吴氏为官，颇偏重文教事业，关注以学育人，这与乃师曾国藩甚有一脉相承之渊源。

正因深受曾氏为人治学之熏染，吴汝纶对于先后两任直隶总督之观感，颇为不同，唐文治曾专门详述吴氏对曾国藩与李鸿章两大幕府的评价：

> 先生每来夜谈，因又详询曾文正遗事。先生慨然曰："此数百年来一人，非特道德崇隆、勋华彪炳而已，乃其精神已不可及。"遂言文正每日于寅正起，披览公牍。卯正早餐，群僚毕集，公详告各案，剖析如流。辰巳两时接见宾客将领等，或批答公牍。午初作大字，午正餐毕，即遍历宾僚宿舍，无偶遗者。或围棋一局。未正后见宾治事。酉初晚餐，后即读经史古文，至亥正止。高诵朗吟，

① 吴汝纶：《与两弟》，光绪六年五月十三日，《吴汝纶全集》第三册，黄山书社 2002 年版，第 614—615 页。
② 李景濂：《吴挚甫先生传》，《吴汝纶全集》第四册，黄山书社 2002 年版，第 1128 页。

声音达十室以外。子初与家人或幕僚谈，旋濯足。子正始寝，之寅正又起，盖晏息仅二时，岁以为常，其自强不息如此。先生又慨然曰："吾壮时佐曾文正幕，四十以后佐李文忠幕，遭际亦幸矣。然佐曾公幕时，日有进益。而佐李公幕十余年，则故我依然，何者？盖公每办一事，无适莫心，无人己见，但详告事由，命诸同人各拟一稿以进，择其最善者用之，且遍告曰：某君文佳。倘若不合，始出己文。如有胜己者，则曰：吾初意云云，今某君文胜吾，吾用之矣。即将己稿弃去。于是人争濯磨，事理愈细，文思亦愈精。李公则不然，每办一事，必出己意，曰：吾欲云云。合其意者用之，不合者摈之，无讨论，无切磋，于是人争揣摩其意，无越范围者，而文思乃日隘。二公之度量性情，于此可见。而其能作人与否，亦于是焉殊矣。"①

曾、李二位显宦为人处世风格堪称迥异，且高下立判，故吴氏对李鸿章并不从内心敬服。这也难怪李景濂指出"国藩即殂，鸿章孤立以当外交之冲，尤为疑谤所丛。汝纶与为终始，不避艰险，前后以其身关天下之重者垂三十年。然性刚直，不能与俗为委蛇，惟国藩深与相知，鸿章虽宾礼之，顾不能用

---

① 唐文治：《桐城吴挚甫先生文评手迹跋》，《唐文治文选》，上海交通大学出版社 2005 年版，第 344—346 页。

也"①。吴氏先后在直隶任官十数年，并与李鸿章同为安徽老乡，仕途却一再蹇滞，于此似不无关联。

也正是有自知之明，当张裕钊决计南归，莲池教职悬置之际，吴乘机辞官"乞退"。李鸿章问其故，吴答以"无仕宦才"，李鸿章笑曰："才则有余，性刚不能与俗谐耳。"②可谓一语中的。就此，吴氏执教莲池书院十余载，亲手构建了清季直隶的古文学术共同体。

二、"其为教也，一主乎文"

至于吴的教育理念，李景濂在传记中颇费笔墨，详加绍述：

> 桐城自姚郎中鼐推阐其乡先生方苞、刘大櫆之遗绪，
> 以古文辞名天下，天下翕然宗之，号为桐城派，上元梅

---

① 李景濂：《吴挚甫先生传》，《吴汝纶全集》第四册，黄山书社 2002年版，第 1128 页。

② 贺涛：《吴先生行状》，《吴汝纶全集》第四册，黄山书社 2002 年版，第 1141 页。据吴汝纶之子吴闿生追忆，吴留在莲池尚有另一版本，即"李文忠尝再三欲荐先君，先君不屑就也。罢冀州后，遂欲南归，李公切辞留之曰：'我老，国家艰危至此，公何更忍弃我！我死，乃听公归耳。'先君怜其意，不复言去。顾以性坦直，不能阿世取容，思欲就闲处以教育后进自任，乃留居保定，主讲莲池书院，自是迄终世，先君之志事专在于教化矣"（吴闿生：《先府君事略》，《吴汝纶全集》第四册，黄山书社 2002 年版，第 1158 页）。

曾亮其著也。国藩私淑姚氏，益恢而大之，运以汉赋之气。其弟子裕钊，笃古至深，虽雄奇不逮，而恢诡足与相坶。汝纶亦师事国藩，而所诣尤为精邃。其学以洁身不为利为本，无古今，无中外，唯是之求，渊涵渟泓，浑无涯涘，上与元气者侔，而下与万汇相昭列；自六经诸子百家传记，以逮国朝著述，与夫儒先遗闻绪论、断简零章，无不博求而慎取也；自译行海外之奇书，新出之政闻，与其人士之居于是或过而相接者，无不广览而周咨也。自其少时，为文已辨博英伟，气逸发不可控衔。而当同治初元，海内方争以守旧屏绝新知相高异，已怵然于变法图强之不可缓，大声疾呼，鲜于为应，而为之益力，虽重被谤讥不恤，其后徐乃大白；其创开风化之功，乃综计中国数千年固有之学术，揉而化之，以与未来之新学相应和，于晚近数十年间，岿然卓立而无与并。其规模远大，实姚、梅、曾、张诸家之所未有。既兼包新旧，殚精冥会，豁达洞开，而汇于一，以文之醇疵高下，裁决千秋作者。用是著述闳富，而为文益醇而肆。以为欧美之学，号为文明，明有余而文则不足；吾国周孔之教，独以文胜，后世失治，由君相不文，不知往昔圣哲精神所寄，无由化裁通变以为民用；得吾国圣哲之精神，驱使欧美富强之具，尽取彼长，以辅吾短，世运乃益大昌。欧美仅以富国自雄，而诟病吾国文学，以为无用，其治术所由未臻于美粹者亦以此。尝与其弟子李刚己辈宴语曰："天下何事最难?"刚己默然久之,尚未有以应,汝纶曰："以吾度之,千秋盖世之勋业,皆寻常耳,独文章之事,纬地经天,代不数人,人不数篇,惟此为难!"故其为教也,一主乎文,以为中国之文,非徒习其字形而已,缀字为文,而气行乎其间,寄声音神采于文外,虽古之圣贤豪杰去吾世邈远矣,一涉其书,而其人之精神意气,若俨立在吾目中。务欲因生求气,凡所为抗队、诎折、断续、敛侈、缓急、长短、伸缩、抑扬、顿挫之节,一循乎机势之自然,以渐达于精微奥窔之域,乃有以化裁而致于用。悉举学问与事功胶合为一,而尤以瀹民智、自强、亟时病为兢兢云。①

有论者指出,李氏这段话可用来解释为何吴汝纶那般重视古文,也可说明吴面临西潮冲击下力存中学而高倡古文的内在动机和全部意义。概而言之为四层:"(1) 兼包新旧,以文之醇疵裁高下。(2) 由文而得中国周孔圣哲的精神,以文为基础,从而博采西学之长。(3) 由吴氏为教一主于文,天下事文章最难为。(4) 解读'文'的重要方法是因声求气。"② 不妨再加提炼,

---

① 李景濂:《吴挚甫先生传》,《吴汝纶全集》第四册,黄山书社 2002 年版,第 1130—1131 页。

② 柳春蕊:《晚清古文研究——以陈用光、梅曾亮、曾国藩、吴汝纶四大古文圈子为中心》,百花洲文艺出版社 2007 年版,第 351 页。

实际"其为教也，一主乎文"八个字，即可展现古文在吴氏心中之地位，亦可知唯有存续古文，才能达到吴氏中西交融的学术愿景。

不过吴氏推崇与播扬古文，又绝非纯粹闭户自修、远离现实，就在甲午年，吴在写给范肯堂的信中道："海上多事，而吾辈乃从容而议文事，真乾坤腐儒也。"①可知吴并未将学术与事功截然分开，故其子吴闿生曾饱含意味地追述乃父之关怀：

> 尝以谓学术之与事功，不可区分为二。近百年来，惟曾文正公能用其所学，树伟绩于当世。门下如郭、薛、张、黎，咸得其一体。然曾公享年不永，不能究极未来之事变。方今之世，新旧乘除，存亡绝续之交也。以枢纽天下之安危，能随机肆应，与列强上下相角逐，使知中国有人，敛手而不敢动者，惟李文忠一人。虽不必以学力殊方机智之俦相争衡，其所独得者盖出于天性也。李公死，天下几无人矣。近时士大夫熟睹祸至之无日，亦尝相与痛愤太息忧之，然而莫之效者，非必济乱之材无其人，绩学之功不足也。变既日亟，后之世必非不学无术，偏长浅涉小智之徒所能勉强支拄者，非举中外学术融会于一冶，以陶

---

① 吴汝纶：《与范肯堂》，《吴汝纶全集》第三册，黄山书社 2002 年版，第 91 页。

铸而裁成之，未足言人才矣。顾能操其柄而责之效者，固旷世所希觏耳。故先君晚年所营度汲汲若不及者，尤以兴学造新人才当世变为亟。寿不尽其年，时不副其志，朝廷大臣方虚怀相畀，士流多仰首以托，命者一旦不幸，遂至摧折以死。意者天之不可知邪？抑固命也？呜乎，其酷矣夫！①

与李景濂文字相较，吴闿生之文感情色彩愈发强烈，也更能体现吴汝纶之所以投身于文教，倡扬古文，绝不是息影自得，恰恰是为了应对大变局，转移风气，造就一批既熟谙中学，又精通西学的新式人才。那么莲池书院便成为吴氏发挥才能、实现目标的首选之地。

以往学界就吴汝纶与莲池书院近代教育转型的论述已颇为丰富，况且本书措意之处在于不同学人、学风于清季北学复兴中的作用及影响，故以吴汝纶为中心的古文学术共同体如何构建起来，方是研究之重点所在。姚永概在称赞吴氏在直隶所创学术成绩时，如此写道：其"言于上官，请检视学废者没入其田于书院，厚给师生，买经史图籍，恣高材者览观，生徒问业，四面而至。其于冀亦然，又聘王树楠、贺涛、范当世为

---

① 吴闿生：《先府君事略》，《吴汝纶全集》第四册，黄山书社 2002 年版，第 1161—1162 页。

之师；三人者，文学皆天下选也……两州之士，自此彬彬向文学，其尤著者南宫进士李刚已、武邑进士吴镗、举人赵衡凡十余人，为畿辅冠云"①。徐世昌于所编纂《清儒学案》中，特意单列《挚甫学案》，将贺涛、马其昶归为其弟子，将张裕钊、范当世视为交游。同时结合上文李景濂所述吴氏师友交游及门下高足，其在直隶所构建古文圈子之核心人物大致有张裕钊、王树楠、范当世、贺涛、赵衡、李刚已、贾恩绂七人。

同为曾门弟子，吴汝纶与张裕钊交谊自然非同一般。"自曾国藩故后，汝纶与张裕钊以文章负重名，世称'张吴'"②。由于张氏年长，吴汝纶对其甚是敬重，称其为"海内硕儒"，评其文"多劲悍生炼，无恬俗之病，近今能手也"③。当年黄彭年离开莲池书院，时任职于直隶的吴汝纶向李鸿章极力举荐张裕钊，为其谋求山长一职，并放言"廉若不来，鄙人尚拟自媒，倘得此席，吾可以终老矣"④。张氏执掌莲池六载，与吴汝纶彼此呼应，携手将古文在直隶一地推波开来。待张晚年南归，辗转各地，吴曾几度致信同道打听其近况如何，"文人薄命，垂

① 姚永概：《吴挚甫先生行状》，《吴汝纶全集》第四册，黄山书社2002年版，第1145页。
② 刘声木：《桐城文学渊源考撰述考》，黄山书社1989年版，第309页。
③ 吴汝纶：《吴汝纶全集》第四册，黄山书社2002年版，第793页。
④ 吴汝纶：《答张季直》，《吴汝纶全集》第三册，黄山书社2002年版，第624页。

老失所，可叹也"①。当听闻张裕钊打算远走陕西，吴心生延聘其赴皖任教的念头，"此君年七十而入关谋生，盖亦无术自给，出此下策。弟昨谋之南中旧游，意欲纠合十余人，人出百余金，延此公入皖，以为乡里后进师表，则文章之传，当复有寄"②。可惜吴出手晚了一步，张终远走秦中。张去世后，吴更是慨叹"张廉卿之文，必传于后。今世人不知之，后世必有扬子云能知之也，今人多讲口耳之学，故自与为异趋耳。文章自有真传，廉卿死，则广陵散绝矣"③。张吴二人彼此心中惺惺相惜之情，实非旁人所能体悟。

前已言及，为了争聘王树楠，吴汝纶曾与黄彭年发生过不愉快。"始吴先生官直隶，以兴学为务，尤重择师。其知冀州欲得先生（王树楠），而黄子寿方主修通志，倚先生，薪不肯与，腾书互争。李文忠公和解之，令先生居冀与志局各半岁乃已"④。须知王树楠起初拜师于黄彭年门下，研习汉学，"为陶楼先生所激赏"⑤。而黄氏在京师时对梅曾亮一路古文并不看

① 吴汝纶：《与萧敬甫》，《吴汝纶全集》第三册，黄山书社 2002 年版，第 52 页。
② 吴汝纶：《与余寿平》，《吴汝纶全集》第三册，黄山书社 2002 年版，第 62 页。
③ 吴汝纶：《与吴季白》，《吴汝纶全集》第三册，黄山书社 2002 年版，第 63 页。
④ 姚永概：《陶庐文集序》，《陶庐文集》卷首。
⑤ 徐世昌：《清儒学案》，人民出版社 2010 年版，第 4843 页。

好，其观点自然影响到王树楠。王对桐城古文"不妄许可"，
"不专主桐城，而亦不悖其义法"①。故王树楠对吴汝纶之古文，
并非完全信服。但其为文颇有北方文学之沛然雄健之风，这倒
与吴之观点颇为接近，二人以文共勉，互补短长。

范当世（1854—1905），初名铸，字铜士、铜生，字无错，
号肯堂，别号今。因排行第一，世称范伯子，江苏南通人，晚
清著名诗人、古文家、教育家。最早师从刘熙载，后与同乡张
謇赴江宁风池书院，拿出所撰文章"求张裕钊为是否，且恳恳
问文法"②，于是张收入门下。后范"又交于挚甫，师友渊源，
学术益懋"③。范虽非直隶人，但却对此地古文发展出力甚多。
他曾三度受吴氏之邀赴直隶，主讲武邑观津书院，与直隶古文
师友多有唱和往来。时人对其盛况记载颇详，如吴君昂载：

　　初，范自通州来入幕，与伯父（案：指吴汝纶）讲贯
文学，伯父欢甚。后又得姚锡九、张采南两先生，继踵而
至，贺先生本主讲冀之书院，而张先生亦时自保定来游，
于是一州之士皆贤豪英杰。是时家君病亦大愈，遂与诸公
觞咏唱酬，无虚日，为诗多至数十首。然后知人世之遭逢
未若聚合之隆为尤可贵也。……未几，张先生还保定，范

---

①　钟广牛：《陶庐文集序》，《陶庐文集》。
②　刘声木：《桐城文学渊源考撰述考》，黄山书社1989年版，第290页。
③　徐世昌：《清儒学案》，人民出版社2010年版，第4967页。

先生应试于江南，姚、张二君亦相率辞去，而诗文之欢且息。①

对此情形，赵衡亦有记述：

尝一日燕集于莲池，吴先生诮让先生（指贺涛），于吾文少所违，反乃不若范肯堂。范肯堂者，通州人，讳当世，尝客吴先生所，张先生第一能文之弟子也。先生从容徐答之曰：回也，非助我者也，于吾言无所不说。衡尝序吴先生所著《深州风土记》，吴先生与先生书，有所商定。先生报之曰：某未见先生之书，先生见湘帆所为叙，湘帆为叙，时亦未见先生之书，宰我子贡有若智足以知圣人，吾二人之知先生，视三子何如？先生语言妙天下如此。②

可知范氏已深深融入直隶古文推广的潮流之中。吴亦对其诗文不吝夸赞之词，如称范诗"所诣益高，赋品当在鲍江之间，此乃追还古风，非世俗所有。吾读竟，不以为君喜，乃反

① 吴君昂：《冀州唱和诗序》，《吴门弟子集》卷八，民国十九年（1930）莲池书社刻本。

② 赵衡：《贺先生行状》，《叙异斋文钞》卷四，民国二十一年（1932）天津徐氏刻本。

怨恨，既叹老颓，又深惜执事诗赋益奇，益复无人知者，奈何奈何！"①认为其文"乃错综变化，尽成妙谛，诡谲多端，此由才气纵横，体格雄富，用能因方为珪遇圆成璧，令我俯首至地……读此不得不焚弃笔砚，佩服佩服"②！

吴汝纶担任冀州知州期间，大力发展地方文教事业，人才辈出，一时之盛。范当世自是其左膀右臂，自言："与吴君之相遇于此而蚤夜孳孳以求所谓作兴人才者，此独可以尽心为乐耳。"③开馆授徒，苦心经营，以助育人才为乐，可见双方执着一致的教育心志。吴氏赠范当世诗曰："山川无新故，弹压要人文。不才食瘠土，岁久空纷纭。公来破其荒，龙虎生风云。莘莘媚学子，浡如苗怀新。"④赞叹其开疆拓荒，辛勤育人，莘莘学子无不欣然推服，获益良多。

贺涛（1849—1912）字松坡，直隶武强人，同治九年（1870）举人，选国子监学正，改官大名教谕。光绪十二年（1886）进士，授刑部主事。他可谓清季莲池书院所培养的造

① 吴汝纶：《答范肯堂》，《吴汝纶全集》第三册，黄山书社2002年版，第98页。

② 吴汝纶：《答范肯堂》，《吴汝纶全集》第三册，黄山书社2002年版，第177—178页。

③ 范当世：《重修观津书院增建试院记》，《南通范氏诗文世家》（九），河北教育出版社2004年版，第30页。

④ 陈国安、孙建范：《范伯子研究资料集》，江苏大学出版社2011年版，第127页。

诣最深、毫无疑问乃承继张、吴二人古文衣钵之传人。据《清儒学案》载，"先生颖异善悟，尝为《反离骚》。挚甫为深州，一见奇之，登诸门墙。及武昌张廉卿主讲保定莲池书院，复引而通之廉卿先生。守两家师说，益以研稽文艺为事……妙于说书，善为形容，正言不喻，而偏宕言之，间以譬况，俾古人之声音笑貌凌厉纸上，汲引学者心目……盖其为学唯专乃精，视世事莫无足介其意者"①。正因像贺涛这般人才实在不可多得，"但就文字论之，则气力弥满，声势闳伟，议论亦道着深处，此等文字不惟老夫甘拜下风，窃计方今海内，自濂亭而外，盖未有能办此者"②。吴汝纶极力为其寻求教职，以留在直隶，辅翼其古文教育。吴曾向李鸿章力荐贺涛，称"贺氏家法最善，子弟多才，本年选授大名乡学训导贺涛，好学能文，为全省不可多得之才"③。一旦出现教席空缺，吴立即为贺涛谋求，"吾与执事不得合并，此最憾事，虽作函百笺，曷益乎？本年冀州缺山长，州人专信向阁下，举天下之宿儒硕学，无以易执事也。因忆往年成约，谓得缺在远，必当相调，遂以此意而启上官，久蒙许可，尚恐尊甫意不谓然……此事上下定议，不可中

---

① 徐世昌：《清儒学案》，人民出版社 2010 年版，第 4958 页。
② 吴汝纶：《答贺松坡》，《吴汝纶全集》第三册，黄山书社 2002 年版，第 178 页。
③ 吴汝纶：《再上李相》，《吴汝纶全集》第三册，黄山书社 2002 年版，第 544 页。

变"①。贺涛亦不辱师命，"主讲信都书院十八年，又主文学馆
即莲池书院，终日与学者讨论文章义法不厌，谨守张、吴两家
师说"②。要之，贺涛在秉承张、吴二师桐城文风之外，注重与
北学厚重特质的结合，终使莲池文派古文风格趋于雄奇。无怪
乎曾为贺涛同年的徐世昌赞其"研精典籍，若镯生命，沉潜专
到，突过时流，其文章导源盛汉，泛滥周秦诸子，唐以后不屑
也。其规模藩域，一仿曾张吴三公，宏伟几与相埒，而矜练生
胝，意境自成，不蹈袭前辈蹊径，独树一宗，不为三先生所
掩，盖继吴先生后卓然为一大家，非余人所能及也。"③可谓至
评，非虚美也。

　　赵衡、李刚己亦是莲池书院培养的高材生。赵"主讲文瑞
书院七年，读书信都书院几二十年，吴汝纶授以方、姚、梅、
曾相传古文义法；贺涛又出诸家评点旧册，恣之探讨；得顾、
王考订之学于王树楠，专力于文学。其文缒鉴幽冥，融金开
石，翔潜于浩森荡潏之境；散遏掩抑，骖骏听睹，若湖海之吐
纳蛟螭而时露其筼簜；实有独到处，他人莫能及，断然为一代
之文。平日丹墨罗列，规模绝乙，冥心孤往，索解于圁锐杂糅

---

　　①　吴汝纶：《与贺松坡》，《吴汝纶全集》第三册，黄山书社 2002 年版，
第 632 页。

　　②　刘声木：《桐城文学渊源考撰述考》，黄山书社 1989 年版，第 310 页。

　　③　徐世昌：《〈贺先生文集〉叙》，《贺涛文集》，华东师范大学出版社
2011 年版，第 1—2 页。

之标识；于无语中开其会悟，无文字处识其旨趣，恍若古人之馨欬笑貌，藉诸家所圈所锐者傫介之而亲于周旋。衡既能观其通，平昔所学训诂悉为驱使，名物胥来附丽，宙恢茫剖，细大从心，状人所难状之物，发人所未发之理，凡有造述，假道韩氏，上窥历代，承嬗斯文之传。尝谓：'不能文而高语性命，皆溲渤也；不能文而泛言考证，皆糟粕也；不能文而侈谈事功，皆瓦砾也。'平生所阅经史有一字之泥，一义之滞，旁引曲证，诂解冰释"①。故吴汝纶对其非常欣赏，自叹"湘帆示文数首，笔力劲悍，学韩有得。来书称其可畏，自非妄叹"②，"仆在北久，所见诸少年多英伟，各有胜处，独文事则颇少悟人，唯松坡门下诸君，皆有法度，能入古，由讲授明也。执事在松门，又褎然称首。"③

李刚己则"师事张裕钊、吴汝纶、贺涛、范当世，受古文法，从汝纶尤久。其为文雄肆淋漓，才气宏伟，涵浑迤演，殆为绝诣"，其诗文号称"张、吴同门中推为第一"④。其年仅十三岁应冀州试，其文令吴、范击节叹赏，目为奇才。该年李

---

① 刘声木：《桐城文学渊源考撰述考》，黄山书社1989年版，第313—314页。
② 吴汝纶：《与贺松坡》，《吴汝纶全集》第三册，黄山书社2002年版，第192页。
③ 吴汝纶：《答赵湘帆》，《吴汝纶全集》第三册，黄山书社2002年版，第227页。
④ 刘声木：《桐城文学渊源考撰述考》，黄山书社1989年版，第318页。

刚己有《冀州宅中用通州先生赠别桐城先生韵兼呈两先生》，
范当世叹曰：

> 此作之惊人，乃又当数倍于昨日之文。此子得道之
> 猛，虽六祖之一夕顿悟，何以过之，而令我抚中自问，平
> 生所受师门笃训，千言万语，强半遗忘，可为痛心，我何
> 足以范此子哉！挚甫先生非上智不传，而过意于我，尚非
> 其人，愿以平生所得于文正公者壹付诸此子，而益非我之
> 所敢忝然并居者也。

吴汝纶评曰：

> 相此儿所诣，便已突过老夫，那得不诧为奇宝。故知
> 殊尤瑰玮之才率由超悟，不藉声闻证禅也。近日强留肯
> 堂，自愧老荒，不能相与上下追逐。得此儿相从问学，不
> 负范公此行矣。[1]

或许范、吴二人之评价有溢美之嫌，但对于李刚己禀赋之
推重，已是跃然纸上。

------

[1]　李刚己：《李刚己先生遗集》，《清代诗文集汇编》第 792 册，上海
古籍出版社 2010 年版，第 679 页。

贾恩绂之古文也着实不俗，"其文尽得其师吴汝纶之传，汝纶称其文有阳刚之美，才气荦荦，不徇流俗"①。日后贾恩绂以编修方志闻名于民国，然作为桐城派弟子，故其修志时特意追求篇篇成文。他指出："是以载籍中之踬驳芜杂以方志为最甚，而文词之鄙倍尤其后焉。"②"文不成章如市之簿、如事之档者，更勿论已。甚矣，述作之难也。"③而对其所修方志，总是颇为得意，曾道"乃篇各成文……丝连强贯，力避档薄之讥"④，"篇篇成文，力矫档案市薄之讥"⑤。

晚清河北籍士人刘春堂曾于 1895 年作《莲池书院碑铭》一文，对晚清莲池书院与北学复兴的关系详加论述：

> 莲池书院者，北学盛衰一大关会也。……至国朝雍正十一年始于其西，间壁别立书院，后设圣殿三楹，河北名儒皆从祀焉。其前讲堂学舍俱备。自道光初年，蒋砺堂节相、屠可如方伯、陶凫芗、李竹醉两观察先后筹资修葺，然其时专以制艺课士，于经史经世之学犹未备也。同治初年，合肥相国节临是邦，置书二万余卷于万卷楼，以备诸

---

① 刘声木：《桐城文学渊源考撰述考》，黄山书社 1989 年版，第 319—320 页。

② 贾恩绂：《南宫县志》，1936 年刻本，第 1 页。

③ 贾恩绂：《定县志》，1934 年刻本，第 3 页。

④ 贾恩绂：《定县志》，1934 年刻本，第 51 页。

⑤ 贾恩绂：《盐山县志》，1916 年刻本，第 85 页。

生服习，后渐增至三万余卷。聘贵筑黄子寿先生主讲。先生立学古堂，增课经古。光绪七年，推广学舍，由是北方学者莫不担簦负笈，辐辏名山，燕赵儒风为之一变。先生既开风气之先，张廉卿、吴挚甫两先生联袂接轸，皆以古文经济提倡后学，数年以来，北地士风蒸然日上，三辅英杰多出其中。夫直隶为自古名区，瑰奇磊落之才，后先继起，名臣如杨忠愍、赵忠毅、孙文正、鹿忠节诸公，名儒如孙夏峰、刁蒙吉、颜习斋、李刚主诸先生，他如纪文达之博及群书，翁覃溪之殚心著述，杰人达士，史不绝书，无如后生晚学不能上绍前徽，类皆逐末遗本，专务科举之学，一切经史百家，天算地舆、海国图书，当代掌故，关焉不讲，甚至问以历朝载籍，而不能举其名，固陋相安，风气日下，如是国家安望得真才？斯世安望有真儒哉？此有心世道者所深悼也。然自书院学古堂之设，学者云集响应，皆知以空疏为耻，数十年来，儒风赖以大进，由是当事诸公奖励振兴，期诸久远，吾知必有如杨忠愍、孙夏峰诸先正者接踵而起也。则书院之关于北学，岂浅鲜哉？①

诚如刘氏所言，北学之所以于晚清再振，莲池书院实乃其间之

---

① 刘春堂：《莲池书院碑铭》，吴闿生编：《吴门弟子集》卷五，民国十八年（1929）莲池书社刻本，第47—49页。

一大关会。而先后主持书院的三位山长，身体力行，倡扬古文与经济之学，促使"燕赵儒风为之一变"。

作为清季莲池书院最后亦是最负盛名的一位山长，"桐城后劲"吴汝纶来到莲池时，此地学风已日趋笃实，文风也愈发透露出桐城韵味，这为吴进行一系列的教育革新提供了良好的条件。在执掌书院十三年时间内[①]，吴汝纶放宽招生条件，增加经费投入，强化激励机制，改革考试办法，从而为广大直隶学子创造了较为优裕的求学氛围。同时，吴对西学的重视程度较张裕钊有过之而无不及。首先他积极购置西学书籍和时政报刊供学生阅读，并详加指导，"洋务，国之大事，诸生不可不讲。今新出之书，有《泰西新史揽要》，西人李提摩太所编，而华人为之润色者。其书皆百年以来各国转弱为强之事迹，最为有益于中国。又有《自西徂东》一书，所分子目甚多，每篇皆历道中国盛衰，而结以外国制度，以甚可观。至若《中东战纪》，西人亦归入蓝皮书中。蓝皮书者，西人掌故书也。然所记颇乖事实，亦少叙记之法，盖非佳制。其余则同文馆及上海广方言馆所译诸书，皆可考览，而尤以阅《万国公报》为总持要领。近来京城官书局有报，而上海又有《时务报》，皆可购而阅之"[②]。其次，吴汝纶还于莲池书院设立西文学堂和东文学

---

① 从光绪十五年（1889）至光绪二十八年（1902）。

② 吴汝纶：《答贺松坡》，《吴汝纶全集》第三册，黄山书社 2002 年版，第 121 页。

堂，保证学生不再单纯依赖中文译本，直接能够阅读外文书籍。对于此举，吴汝纶不无自豪地称："书院中兼习西文，亦恐止莲池一处也。"①

当然，作为清季桐城文派魁首，吴汝纶在直隶地区为推播古文出力尤多。吴氏之提倡古文，确同其师曾国藩有一脉相承之处，他亦欲图以桐城古文为载体，融传统文化与近代新学于一炉，以期达到经世致用之效。吴氏认同恩师曾国藩学术与事功合一，并赓续其理学经世之遗志，以求有助于国计民生的抱负。不过，站在后人的角度来审视吴之经世业绩，恐怕主要还是体现在培育人才，改化直隶之士风、学风及文风上面。

综上所述，经过黄、张、吴两代学人前后相继的教化启迪之功，"燕赵儒风为之一变"，一批青年俊彦奔涌而出，遍布直隶地区，吴闿生对这一盛况有过详细描述：

> 呜呼！一代风俗之盛衰，夫岂一日之故哉？当前清同治中，曾文正、李文忠先后来督畿甸，咸殷然有振兴文教之意，其时先大夫实刺深州，修孔庙，兴乐舞，括义学废田，大开书院，州人士忻忻向化，如百谷之沐膏雨焉。武强贺松坡先生涛、安平阎鹤泉太史志廉崛起于此。……及

----

①　吴汝纶：《与李季皋》，《吴汝纶全集》第三册，黄山书社 2002 年版，第 255 页。

罢官，主讲莲池书院，于是教化大行，一时风气为之转移。盖河北自古敦尚质朴，学术人文视东南不逮远甚，自廉卿先生来莲池，士始知有学问。先公继之，日以高文典册磨砺多士，一时才俊之士奋起云兴，标英声而腾茂实者先后相望不绝也。己丑以后，风会大开，士既相竞以文词，而尤重中外大势，东西国政法有用之学。畿辅人才之盛，甲于天下。取巍科，登显仕，大率莲池高第，江浙川粤各省望风敛避，莫敢抗衡，其声势可谓盛哉！……要之，近五十年间，北方风化之转移，人文之勃兴，自先公知深冀、守天津，启其端，及莲池十载而极其大成，驯致有后来今日之盛，此天下所共见也。①

晚清北学之兴盛是否真如吴闿生所言能够令"江浙川粤各省望风敛避，莫敢抗衡"，可暂且不论。至少后起的这些河北籍学人"亦各乘时有所建树，或仕宦有声绩，或客游各省佐行新政，或用新学开导乡里，或游学外国归而提倡风气，或以鸿儒硕彦为后生所依归。凡先公当时所奖识拔擢，一皆崭然有以自见，无一人□寂无所闻者。颠覆帝制，建立民国，多与有力焉。国体既更，诸君大抵居议院为代议士，或绸缪政学，驰聘用力于

① 吴闿生：《吴门弟子集序》，《吴门弟子集》，民国十八年（1929）莲池书社刊行本。

上下，而后进之士熏陶渐染，闻风继起者多至不可胜数。"①的确在日后的直隶乃至全国的政学诸领域产生了广泛的影响，一定程度上践履了北学经世的传统。故笔者将这一批于直隶莲池书院求学、深受黄彭年、张裕钊和吴汝纶等名师教导、并在清末民初政治、经济、文化诸领域颇有建树的晚清河北籍学人称之为"莲池诸子"②（其学行大概详见后表）。这批由莲池书院培养的知识群体，虽然深受桐城义法熏染，于古文创作颇有造诣，但他们日后的学术成就、社会影响绝不仅限于此。而且待"莲池诸子"学术功底日渐成熟之时，他们开始意识到北学不振的尴尬现状，于是尝试着加以改变。如成名甚早的王树楠"读魏莲陆、尹元孚《北学正续》诸编，叹其取材太狭，且不无入主出奴门户之私识者病焉。光绪初元，树楠尝辑直隶人物，依圣门四科之目分类纂录，曰德行科，性理之学属之；曰言语科，词章之学属之；曰政事科，经济之学属之；曰文学科，考据之学属之，总名之曰《北学师承记》。惜其时搜讨未备，

---

①　吴闿生：《吴门弟子集序》，《吴门弟子集》，民国十八年（1929）莲池书社刊行本。

②　对于由莲池书院培养而成的这批晚清知识群体，就笔者目力所及，尚无确切定义。王树楠曾将这批学人称为"河北文派"（王树枏：《故旧文存》，《陶庐丛刻》第三十三，民国十六年（1927）刊），王达敏先生更径直定义为"莲池派"（王达敏：《前言》，《张裕钊诗文集》，上海古籍出版社2007年版，第21页）。二者皆是着眼于这批学人聚拢在张、吴二人周围，形成了桐城派于河北的一个新支脉，故尚不能概括该群体的全部学术与政治宗旨和作为。

迄未成书"①。另一位师从吴汝纶门下的深泽举人赵钅夤卿亦希望莲池书院诸君能够复振北学，"与江浙湖湘竞盛，而为国家挺有用之才"②。"莲池诸子"自然成为振兴北学的有生力量，他们逐渐形成学术共同体，采取多种方式力求恢复和提高北学的声望，以使其跻身学术主流行列，获得更多话语权，《大清畿辅先哲传》的纂修即是明证。故"莲池书院者，北学盛衰一大关会也"殆非虚言。

第三节　崇实典型：贾恩绂与《定武学记》

一、《严几道先生来书》

恰如刘春堂《莲池书院碑铭》中所言，莲池诸子虽研习吴汝纶为代表的桐城古文，但胸中仍怀复兴北学之志，故始终坚信日后"必有如杨忠愍、孙夏峰诸先正者接踵而起"，并以此为目标践行实学，贾恩绂即其中代表。

贾恩绂（1866—1948），字佩卿，号河北男子，河北盐山

---

① 王树楠：《序》，《大清畿辅先哲传》，北京古籍出版社1993年版，第1页。

② 赵钅夤卿：《修理莲池水道记》，《吴门弟子集》卷一，民国十八年（1929）莲池书社刊行本。

人，近代著名方志学家。贾于 1890 年入保定莲池书院读书，师事桐城派学者吴汝伦。贾后于 1893 年中光绪癸巳恩科举人。1898 年康有为在京联合各地举子公车上书，贾恩绂是签名者之一。贾曾先后主讲于梗阳书院、定武书院及贵胄学堂，并担任过直隶通志局总纂、北京政府财政部盐法志总纂、临时政府顾问、东方文化事业总委员会委员等职。贾著述颇丰，已刊行者有《直隶通志》《导河一得》《盐山新志》《心灵探源》《定县志》《定武学记》《水经注纠谬》《南宫县志》等。另外贾尚有未刊诗集、文集、日记、年谱等著作 17 种，40 册，名为《思易草庐诗稿》《思易草庐文稿》《思易草庐日记》和《思易草庐年谱》，现存于河北省图书馆。笔者曾于国家图书馆古籍馆查阅贾氏相关著作时，在其《定武学记》中发现严复写给贾的一封书信，题为《严几道先生来书》①，全文如下：

严几道先生来书

佩卿先生执事侯烈公邮书来皖，并寄示大著《定武学记》一册。雒诵首尾，寅服无量。曩在京师，高轩过门，未遂倒屣，至今思之，辄深失人之悔。事会一往，不可攀缘，未知何时乃得合并耳。所录于学行分两大支，而要指

---

① 贾恩绂将此信置于《定武学记》正义之前，以作为该书序言，可见贾对严复来信颇为看重。

以戒惧、慎独为孔门小乘，标悲天悯人、泽民益世为宗，此其志量，不但同符孔孟，实举一是宗教而兼包之。净名居士毗耶示疾，王伯安居夷后讲学，皆违此义，盖不图见地超绝之至于斯也，叹服！叹服！往者亦尝云中西学者作用不同，起于"恕"字界说之异，中土"恕"字界说曰："己所不欲，勿施于人"，此负义也；西人"恕"字界说曰："以己所欲，施之于人"，此正义也。二者似同实异。盖用前说则归洁其身，有所不为，其义已尽；用后说则匍匐救丧，强聒不舍，皆一己分内之事，而一日安闲，死有余责矣。故中国之君子期于无损人而己足，而西国之君子凡世间有一溺一饥皆己之性分有未尽也。是故学说不同，而社会结果遂以大异如此，此亦可谓与尊说暗合者矣。逮后读《论语》至"博施济众"章，又若有悟，觉圣门言恕与仁字似尚隔一尘，盖仁者欲立立人、欲达达人，此二语真活泼泼地。立者助人自立，达者助人开通，若本斯而谈，似可补前义之未足，执事以为何如？大著又谓《论语》为专重修己之书，为后世学派误点所由出，复则以为《论语》自今日观之，诚有一二不合用者，然言各有当，安知其说行于孔子之世非无以易者乎？但仲尼疾固而绝意，必固我《周易》，又重随时之义，则其说之不可固执而有穷变通久之宜，似当时亦已言下指点。吾辈生当今日，尚论二千余年，遂若有可改良之处，此不独吾教为然，盖天下

宗教之经历，莫不如此矣。总之，文字者，皆糟粕也，先
生信孔子而不必信《论语》之说，最为的当。吾无间，然
此间学堂日来适大考，忽忽未获尽意，伏维亮察。弟严复
顿首！①

　　笔者翻检《严复集》《〈严复集〉补编》《严复合集》《严复
与天津》《严复翰墨》等著作以及近年散见于学术刊物中有关
严复佚文的论文，均未提及或收录此信，故当为严复的一篇
佚文②。

　　据"邮书来皖并寄示大著《定武学记》一册"一句，可知
此时严复身处安徽。严复曾应好友姚永概和安徽巡抚诚勋之
请，于1906年4月至1907年6月间在皖主持安庆高等学堂校
务。"至之日，官绅倾向，恩中丞③礼仪尤殷，诸生欢迎若拜
大将，而旧教员中如姚永朴、胡元吉诸君皆相推挹。"④可见严
之到任，颇受师生欢迎。该年年底，严复对预备班学生和学堂
教员进行考核，共淘汰学生38人，辞退东洋教习数人。对这
次考核，严甚感满意："本学堂自经我秋间整顿之后，至今日

---

①　严复：《严几道先生来书》，《定武学记》，中华报社民国十七年
（1928）刻本。

②　现此信已收入福建教育出版社新出《严复全集》当中。

③　指恩铭，他于1906年接替诚勋任安徽巡抚。

④　严复：《辞安庆高等学堂监督意见书》，孙应祥、皮后锋编：《〈严复
集〉补编》，福建人民出版社2004年版，第89—90页。

有起色，学生亦肯用功，毫无风潮，皖人同声倾服，至今唯恐吾之舍彼而去也。"[①]不过严复治校过严，也招致了部分师生之怨怒，这也为后来爆发学潮、迫使严辞职离校埋下伏笔。据《思易草庐年谱》所述，贾恩绂于1906年4月任山东学监，"六月，杨莲甫中丞以学报相委，甚喜，以为可借此出其素蕴，然杨之世弟吴辟疆网利营私，致于决裂。是年刻《定武学记》，乃为吴所激之故"[②]。由此可知该书刊刻时间当在1906年6月之后，亦能确定严之回信应作于该年后半段，而其在信末提及"此间学堂日来适大考"，恰说明此时他正忙于考核甄别学生与教员等事宜。

由"曩在京师，高轩过门，未遂倒屣，至今思之，辄深失人之悔"一句，可知严、贾二人应早已结识。况且二人皆师从桐城派名宿吴汝纶，严复推崇桐城古文，多次前往莲池书院求学请益，而贾恩绂更是莲池书院培养出来的高材生，"治《仪礼》，有家法。"[③]故二人之间尚有同门之谊。[④]由于贾恩绂在

---

① 严复：《与夫人朱明丽书》，王栻主编：《严复集》第三册，中华书局1986年版，第736页。

② 吴秀华：《贾恩绂〈年谱〉》，安徽省桐城派研究会主办：《桐城派研究》2007年第9、10期合刊，第109页。

③ 吴汝纶：《盐山贾先生八十寿序》，施培毅、徐寿凯校点：《吴汝纶全集》第一册，黄山书社2002年版，第172页。

④ 除《定武学记》外，贾恩绂还曾将未刊的《思易草庐诗稿》寄给严复，请其赐教。严特意题诗一首："河北有男子，骧首隘八荒。生时丁阳九，中夜泪浪浪。志欲扫浮云，磨洗日月光。忧时抚长剑，欲往河无梁。结庐扁

学界声名不显，加之其个人著作多未刊印，故这份书信便未被后人重视。今日我们重新研读这篇佚文，既能从中了解严、贾二人在某些学术观点上的异同，亦可将其视作严复同北方学人交往的一则重要史料。

二、《定武学记》及其学术主张

至于《定武学记》，其实是贾恩绂"于前清光绪壬寅年（1902）主讲定武中学时之一部分讲演词也"[①]。由其弟子米逢吉整理，分上下两篇，上篇题为"说学"，共 17 节[②]，下篇题

思易，慨然念羲皇。所悲五千载，未睹斯民康。沉吟写孤愤，哀歌和迷阳。（集中孤愤诗六章，最奇辟）由来贤达士，身世常相妨。安得插两翼，视下仍苍苍。"（严复：《题盐山贾佩卿思易草庐诗存》，王栻主编：《严复集》第二册，中华书局 1986 年版，第 393 页）亦说明二人颇有来往。

① 米逢吉：《〈定武学记〉跋》，《定武学记》，中华报社民国十七年（1928）刻本。

② "说学"各节具体名称为：一、亘古学问径涂不外经世，其余尽为枝叶；二、孔子为修己以救世之教，曾子独得修己一派，而救世之学迄今尚晦；三、本朝最尚之汉学多无用，专为窃取声闻之具；四、凡讲性命之微者皆曾学，而非孔学，为孔学之支流；五、汉学又为理学之骈枝，而流派反与宋学为对峙；六、戒惧慎独为曾学，非孔子所授，在孔门为小乘；七、《论语》为专重修己之书，后世儒家流弊多源此书；八、词章之学为世之宝玩，在学问中为美术；九、汉学词章学亦不宜抹杀，适用处当采；十、曾卜学术适为秦汉后专制政体利用之资，故其传弥盛；十一、四子六经号为道理渊海而不能综贯，若为教科而设，似宜另为编订；十二、中史无利用善本；十三、学问除求知外别无工夫；十四、进化哲理不可不通；十五、计学为兴国第一智

为"说行"，共 9 节 ①。此书先于 1906 年由山东官印书局付印，后由米逢吉于 1928 年重刊，即本文所据版本。

细检《定武学记》一书，贾恩绂在继承前贤思想和吸收西学知识的基础之上，融会贯通，形成了自己的一套经世学说 ②，主要包括四个方面。第一，"即学即行，即行即学，二者未尝分途"。知行关系一直是儒家学者们关注的重点。宋明以来，程朱理学主张知先于行，其结果便是不务躬行；王阳明则强调知行合一，但其学说易导致混知为行，故王门后学多流于袖手空谈。知行之辨到颜元时有了新的发展，他提出了"见理于事""寓知于行"的知行观，强调实践的重要性，指出"见理已明而不能处事者多矣，有宋诸先生便谓还是见理不明，只教人明理。孔子则只教人习事，迨见理于事，则已彻上彻下矣。此孔子之学与程、朱

慧；十六、西学以物质诸科学为最亟，政治学次之；十七、初学以节录类辑各手册为入门根柢。

① "说行"各节具体名称为：一、人生除利己利人外别无他道；二、利己为人人分内应为之事，修己家分利义为对待，令人莫敢言利，而风俗益偷，是为大谬；三、修己家以黄老无为之道为儒教正宗，是为大谬；四、益世之外无圣贤；五、独善其身是人生第一大罪恶；六、穷达皆足益世，有大小之判耳；七、希望冒险进取为万事根基，无之必殃及君国；八、读书者在生计学中为分利之人，当求益世以赎分利蠹世之咎；九、欲为圣贤豪杰，当以破除习染为下手工夫。

② 宋恕并认为贾恩绂《学记》中的不少观点"实多得前哲深处"（贾恩绂：《贾恩绂来书》，胡珠生主编：《宋恕集》（上），中华书局 1993 年版，第 626 页）。

之学所由分也"①。虽然颜氏的知行观不免有经验主义的倾向，但对人们认识宋明理学之弊端起到很好的指示作用。贾恩绂正是深感颜李学在知行观上的积极意义，在开篇绪言中即对学界"学行分途"的现象提出尖锐批评：

　　吾人读书不外学行两端，此尽人所知也。虽然古之所为学行实与今异，古人即学即行，即行即学，二者未尝分途，观《周礼》以三物为宾兴，六艺即其学，六德六行即其行，不接一物安所得仁义中和之名？不任万事安得有睦姻任恤之号？所谓礼乐非德育乎？所谓射御非体育乎？所谓书数非智育乎？舍此三物安得更有读书乎？吾乡颜习斋、李刚主之徒独标三物之说，一扫宋儒静敬等说，真千年一见之豪杰也。斯文不幸，为方望溪等所摧锄净尽……盖自曾卜传统而学行分途之风以基，宋儒出而自了汉之道德愈倡而愈尊，其致用遂愈狭而愈谬，驯至今日，其说已深渍于人心，以办事为非分，以不办事为高尚，遇有慷慨自任者出，不惟莫慰其劳，反为世所讪笑。劳而受谤，其孰不奉为殷鉴，趋避恐后，然则凡世之号为君子者，皆畏事矣。天下事将安归乎？其舍小人而他无可归，无疑

　　① 颜元著，王星贤、张芥尘、郭征点校：《存学编》卷二，《颜元集》（上），中华书局1987年版，第71页。

也。……噫！学术沿为风俗，至养成此不公不群之世界，已可哀已。而又不幸与讲公讲群者遇，相形见绌，至不得不为之牛马，为之奴隶，其可哀更何如也？深究其故，实以学行分途为受祸之始。夫学本为行而设，行而未能故先学焉，一而二，二而一者也，故欲正今日之人心风俗，必先正夫学术，欲正学术先破学行分途之谬见……①

贾把"学行分途""不求致用"的后果提升到风俗窳败、学术虚浮以致国家衰亡的境地，这是颜李学派所未曾达到的。这反映出身处清末民族危亡、更迭频仍的大变局中，贾恩绂所面临的现实较之颜李更为严峻，故他的看法因之愈加深刻。

那如何才能纠正"学行分途"的谬误？这就涉及贾的第二个学术主张："利人外别无利己。"在贾恩绂看来，宋明理学诸多谬误中，最巨者莫过于"讳言利己是也"②。追求利益本是人之天性，然而儒家的那一套说教却迫使人们讳言逐利，"卒使人人不敢以真利己自居，至群趋于作伪之一途，故率天下而为小人者，皆此讳言利己之说阶之厉也"③。此说大行其道的结局便

---

① 贾恩绂：《绪言》，《定武学记》，中华报社民国十七年（1928）刻本，第1—2页。
② 贾恩绂：《一、人生除利己利人外别无他道》（下篇），《定武学记》，中华报社民国十七年（1928）刻本，第16页。
③ 贾恩绂：《一、人生除利己利人外别无他道》（下篇），《定武学记》，中华报社民国十七年（1928）刻本，第16页。

是儒者"阳为夷齐而阴为盗跖"。深究下去，人们之所以讳言逐利，其根源还在于对义利关系的认识上。贾指出，"中国学术之误，误于义利分途，以故世人皆视义为害利之事，利为害义之端，二者为反比例"①。追求事功，获取利益本无可厚非，毕竟"人也者，原为求生而生，非为求义而生者也，不利则害生，不义则害名，名虚而生实，孰肯骛虚名而受实祸哉？……藉令义利不使分途，而以义为利，以不义为害，号召天下后世，至理名言，家喻户晓，久之风俗可成，必能与今日所见效果为相反，此凡有识者所公认不疑者也"②。然而那些所谓的"圣贤"们却见不及此，大倡逐利害义、义利分途，贾恩绂对此深恶痛绝：

　　不曰利在义中，而曰义利相反。夫欲其为义而先不以利惧之，岂非北其辙而令适越乎？董生云：正其谊不谋其利，明其道不计其功。此二语在吾国几于妇孺皆知，范围人之思想势力亦最大。然吾谓最害事者即此语也。人人诵其语，则人人知义利不并容矣。不惟小人不肯为道谊，即中人亦畏难而苟安，纵谆谆告诫，孰肯为无利无功之道谊

---

① 贾恩绂：《二、利己为人人分内应为之事，修己家分利义为对待，令人莫敢言利，而风俗益偷，是为大谬》（下篇），《定武学记》，中华报社民国十七年（1928）刻本，第18页。

② 贾恩绂：《二、利己为人人分内应为之事，修己家分利义为对待，令人莫敢言利，而风俗益偷，是为大谬》（下篇），《定武学记》，中华报社民国十七年（1928）刻本，第19页。

哉？今为正之曰：非正谊不能谋利，非明道不能计功。谊
道为功利之原因，而功利乃谊利之结果，如是言之，人纵
不乐为义，独不为利计乎？则天下安有小人哉？①

"非正谊不能谋利，非明道不能计功"，这与颜元的"正其谊以
谋其利，明其道而计其功"何其相似！由此可知贾恩绂之义利
观具有强烈的事功色彩。其"利在义中"与颜李学派"义利合
一"的内在相似性，说明该观点乃晚清时期河北学人对颜李学
派义利观的承继与发展。

既然强调学行合一、义在利中，那作为学者，自当"以专
务经世为宗"，按照贾恩绂的话讲，即"亘古学问径途不外经
世"，这亦是他的第三个主张。其实早在戊戌维新时期，贾的
经世思想便有所展现。当时他致书康有为，对其所创办的保国
会提出个人看法。在他看来，康有为设立保国会，"纵极剀痛，
亦犹之空言耳。"因为"聪颖者自能取中西之书而博通之，无
待会讲，而庸流无识者，纵闻言欣悦，亦不堪世用，况讪讥
笑骂徒取其辱，又何为哉？"②这实际上既无补于国家危亡，亦

---

① 贾恩绂：《二、利己为人人分内应为之事，修己家分利义为对待，
令人莫敢言利，而风俗益偷，是为大谬》（下篇），《定武学记》，中华报社民
国十七年（1928）刻本，第 19 页。

② 贾恩绂：《与康有为书》，吴闿生编：《吴门弟子集》卷五，河北保定
莲池书院民国十九年（1930）刊本，第 14 页。

不能实现保国保种保教之初衷。贾的建议是："莫若闇淡其声华，变保国会为学会，并立农商格致等公司，实事求是，日进一日，将来推行渐广，则国教种不求保而自保。以察秋毫者导人明，以正六律者导人聪，其与夫斤斤于聋瞽之场以自炫者，必有闲矣"①。在《学记》里，贾的经世主张愈加成熟。回顾三代时期，"学问所学即所用，以六艺为应世课程，以六德六行为修身课程，与今日德育、智育、体育之论若合符节（体育即该六艺中），且不惟学用一贯更能知行并进，礼于古所该最广，一切事功均括其中，吉凶军宾嘉典章制度文为凡应世之端悉属之，即今日之政治法律哲学等目是也。"而今日之人以"读书为学"，"以读书为学之全功是由实入虚之大关键，今骤语人以读书不为实学，在今日几视为奇谈，然试问读书之与经世与六艺之与经世，其距离孰为远近？有识者当不辨而自明"②。当然贾所处的时代，西学大量涌入，新的学科、知识的引介使他认识到单靠所谓的"三事三物"之学不足以挽救中国之现状，必须向西方学习，为我所用。首先当引进的就是计学。计学亦即经济学，晚清严复翻译西方经济学著作时将经济学译为"计学"，贾恩绂当是受严之影响，将经济学视作一国兴衰之命脉。

---

① 贾恩绂：《与康有为书》，吴闿生编：《吴门弟子集》卷五，河北保定莲池书院民国十九年（1930）刊本，第15页。

② 贾恩绂：《一、亘古学问径涂不外经世，其余尽为枝叶》（上篇），《定武学记》，中华报社民国十七年（1928）刻本，第2页。

计学之可贵，在于"其所见者远，所利者溥"，故贾认为"他种西学犹可从缓，而计学则兴国之第一智慧也"①。其次，对于大多人而言，应该以"动植、理化诸普通科学为一切应用根基"。因为"物质科学中所具智慧浅者，皆人生日用所需，深者皆营业勤学所必备，故不明政治学，不过不足以治人，不明物质诸科学，并不足被治于人"②。贾认为由于自古我国就未能建立一套完整的自然科学学科体系，所以文明不得不迟于西方。好在"西人于各种科学皆日精一日，编入教科，条理秩然，于以助成文明之发达，斯不谓食西哲之赐不可得也"③。可见贾恩绂对西学颇有涉猎。贾虽然提倡事功，认为"吾国多一读书人，反多一蟊贼"④。但他在对待读书的态度上，并非像颜元那般偏激绝对，将读书视为无用，"诵说中度一日，便习行中错一日；纸墨上多一分，便身世上少一分"⑤。贾恩绂所反对的读书态度，是以读书为学问，而忽略了实践的重要性，故他并不

---

① 贾恩绂：《十五、计学为兴国第一智慧》（上篇），《定武学记》，中华报社民国十七年（1928）刻本，第13—14页。

② 贾恩绂：《十六、西学以物质诸科学为最亟，政治学次之》（上篇），《定武学记》，中华报社民国十七年（1928）刻本，第14页。

③ 贾恩绂：《十六、西学以物质诸科学为最亟，政治学次之》（上篇），《定武学记》，中华报社民国十七年（1928）刻本，第14页。

④ 贾恩绂：《八、读书者在生计学中为分利之人，当求益世以赎分利蠹世之咎》（下篇），《定武学记》，中华报社民国十七年（1928）刻本，第24页。

⑤ 颜元著，王星贤、张芥尘、郭征点校：《总论诸儒讲学》，《存学编》卷一，《颜元集》（上），中华书局1987年版，第42页。

否定读书乃求知的渠道。因此他对于书本知识持较为开明的态度。如当有人"藐视词章之学为不值一钱"时，贾没有同声附和，而是为词章之学辩护道：词章"虽不足尽中学之大要，自是中国第一美术，在我国文明发生界实国粹可宝之一端。今学校中见外人有音乐科，相与仿效宝重之，词章之益及学术者独不在音乐上乎?"① 不过，贾将词章之学比作"中国第一美术"，则似有拔高之嫌，这或与他的知识背景有关。贾曾师从桐城派名宿吴汝纶，"治《仪礼》，有家法"②。故贾亦被视为晚清桐城派在北方的代表人物之一③。若从此层关系上来考察，便易于理解他为何看重词章之学。

除却倡导事功之学外，贾对儒家经典的质疑和评骘汉宋学也颇具特色。对于被历代儒生奉为经典的《论语》，贾认为该书"其书多失圣人之真，于悲悯救世之大端，几付阙如，但于容貌、辞气、谨言、慎行诸事，详之又详，藉令综合全书之精神以为孔子写真，一学究足以当之而无愧，安见其为生民未有之大圣哉？世之人顾以此为孔道之真，是真不信孔子而信《论

---

① 贾恩绂：《八、词章之学为世之宝玩，在学问中为美术》（上篇），《定武学记》，中华报社民国十七年（1928）刻本，第8页。
② 吴汝纶：《盐山贾先生八十寿序》，施培毅、徐寿凯校点：《吴汝纶全集》第一册，黄山书社2002年9月版，第172页。
③ 参见吴秀华：《燕地贾恩绂手稿中所见桐城派学者资料》，《文献》2003年第4期；吴秀华：《略谈桐城派在北方的传播》，《燕赵学术》2007年春之卷。

语》也"①。经过贾考证，他断定《论语》必成于后世众穷儒之手，"流弊直与孔道相反"。所以他主张"宁信孔子而不尽信《论语》"，"吾之不信《论语》，适将以尊孔也"②。贾的观点招来了严复的商榷。严在回信中认为《论语》"博施济众"章"似可补前义之未足"，并就贾对《论语》的批判略作辩解，指出"《论语》自今日观之，诚有一二不合用者，然言各有当，安知其说行于孔子之世非无以易者乎?"③贾恩绂对四子六经亦不甚满意：

> 总之，六经不足览孔子道之全，《礼记》《周易》差胜矣，而亦非本末综贯、源流详该之体裁，《春秋》虽专明政见，而其道已古，此六经之大旨也。四子中《大学》《中庸》出自《礼记》，又纯为曾子之绪余，无论矣。《论语》与《礼记》上下相距不出数十年，亦曾卜门徒传信传疑之作。此外独《孟子》为佳，以其多出己手也。而体例事理并载，有似日记，与他子篇题亦不类衰周诸子多标篇目类载，孟子则否，亦非综贯条理之作。以故四子六经虽成道理渊海，求其由

---

① 贾恩绂：《〈论语〉为专重修己之书，后世儒家流弊多源此书》，《定武学记》，中华报社民国十七年（1928）刻本，第6—7页。
② 贾恩绂：《七、〈论语〉为专重修己之书，后世儒家流弊多源此书》，《定武学记》，中华报社民国十七年（1928）刻本，第7页。
③ 严复：《严几道先生来书》，《定武学记》，中华报社民国十七年（1928）刻本。

根而干而枝而叶，本末完全者，竟无一也。①

是故，贾希望学习西方学科编排模式，将四子六经"分别部
居，囊括众说而条理之，亦大观也"②。这种主张学术分科的见
解，在清末还是颇具有远见的。"桐城尊宋学"，"好治文辞"③，
贾师承桐城殿军吴汝纶，自然在评价汉宋学术时有其倾向性。
对于乾嘉汉学，贾恩绂之评价颇低。在其看来，汉学有两大谬
误："训诂以托体六经而始尊。而六经之所以足尊者，在不可
磨灭之道理，道理无事于训诂也。其有事训诂者，惟名物典制
六经之粗迹耳。以研求粗迹代身心之学，其误一。又进而求之
三代普通之学守之，学官者为六艺，礼乐射御书数是也，决非
后世学官之六经，以六经冒六艺，实始于汉儒。六经虽尊而但
就切近人事论之，实远逊于古之六艺，专穷经犹未必致用，况
专穷经之粗迹乎？其误二"④。其结果便是"匆论古今"却"无

———————————

① 贾恩绂：《十一、四子六经号为道理渊海而不能综贯，若为教科而
设，似宜另为编订》，《定武学记》，中华报社民国十七年（1928）刻本，第
10—11 页。

② 贾恩绂：《十一、四子六经号为道理渊海而不能综贯，若为教科而
设，似宜另为编订》（上），《定武学记》，中华报社民国十七年（1928）刻本，
第 11 页。

③ 邓实：《国学今论》，《国粹学报》1905 年第五期，广陵书社 2006 年
版，第 71 页。

④ 贾恩绂：《三、本朝最尚之汉学多无用，专为窃取声闻之具》（上），
《定武学记》，中华报社民国十七年（1928）刻本，第 4 页。

当于经世"。对于理学，贾恩绂之态度明显有所保留。他认为汉学仅是理学的一个分支，"当世学人不曰宋，即曰汉，且互相主奴，宋学往往为汉学所凌驾。而不知沿流溯源，则汉儒所据地位去宋儒尚隔一级，理学虽腐而究为正干，汉学虽博而终属旁支，学者所当严其流别，勿徒为耳食之论也"[1]。贾毕竟深受理学熏染，其不能完全跳出学派观念来看待汉宋学术，故有些观点未必精确。

梁启超曾于《论中国学术思想变迁之大势》中对北学特征有过经典总结：

> 北地苦寒硗瘠，谋生不易，其民族销磨精神日力，以奔走衣食，维持社会，犹恐不给，无余裕以驰骛于玄妙之哲理。故其学术思想常务实际，切人事，贵力行，重经验，而修身齐家治国利群之道术最发达焉。惟然，故重家族，以族长制度为政治之本，敬老年，尊先祖，随而崇古之念重，保守之情深，排外之力强。则古昔，称先王；内其国，外夷狄；重礼文，系亲爱；守法律，畏天命：此北学之精神也。[2]

---

① 贾恩绂：《五、汉学又为理学之骈枝，而流派反与宋学为对峙》（上），《定武学记》，中华报社民国十七年（1928）刻本，第6页。

② 梁启超：《论中国学术思想变迁之大势》，《饮冰室合集》文集之七，中华书局1989年版，第18页。

刘师培亦认为：

> 燕赵之地……地土硗瘠，民风重厚而朴质，故士之产
> 其间者，率治趋实之学，与南学浮华无根者迥殊。颜学之
> 兴，亦其地势使然欤。[1]

自然地理环境对学术风格之塑造的影响究竟多大，可姑且
不论。至少说明实学思想当为北学之主流。时值风云激荡的晚
清，河北虽非全国学术之核心区域，但当地学人并未放弃对事
功实学的追求。贾恩绂的经世学说便是例证。他在对颜李学进
行扬弃的基础上，倡导"学行合一""义在利中"等主张，体
现出燕赵地区实学思想在晚清发展的新阶段。

综观晚清莲池书院与北学之间的关系，不难发现其间的一
种独特现象：即在地方大吏[2]的扶植下，外籍学者于此兴学重
教，政治与学术资源的联合为北学复振提供了较为优越的条
件。不过，由于几任山长并非本地学人，他们引入的更多是经
史、古文、性理之学以及西学知识，故直隶一地学风呈现出多
种流派杂糅并存的态势，北学的近代转型也随之展开。直隶青

---

① 刘师培：《幽蓟颜门学案序》，《刘师培全集》第三册，中共中央党
校出版社 1997 年版，第 562 页。

② 如曾国藩、李鸿章、袁世凯等皆出任过直隶总督。

年士子们在此种独特的学风中问学求道，其对北学的认同感依然日趋增强，最终形成扬播北学的生力军。这种学术现象颇值得学界深入探究。

第五章　重振北学的尝试:《大清畿辅先哲传》编纂缘起与内在意蕴

　　《大清畿辅先哲传》是民初由显宦徐世昌主持编纂的一部有关直隶历史人物的大型传记著作，也堪称民国第一部清学史作品，价值颇高，且编纂的背景与意蕴值得深入探究，惜以往对该著作之研究颇少，^①可知学界对其关注尚不足。

---

　　①　据笔者目力所及，仅有秦进才、李洪芬的《〈大清畿辅先哲传〉校证举要》（《河北师范大学学报（哲学社会科学版）》1999年第3期），李洪芬的《〈大清畿辅先哲传〉标点失误举例》（《邯郸师专学报》2000年第2期），朱曦林的《从〈大清畿辅先哲传〉到〈清儒学案〉——徐世昌清学史著作编纂之演进》（《理论与史学》第3辑，中国社会科学出版社2017年版），靳伯云的《为贤哲立传为文脉存根——徐世昌编纂的〈大清畿辅先哲传〉〈大清畿辅书征〉》（《神州》2019年第9期）等少量文章涉及该问题。

第一节　表彰先贤：《大清畿辅先哲传》
之编纂缘起

一、徐世昌的北学情结

《大清畿辅先哲传》得以问世，与徐世昌本人密切相关。徐世昌，字卜五，号菊人、东海，晚号水竹邨人、弢斋、石门山人，直隶天津人。生于清咸丰五年（1855），卒于民国二十八年（1939），享年85岁。在清末，徐世昌之仕宦生涯可谓后来居上，他从翰林院起步，后辅佐袁世凯小站练兵，由此发迹，曾历任东三省总督，军机大臣，巡警部、邮传部尚书，内阁协理大臣等。民国三年（1914），出任国务卿，七年十月（1918），由"安福国会"选为大总统。在任期间，徐氏提倡文治，阐扬颜李之学，意在重振北学，并推动《四库全书》的影印，对保存和弘扬中国传统文化作出了积极的贡献。民国十一年（1922）六月，被迫下野。自后，其息影津门，不问政事，安于编纂大型著作，以一部《清儒学案》终老余生。

徐世昌与北学发生关联，恐怕可从地缘、政缘及学缘三方面入手考察。从地缘和政缘审视，不难发现徐之地域意识甚强，由之引发其与直隶政治人物的关系极为密切。其先世从明朝浙江鄞县北迁大兴，三世祖从大兴徙居天津，为天津人。虽然自其第六世祖起，徐氏已居河南卫辉，但作为十一世的徐世昌从来视自己为天津人，而非河南籍，故参加科考时他亦占籍天津。光绪六年（1880）初春，为崇祀畿辅历代先哲，由直隶籍重臣李鸿藻、张之洞等倡建的畿辅先哲祠在京师落成。该活动之缘起，可追溯至光绪五年（1879）。是年直隶大旱，正值居家守制的北清流领袖李鸿藻总筹赈捐事务，与居京直隶籍官员议定用余款筹建畿辅先哲祠。于是，此后两年间，张之洞、张佩纶、张人骏、张曾敭、桑彬等诸人在李鸿藻的引领下，共同筹谋建祠事宜。光绪六年（1880）二月廿五日，畿辅先哲祠创成，李鸿藻主持首次春祭，与祭者总计六十七人。就祠内所祭先哲的分类，李鸿藻有过较为细致的交代："或危身以捍国艰，或敦行以修人纪，或树经纶之业，或流恺悌之声，以及学海宏通、艺林尔雅、孤行狂狷、蛮遁嘉贞，途虽异而同归，名虽遐而不朽。而艺文志九流之别，各有渊源；如鲁论语四科之分，皆关名教。"[1] 循如此标准，进入先哲祠的前贤被分为圣贤、忠义、孝友、名臣、循吏、儒林、文苑、独行、隐逸等九类，且为防止过于冒滥，进入者须离世时间当在三十年以上，由此可见其择取门槛颇高。就畿辅先哲祠的创建初衷，深度参与其间的张佩纶一语道破："张北学，隆上都"[2]，可知

---

① 张之洞：《祭畿辅先哲文》，苑书义、孙华峰、李秉新主编：《张之洞全集》第 12 册，河北人民出版社 1998 年版，第 10443 页。

② 《张佩纶致李鸿藻函》（三），光绪五年九月三十日，《张佩纶家藏信札》第七册，上海人民出版社 2016 年版，第 3683 页。

接续北学恐怕是其中甚为关键的一个隐因。故之后三十余载间，直隶籍仕宦群体围绕畿辅先哲祠进行的一系列活动，为民初北学一度兴起预埋伏线。从清季创建畿辅先哲祠到民初编纂《大清畿辅先哲传》，这种较长时段的演进脉络，其实可以从中窥见清季民初直隶政治文化递嬗的不少信息。①

　　徐世昌自光绪十四年（1888）八月至翌年二月，在畿辅先哲祠会课至少二十二次；自光绪十五年（1889）至民国六年（1917），春秋两季，在畿辅先哲祠随祭或主祭至少十六次；此外尚有许多次在畿辅先哲祠宴饮、拜谒。为使更多直隶乡贤被清史馆采入正史，民国三年（1914）十二月二十六日，时任国务卿的徐世昌宣布启动纂修大清畿辅先哲传的项目，他说："前贤事业堪师表，搜辑遗编未敢忘。"②而编书处就特意设在畿辅先哲祠。他在畿辅先哲祠内活动这样频繁，既昭明其地域意识，也强化着其政治意识③。来自直隶的多数桐城派、北学

————————

　　① 以笔者目力所及，当前学界甚少关注对畿辅先哲祠创建及幕后所蕴含的直隶政治文化变迁，仅见北京大学中国政治学研究中心孙明先生在北京大学人文社会科学研究院举办的"菊生学术论坛"第十一期（2018年10月13—14日）中所提交的一篇论文，题为《都祠之祭与礼制之势：以光绪六年畿辅先哲祠之创立为重点》，对畿辅先哲祠的创建因缘与政治文化特色进行了开创性的探讨。

　　② 徐世昌：《畿辅先哲祠春祭毕北学堂宴饮》，《水竹邨人集》卷六，天津徐氏民国戊午年（1918）刊行，第8页。

　　③ 徐极善于利用乡谊结交权贵。徐世昌同鹿传霖之间的交往即是一例。鹿传霖（1836—1910年），字滋轩，号迂叟，直隶定兴人，清末大臣。

学者与徐世昌一样，地域和政治意识极为浓厚。于是这批直隶

霖起外吏，知民疾苦。所至廉约率下，尤恶贪吏，虽贵势不稍贳。其在军
机，凡事不苟同，喜扶持善类"（《鹿传霖传》，《清史稿》卷四百三十八，中
华书局1977年版，第12389页）。他官至体仁阁和东阁大学士，死后谥文端。
徐与鹿结识，是通过其侄鹿瀛理（鹿瀛理（1852—?），字安仲，号乔笙，直
隶定兴人。据《定兴鹿氏简明世表》载，鹿瀛理是鹿氏第十六世鹿传钧之子，
传钧与鹿传霖同为第十五世鹿丕宗之子，"鹿丕宗，讳筌第五子，子六，长
传钧、次传义、三传赓、四传昉、五传霖、六传宣殇。以传义、传赓出嗣丕
宗为子。"〔鹿瀛理纂修：《定兴鹿氏简明世表》，清光绪二十三年（1897）刻
本，中国国家图书馆馆藏，第12页。〕由此可知鹿瀛理同鹿传霖关系甚近）。
徐与鹿瀛理是同科进士（鹿为二甲六十三名，见江庆柏编著：《清朝进士题名
录》，中华书局2007年版，第1190页），且为直隶同乡（徐祖籍天津），二
人志趣相投，来往颇为密切。1888年9月16日，徐"到乔笙处，代其写屏
对，适鹿芝轩世叔自定兴来，因拜谒焉。曩见季和宗叔祖谏铁路奏章，甚向
慕焉。今日拜谒，其言论风采果有超乎流俗者，良可敬也。"（徐世昌：《韬养
斋日记》，天津图书馆影印本，光绪十四年八月十一日）按照《清史稿》记
载，鹿传霖"（光绪）十一年调陕西，引疾归。十五年，再出抚陕"（《鹿传
霖传》，《清史稿》卷四百三十八，中华书局1977年版，第12387页）。1888
年恰值鹿传霖赋闲之时，故徐方得以于京师见到鹿。此后，徐经常赴鹿宅拜
访请益，并代鹿传霖拟志书序和信稿（见徐世昌：《韬养斋日记》，天津图书
馆影印本，光绪十七年正月十九日和光绪二十四年十月十九日）。甲午中日
战起，京师"传闻有西巡之议"，徐世昌"请太夫人暂往定兴依鹿乔笙、徐
梧生两家以居"（贺培新编：《徐世昌年谱》，中国社会科学院近代史研究所编
辑：《近代史资料》总69号，中国社会科学出版社1998年版，第16页）。徐
在赴定兴省亲之余，常同鹿氏昆仲宴集、会射。要之，徐与定兴鹿氏结下了
深厚的友谊，对其日后的升迁大有裨益。1905年6月，徐以军机大臣上学习
行走入直中枢，时鹿传霖恰亦在军机处。对于徐世昌，"传霖亦以乡谊，遇
之甚亲，机要辄引于共谋，非荣（庆）、铁（良）所能及"（沈云龙：《徐世昌
评传》，台北传记文学出版社1979年版，第21页）。而徐能于该年年底署理
满兵部尚书，并于次年年初补授军机大臣，似与鹿之关照不无关系。

学者得以长久团聚在徐世昌周围而不散，徐世昌依凭其地域与政治优势能够如此从容地领袖群伦，谋划与编辑了数部带有鲜明北学色彩的著述。

从学缘上判断，徐世昌与清季民初北学人物之关系，亦是千丝万缕。其于光绪八年（1882）应顺天乡试，后顺利中式，同科获隽者有天津严修；又于光绪十二年（1886）成进士，此科同贡于礼部者有直隶武强贺涛、新城王树楠。此三人皆习桐城之学，同属桐城派莲池文系。在数十年生涯中，他与三位甚为投契，其诗文集中有关三位挚友的文字最多，情感最深。正是在与诸君于诗文唱和、如切如磋中，徐世昌逐渐成长为桐城派中一员，进而跻身领袖之位。

严修曾问学于吴汝纶，故尊称"挚师"。他与徐世昌论交始于翰林院。自1889—1893四年间，他来往最多者是徐世昌。有一段时间甚至"每隔一二日必会"；与其通函，径称"菊人大哥"。[1]光绪十四年(1888)，严修外放贵州学政，好友离去，自己仕途却蹇滞不前，徐世昌颇为感喟，叹道"览镜见鬓已有白发，不禁感慨人生如驹阴过隙，何必日事劳劳"[2]。后来严修创办新式学堂，也得徐世昌鼎力相助。光绪三十二年（1906），

---

① 严修自订，高凌雯补，严仁增编，王承礼辑注，张平宇参校：《严修年谱》，齐鲁书社1990年版，第47页。

② 徐世昌：《韬养斋日记》，天津图书馆影印本，光绪十四年十一月十四日。

他扩建自办的中学堂，时任东三省总督的徐世昌捐白银千两；民国八年（1919），他开办南开大学，时任总统的徐世昌给予批准，捐经费十万元。徐、严的友谊能够保持四十余年而不坠，一个重要因素，当是他们皆笃守桐城古文。

徐世昌曾言："贺松坡，余从之学文。"[①] 前已叙及，贺涛为张裕钊、吴汝纶高第弟子，与徐世昌"相交最笃以久"[②]。据徐回忆，二人同官京朝时，他"时时访其论文，日移晷不能去。又时有文酒之会，纵论古今事不相下。忽忽岁月，皆少年气盛时事也。其后失明，亦时来主余舍，仍朝夕论学不稍辍"[③]。他赞誉贺涛"蔚起桐城后，斯人去不留。奇文追史汉，大业继韩欧"[④]。他对贺葆真坦言："读书以声调为主，此桐城家法。汝父亦每论读书之宜酣畅。但曰：'余体弱，不能大声读书。然知所以读之。'"[⑤] 贺涛离世后，徐世昌出资刊其文集、尺牍，并请贺葆真入幕。贺葆真负责为徐世昌购书、刻书、整理书

----

① 贺葆真撰，徐雁平整理：《贺葆真日记》，凤凰出版社2014年版，第392页。

② 徐世昌：《贺先生文集叙》，《贺涛文集》，华东师范大学出版社2011年版，第2页。

③ 徐世昌：《跋贺松坡遗象》，《退耕堂题跋》卷四，天津徐氏民国己巳年（1929）刊行，第8页。

④ 徐世昌：《题贺松坡文集》，《水竹邨人集》卷二，天津徐氏民国戊午年（1918）刊行，第8页。

⑤ 贺葆真撰，徐雁平整理：《贺葆真日记》，凤凰出版社2014年版，第528页。

目，且将徐氏藏书编为《书髓楼藏书目》刊行，可谓数十年如一日，为其名山事业竭尽全力。贺涛之孙贺培新亦甚得徐世昌青睐。徐氏在《跋贺孔才印谱》中云："贺孔才博学善文，能绍其祖业，是少年英俊之士。读书之暇，喜刊印。习此艺者须熟于小学，游艺于秦汉之上，故述次以发其意。"[1]贺培新在徐氏去世后，为其编撰年谱，留存了许多宝贵史迹。贺家三代与徐世昌关系紧密，共同的学术旨趣与重振北学的追求，恐怕是重要因素。

王树楠作为清季民初莲池文系中承上启下的枢纽人物，与徐世昌的关系非同寻常。曾国藩任直隶总督时对年方十九的王树楠"指示读书作文之法"[2]。王树楠与张裕钊、吴汝纶彼此间亦师亦友，切磋频繁。出道早，学养高，影响大，地位崇，故徐世昌对王树楠十分敬重，诗曾云："君才何止八斗量，君文光焰万丈长。"[3]民国三年（1914）徐世昌特意请其主撰《大清畿辅先哲传》，五年（1916）又请其撰《大清畿辅书征》，八年（1919）再请其代撰《将吏法言》，九年（1920）还是力邀其参修《晚晴簃诗汇》，对其倚畀之重可谓无以复加。

---

① 徐世昌：《跋贺孔才印谱》，《退耕堂题跋》卷四，天津徐氏民国己巳年（1929）刊行，第2页。

② 王树楠：《陶庐老人随年录》，中华书局2007年版，第21页。

③ 徐世昌：《王晋卿出关过此赋诗赠行》，《海西草堂诗集》卷一，天津徐氏民国壬申年（1932）刊行，第12—13页。

故徐世昌与直隶一地的北学学者和桐城派文士的关系实不一般,其在民国近三十载的清学史编写事业,多亏他们力挺。粗略统计,参与徐世昌纂《大清畿辅先哲传》的学人有:王树楠、赵衡、贺葆真、王在棠、严修、刘若曾、华世奎、孟锡珏、吴桐林等;参与徐世昌纂《晚晴簃诗汇》的学人有:王树楠、柯劭忞、徐树铮、赵衡、林纾、严修、高步瀛、夏孙桐、傅增湘、吴笈孙、周志辅、柯昌泗等;参与徐世昌纂《清儒学案》的学人有:夏孙桐、傅增湘等;参与徐世昌支持成立的四存学会中的学人有:吴笈孙、林纾、严修、王瑚、赵衡、贺葆真、吴闿生、齐树楷、王树楠等;担任徐世昌家西席的学人有:贺涛、吴笈孙、赵衡、王荫南等;担任徐世昌总统府职务的学人有:王树楠、赵衡、贺葆真、柯昌泗、周志辅、吴锡珏、贾廷琳等。可见徐氏手底下的编写班子,大半壁江山乃北学学者与莲池文士。

此外,尚需交代的是,在家学方面,徐世昌与桐城古文颇有渊源。其外家刘氏为桐城望族,外祖父刘敦元于刘大櫆为族从。徐世昌对外祖非常敬慕,以传其文心自任。刘敦元遗有戴笠小像一幅,上有自赞,又有洪亮吉之子洪符孙题诗三绝。此像岁时悬于中堂。徐世昌幼时侍母到外家,"瞻拜堂下,山岳之度,诗书之泽,长系心目"[①]。正是怀此心绪,光绪二十五年

---

① 徐世昌:《警跋外祖遗像》,《退耕堂题跋》卷二,天津徐氏民国己巳年(1929)刊行,第8页。

（1899）九月十五日，他专程到保定莲池书院，乞请吴汝纶赐序。他在日记中写道：

> 同袖蘧进城，访吴挚甫先生，谈有顷。求为先慈作墓表，为先外祖诗稿作序。[1]

此后，徐世昌又与吴汝纶多有学术往还。民国之后，他还特意延聘吴氏之子吴闿生在幕府为之谋划奔走。可见，徐氏对莲池诸子的延请使用，绝非一时权宜之计或纯粹出于功利目的，而是深蕴着长期的学术情结。

二、直接动因

《大清畿辅先哲传》之编纂，其动因在于 1914 年北京政府出资设馆纂修《清史》，时任国务卿的徐世昌基于清初纂修《明史》之教训，"编辑诸公多系南人，北方名彦遗漏颇多，万季野曾痛切言之。今值创修清史之时，窃恐二百数十年文献，仅凭官家采访，不无遗漏，因设局搜集"[2]，以备清史馆采择。另

---

①　徐世昌：《韬养斋日记》，天津图书馆影印本，光绪二十五年九月十五日。

②　徐世昌主编：《例言》，《大清畿辅先哲传》，北京古籍出版社 1993 年版，第 4 页。

外，徐世昌等人编纂此书，恐怕也是苦于以往尚无较为理想的梳理与表彰北学人物的著作。对于魏一鳌及后来尹会一等人续写的《北学编》，徐世昌等人认为该书"专取理学一门，规模稍狭，后之再续三续，依形就范，又有语焉不详之憾。学问之道无尽，识大识小皆为圣人所师，不可以一格拘也。是编义在表彰贤者，博采宏搜，苟可信征，不嫌词费"①。是故全面搜集畿辅文献和大力表彰清代畿辅名宦硕儒便自然成为该书之主旨②。

据徐世昌《韬养斋日记》所载，编纂一事，起于1914年岁末。是年12月26日，"晚宴同乡纪香聪、王晋卿诸人，商办畿辅文献纂辑各事"③。不久成立畿辅文献局，组织学者搜集资料，编写书稿，"所有经费，公独任之"④。细检徐所延请学者名单，其中不少乃莲池旧人⑤。限于篇幅，笔者仅以实际主持

---

①　徐世昌主编：《例言》，《大清畿辅先哲传》，北京古籍出版社1993年版，第1页。

②　对于《大清畿辅先哲传》的编纂缘起、人员构成、纂修经过、学术价值等方面，学界目前尚无专文论析。其实若从易代之初的文化动向和清末民初北学复兴的大背景下来考察此丛书，则会发现其间隐含着多层意蕴，颇值探讨。

③　徐世昌：《韬养斋日记》，天津图书馆影印本，民国三年十一月初十日。

④　贺培新编：《徐世昌年谱》，中国社会科学院近代史研究所编辑：《近代史资料》总70号，中国社会科学出版社1998年版，第21页。

⑤　参与《大清畿辅先哲传》编纂的人员名单如下：

编辑：新城王晋卿树楠、冀州赵湘帆衡、临桂黄则甫间、沔阳李平存心地、武强贺性存葆真。

相关事宜的五位编辑为例。除去广西籍的黄甫间和湖北籍的李心地之外，其余三人皆是直隶人，都与莲池书院渊源甚深，且同徐世昌之关系亦不一般。王树楠与徐世昌有同年之谊[1]，私交甚笃。赵衡"乃吴先生（吴汝纶）暨松坡（贺涛）课冀州所得士，而并及余（徐世昌）门从松坡游尤久，受教亦最深"[2]。因此赵属于徐世昌的后辈，不过徐对其古文功底颇为看重，"晚至京师，与余过从甚密，文酒之宴盖无役不从，为余撰述文字亦最多，一若吴、贺逝后，惟余为可质疑问业者，余甚愧之"[3]。《大清畿辅先哲传》中有关于颜李部分，实由赵衡执笔[4]。至于贺葆真，则是

校勘：容城曹云程海鹏、屏山吴蛰卿桐林、新城王法生孟戌、涞水赵石尘庆墉、故城王荫南在棠、清苑许清卓育璠、开封朱铁林宝仁、束鹿牛伯鲁增奎。

采访：天津李嗣香士鉁、天津严范孙修、高阳李符曾煜瀛、盐山刘仲鲁若曾、天津华弼臣世奎、乐亭史康侯履晋、天津徐友梅世光、玉田蒋星甫式惺、大兴孟玉双锡珏、大兴冯公度恕、安肃袁霁云廷彦、献县纪泊居钜维、定州王合之延纶、清苑贺昆凡嗣盛、大城刘友石林立、东安马著羲钟璓。

书记：新城王叔仁辅之、屏山吴问秋銮、岳杨李绍甫观杜、高阳李子寿鹤楼、霸州韩泽南书城、宛平荣厚丞深、冀州赵子平锡刚、新城王茂萱树森、新城王馥园维茫、束鹿钱化南兴棠、宛平白与九恩锡、新城王季茂世忠、定兴张铭阁焜麟、冀州刘重光贵斌。

[1] 详见潘荣胜主编：《明清进士录》，中华书局 2006 年版，第 1139 页。

[2] 徐世昌：《序》，《序异斋文集》，民国二十一年（1932）天津徐氏刻本。

[3] 徐世昌：《序》，《序异斋文集》，民国二十一年（1932）天津徐氏刻本。

[4] 据贺葆真《收愚斋日记》载，"阅晋卿先生改订湘帆所撰颜元及王源传。《颜元传》改订尤多。湘帆在编书局撰颜李派诸儒一年而未毕，故未尝一出示晋卿。晋卿促之急，乃将撰就者录出，晋卿未审订，湘帆先自呈阅

徐好友贺涛之子。贺涛去世后，贺葆真在吴闿生的引荐下，拜访徐世昌，请徐资助其父贺涛文集的整理与刊刻。后贺怀感恩之心，进入徐之幕府，为其处理日常事务①。可知，编辑诸人多为徐之友人或幕僚，相近的学缘纽带使他们对于北学有着独特的认同感。

至于具体编纂过程，散见于相关人物日记、文集及随笔杂谈之中。因由众多宿儒名士坐镇，《大清畿辅先哲传》的编纂标准甚高，要求甚严。以《孙奇逢传》为例，该传是《先哲传》中较早编辑的列传，在撰写初稿时，王树楠相当重视，具体经办人贺葆真曾记道：

> 访晋卿年丈，……言及孙奇逢传，余曰："传已甚完备，可无改动。"晋卿曰："前所为传，乃修《畿辅通志》时所为，今拟少变其体。"余曰："搜求事实为传所未载，贴签其上，以备先生自编入不可乎？"曰："善。即将全文附夹其中亦可。不特事迹，即他人说论亦可采也。"晋卿又云："子可搜集事迹，而即编辑也。"②

相国也。"（贺葆真撰，徐雁平整理：《贺葆真日记》，凤凰出版社2014年版，第343页）可知《师儒传》中有关颜李及其门人之文字，多出自赵衡之手。

①　有关贺于徐世昌幕府中所做具体事务，详见拙作《〈徐世昌年谱〉补正——兼论〈韬养斋日记〉的价值》，《民国档案》2009年第4期。

②　贺葆真撰，徐雁平整理：《贺葆真日记》，凤凰出版社2014年版，第283—284页。

不难看出王树楠编辑的《孙奇逢传》初稿是以《畿辅通志·孙奇逢传》为蓝本，因而贺葆真认为"传已甚完备，可无改动"。但王树楠仍对此不甚满意，故而提出"今拟少变其体"。而变更的方式，除补入未载的事迹外，较大的变动则是在传文中采入他人的论说。可见其要求颇高，不愿单单随通志之文亦步亦趋，欲每篇皆有所增益创新。

与此同时，在校勘方面，《大清畿辅先哲传》团队亦不敢懈怠，甚是认真，这在贺葆真与徐世昌的往来函件中多有体现：

> 大总统钧鉴：
>
> 顷奉传谕，饬将同学贾廷琳所递禀交葆真阅视。葆真曾以贾廷琳所校《先哲传》事渎陈钧座，兹奉谕当将此次所禀与原书详为校核，条举于左：
>
> 一、《凡例》，宫梦仁，本泰州人，以静海籍成进士，见《泰州志》，《天津志》亦同。原禀谓似不必详为辩论至数百言，似宜酌减其语云云。此词句之修正，非关重要，可否照旧？但外人亦有谓此条可删者。
>
> 一、申涵光、井焜两传，原书系以甲子纪年，因此误为前后六十年之甲子，设法改正。
>
> 一、纪昀、朱筠两传，以其长篇文字，故本多讹误，后以贾廷琳来函，已详校改正。
>
> 一、胡范传所述本系吏迹而载入孝友，其子胡具庆传

又重载之，且事亦无出入，宜将孝友传删去。

一、魏亨逵，忠义中既有专传，宜将文学林征韩传中附传及其父元烺传附记者删去。

一、目录，师儒中如王生洲，贤能中赵廷延、崔钥等名，原刊讹误，久已改正。

一、名臣传刘武元，按《贰臣传》谓为辽东人，《江西通志》谓为汉军，此书之例，旗籍皆不载，则此人即系宛平人，亦可删去。

一、张果中之妻，考其致鹿太公书有秦晋允谐语，故《文献徵存录》谓为鹿氏甥女，与孙夏峰无涉，应改正。

一、申涵光、彭毓宗传中，有误沿前人记载，谓指清兵为寇贼语，宜改刊。

一、哈元生传，原禀谓纪述多遗漏，曾将《圣武记》所载哈公事摘录数条，可补其缺，但改刊亦殊不易。

一、方履篯传载其为县宰祷雨事，与列女吕氏传不符，宜将列女传更正。

一、《高赓恩传》中误将其兄棠恩之官为其父静之官，亦宜改正。

以上各条皆就原禀所陈者，先为禀闻。其余误字及年月、地名之讹舛陆续改正者，不下百余处，贾廷琳所记，亦多已修正。再，名臣中刘源灏，其乡人谓其碌碌无所表见，后以逗留被劾罢官，事亦见《庸庵笔记》，拟将此传删去，已与晋卿年丈酌商矣。《曹克忠传》脱稿后，亦已付刊于名将传后，合并陈明。肃复，恭请崇安。贺葆真谨上。①

亦正因为取材精当，校勘讲究，故《大清畿辅先哲传》为之后的《清儒学案》乃至他人清学史撰写提供了丰富可靠的现成素材。

就在《先哲传》如火如荼地编纂之际，徐世昌等人又启动了《大清畿辅书徵》项目。此事由王树楠发起，徐世昌痛快应允该建议，并嘱贺葆真转告王树楠："凡畿辅之著述，已刻未刻，苟有其书，虽未见亦记之，将来可择其佳者刻之，或录副本，以传将来。"②但经搜辑，因所见之书并不丰赡，于是计划不得不进行修改："初相国属余告晋卿，言《畿辅书徵》每书将已见、未见、或存、或佚分别注于下。晋卿初从其言，既而因书之见者不及十一，存佚无由知，因少变其例，仅注抄本于目下，不知则缺。"③因此，现存《书徵》之定稿本，仅在已知各书目之下注明抄本、刊本，未知者仅存书目，不注版本。至于《书徵》体例，则仍与初编时贺葆真所言相近："《书徵》

---

① 《贺葆真与徐世昌等来往函稿》，中国社会科学院近代史档案馆藏稿本。

② 贺葆真撰，徐雁平整理：《贺葆真日记》，凤凰出版社 2014 年版，第 316 页。

③ 贺葆真撰，徐雁平整理：《贺葆真日记》，凤凰出版社 2014 年版，第 343 页。

者，艺文志也。略仿近代藏书志体例，附作者小传及原书序跋等。"①即略仿近代藏书志之体并稍作变更，以直隶各府为单位，将有清一代畿辅学人按各自籍贯分别收入。原本《书徵》打算作四十一卷，但因承德府书少难以单独成卷，遂附于保定府后，不得不减去一卷，最终成书为四十卷。

《大清畿辅书徵》的编纂缘由，徐世昌在序中有清楚交代："窃叹宿儒硕彦、淹雅方闻之士往往其人事迹不少概见，而生平撰述时时见于他说者，所在皆是。余与同人网罗搜辑，无论其书之或传或不传，及见与未见，凡有可征而信者，辄为采录，以备后人之甄择。"②即在于保存先贤著作，体现其"以书存人，以人存书之意"，以备后人甄采，其资料价值有待进一步挖掘。

第二节　抬升北学：《大清畿辅先哲传》之内在意蕴

一、三派并峙

《大清畿辅先哲传》全书共四十卷，分八个门类：名臣传

---

①　贺葆真撰，徐雁平整理：《贺葆真日记》，凤凰出版社2014年版，第280页。

②　徐世昌：《大清畿辅书徵》卷首序，国家图书馆藏民国铅印本。

七卷、名将传二卷、师儒传九卷、文学传八卷、高士传一卷、贤能传八卷、忠义传三卷、孝友传二卷，共收一千八百多人（包括附传）。立传范围，以籍隶畿辅为限，隶旗籍者不收录，编排以科分年代为先后，无科分者以入官年代为先后，两者若俱无，则按朝代叙次。

具体到讨论北学及代表人物的内容，主要体现在《先哲传》中师儒传、文学传以及部分名臣传、高士传内，按照编者的原则，"分门别类，视乎其人，不仅在名位高下也"。是故"如纪文达公，名臣也，然其文字鸿博昌明，卓越千古，故从其所重，列之文学传中。张盖、赵湛、刘逢源等，皆文学也，然其亢志高节，自居逸民，故列之高士传中。孙夏峰、刁蒙吉、杜紫峰等，然其倡明道学，继往开来，其所重尤在此，不在彼，故列之师儒传中"。再比如"魏贞庵、魏环极、朱石君、郝中山等，皆师儒也；梁玉立、黄昆圃、王振声、张文襄等，皆文学也，而伟绩，功在国家故列之名臣传中。"总而言之，"凡如此类，皆慎为编次，非有心轩轾也"。①

应当说，《先哲传》对直隶学人的分类，有其独到乃至创新之处，编纂者对其中的考虑有过明确交代：

---

① 徐世昌主编：《例言》，《大清畿辅先哲传》，北京古籍出版社1993年版，第2—3页。

儒林文苑，创自《史》、《汉》。林、苑者，取会萃之义，但明类杜撰，义嫌蛇足，惟《唐书》作儒学、文艺，《金史》亦作文艺，差强人意。又《史》《汉》儒林多纪经术，不尽醇才，文苑专尚词华，无关实学，至《宋史》乃特立道学传以别于儒林，有清又特为经学传以别于文苑。区分愈密，名目滋繁，均未得其领要也。案《周礼》曰联师儒，又曰师以道得民，儒以艺得民。郑注曰：师儒，乡里教以道艺者。贾疏所谓致仕之贤也。文学居四科之一，子游长于礼，子夏长于诗，不仅以词章见也。今易"儒林"为"师儒传"，则古之所谓道学者皆统之矣。取《南（史）》《梁（书）》《隋书》《辽史》，易"文苑"为"文学传"，则词章考据诸学皆统之矣。[1]

遍考历代史传体例与立意，编纂者将相关道学者归类于师儒之列，将其余词章、考据等学人归类于文学，相当于师儒传等同于记载"义理"型学者，文学传记载"词章""考据"型学者，该分法已体现出他们对有清一代学术局势的判断。

为表彰清代北地所谓传承圣学之道的学者，《大清畿辅先哲传》特意专辟师儒传一栏详加绍述。徐世昌诸人将彼时学术

---

[1]　徐世昌主编：《例言》，《大清畿辅先哲传》，北京古籍出版社1993年版，第3页。

流派大致分为三类：

> 学问派别，暗区门类，孙夏峰一派，为陆王之学者属
> 之；刁蒙吉一派，为程朱之学者属之；颜李一派，为蠡吾
> 博野之学者属之。学虽殊途，其揆则一，依次编录，以示
> 景行。①

以孙奇逢为魁首的宗陆王一派，以刁包为代表的程朱学者，以
及产自于直隶本地的颜李学派，依照徐世昌等人的表述，清代
直隶的学术格局当呈现陆王、程朱、颜李三足鼎立之势。

对于夏峰学派，诸人认为其"为学笃实切近，本乎伦常日
用，而以体认天理为归。言心即在事见，言己即在人见，言
高远即在卑迩见，而归于慎独而已"②。同时部分学者常言孙氏
"学宗陆、王，及晚年乃和通朱子之说"，编者则断定孙奇逢并
不纠缠于所谓的"朱陆之辨"，其宗旨"盖穷理为孔子之穷理，
致知为孔子之致知也。苟不同脉，何以调停？若果异端，谁为
两可？但当问起是空非孔，不当问其谁朱谁王。则考亭、姚江
之辨，后人正未易以左袒虚见争也"。故徐世昌等概括"先生

---

① 徐世昌主编：《例言》，《大清畿辅先哲传》，北京古籍出版社 1993
年版，第 3 页。

② 徐世昌主编：《孙奇逢》，《师儒传一》，《大清畿辅先哲传》卷十一，
北京古籍出版社 1993 年版，第 332 页。

一生学问，总之以孔子印诸儒。考亭、姚江之说各有定论，其书具在，可考而知也"[1]。

至于学宗程朱理学的刁包，编者认定"包之学，以程、朱为宗旨，谨言慎行，一本诸敬。而于陆、王之学，多有微词"，"窃谓象山、白沙、阳明三先生者，升堂矣，未入于室也。入室者，其为濂、洛、关、闽乎！其笃守先儒门户类此"。[2] 其立场如此之坚，难怪孙奇逢评价其"孤标猛力，大河南北一人而已"。

作为明末清初崛起于北方的颜李学派，编纂者颇为看重，指出其为学异于前人者有三：

> 其一谓古人学习六艺，以成其德行，而六艺不外一礼，犹四德之该乎仁，礼必习行而后见，非专恃书册诵读也。孔子不得已而周流，大不得已而删订，著书立说乃圣贤之大不得已事，奈何举圣人参赞化育，经纶天地之实事，一归于章句，而徒以读书纂注为功乎？……其一谓气质之性无恶，恶也者蔽也习也，纤微之恶皆自玷其体，神圣之极皆自践其形也。孟子明言为不善，非才之罪，非天

---

[1] 徐世昌主编：《孙奇逢》，《师儒传一》，《大清畿辅先哲传》卷十一，北京古籍出版社1993年版，第334页。

[2] 徐世昌主编：《孙奇逢》，《师儒传四》，《大清畿辅先哲传》卷十□，北京古籍出版社1993年版，第403页。

之降才尔殊乃若其情，则可以为善。……其一谓圣门弟子不可议，诸贤一月皆至于仁，一日皆至于仁，每学之而愧未能，后儒乃曰或月一至仁，则犹日至矣，或日一至仁，则但时至、刻至矣。……不知圣门弟子以竞业为本，惟在实学、实习、实用之天下也。①

就颜李学派在清初直隶学界乃至全国的影响，编者评价甚高，"吾国学问之道博矣，三代以前，教人之法，内而治己，外而治人，下至百工技艺之末，无一不自学出。下与上以学问相交，作君、作师，政与教合，故其治蒸蒸日上。至孔子以圣人之德，不得所藉手见诸行事，然将圣多能及门，某也治赋，某也足民，某也礼乐，其分科与帝王之分官，初无异也。孟子亦谓幼而学，壮而欲行之，言不见诸行事，则所学终归无用也"。于是到了明末清初，"颜元乃从二千年后，抉其晦蔽，直揭尧、舜、禹、汤、文、周、孔、孟数大圣人相传之正道，明以示人，人即甚愚不肖，亦不能倒上为下，易黑为白也。然颜元凿空，塨益一一实求其可据。颜元初辟蚕丛，塨益疏通治平之若大路然，俾人人可行"。师徒二人齐心合力，"于程、朱、陆、王之外，别树一宗曰颜李。其学以实学、实习、实用之天

<hr>

① 徐世昌主编：《夏峰弟子》，《师儒传二》，《大清畿辅先哲传》卷十一，北京古籍出版社1993年版，第347页。

下为主，自元开其端，而成之者塨也"。①

总体而言，《大清畿辅先哲传》对于清初北学大貌之概括，还是符合彼时实情的。

二、独尊颜李

不过，细阅《儒林传》具体内容，则会发现编纂者对于三派的篇幅安排并不均衡。孙奇逢一派占两卷内容，一卷为孙及其师友，一卷为夏峰弟子。不过对夏峰弟子，编纂者并未详加介绍，而是以"窃观夏峰年谱所述，及他载籍所称道，可谓盛矣。乃不数世，而征文考献，传之者甚稀。李塨论士尝言南北华朴之异，北方好学之士，往往闭户暗修，不希声于时，而时亦无称述之者，斯亦朴者之弊也"②为由，有迹可考者仅得18人，其余便只载其名。刁包更是少得可怜，仅以一节篇幅叙其学行。反观颜李学派，不仅独占三卷内容，且每卷篇幅皆颇长。一卷用以论述颜元、李塨、王源三人学行，一卷对颜李师友多加绍介，一卷则将颜李所收的直隶籍门人一一详述。孙、刁、颜李同为清初直隶有名学人，编纂者却予以不同待遇，可

① 徐世昌主编:《李塨》,《师儒传七》,《大清畿辅先哲传》卷十一,北京古籍出版社1993年版,第512—513页。

② 徐世昌主编:《颜元》,《师儒传七》,《大清畿辅先哲传》卷十一,北京古籍出版社1993年版,第507—508页。

见其中必隐含有其特殊的考虑。

徐世昌等人缘何单单对颜李学派情有独钟,详加评述? 这当从徐世昌学术旨趣的变化谈起。登科之前,因忙于应付应试,故徐读书重点多集中于程朱等人的著作上,并将读后心得写于日记当中。比如在研读朱熹《近思录》的过程中,徐世昌便留下了大量的笔记。当读至"慎言语以养其德,节饮食以养其体"时,徐感叹"二语最为切要,然人每易忽其所以招凶致疾者多在是也,可不懔诸"①。同时,徐对程朱所主张的静坐持敬的修养工夫十分赞同,认为"程子尝教人静坐,此是初学第一要处,盖静坐始能收敛此心不使外驰,则所学亦才能专精,定静虑得由此可会,然亦是持敬之功,非释子坐禅也。张子以戏谑不惟害事,志亦为气所流,不戏谑亦是持气之一端,朱子亦尝引以示人,不可不戒"②。可见此时的徐世昌,大体上还是一个饱读程朱著述的理学中人。辛亥革命之后,由于退居多暇,徐世昌得以有充足时间钻研学问。自 1916 年初,由于编纂《大清畿辅先哲传》之故,徐开始系统而深入地钻研颜李著作,"日读《颜李遗书》而圈识其精辟者"③,并在日记中大量

---

① 徐世昌:《韬养斋日记》,天津图书馆影印本,光绪十一年正月廿四日。
② 徐世昌:《韬养斋日记》,天津图书馆影印本,光绪十一年二月初六日。
③ 贺葆真撰,徐雁平整理:《贺葆真日记》,凤凰出版社 2014 年版,第 361 页。

摘抄颜元、李塨二人的学术观点，如：

> （1916 年 2 月 10 日）李恕谷曰：纸上之阅历多则世事之阅历少，笔墨之精神多则经济之精神少。①
>
> ……
>
> （1916 年 2 月 14 日）李恕谷曰：志大才小，识大器小，言大行小，无用也。
>
> 心过多于口过，口过多于身过，身过多于行过。
>
> 圣贤之心用而不动，庸众之心动而无用。见人褊思宽，见人暴思缓，见人勤思谦。
>
> 去浮而静，去隘而宏，去冷而和。
>
> 世无全局负荷之人，则分口道者必不可少。
>
> 学者经济天下，欲窥其大尤欲切于时。②
>
> ……
>
> （1916 年 6 月 2 日）颜习斋云：千万人中不见有己，千万人中不忘有己。
>
> 李恕谷云：士之贡也必首以孝，官之陟也必首以廉。
>
> 官日有事，无事即冗员，去其人，除其职。

---

① 徐世昌：《韬养斋日记》，天津图书馆影印本，民国五年正月初八日。

② 徐世昌：《韬养斋日记》，天津图书馆影印本，民国五年正月十二日。

　　　　天下处处皆粮则天下富，天下人人习兵则天下强。①

　　　　……

诸如此类摘录在其1916、1917两年的日记里不胜枚举。研读两年有余，徐对颜李学愈加推重，认为"自宋、元、明以迄我朝，理学家多轻视仕宦，所以治国少人才，与大学所言'修齐平治'亦尚欠缺。习斋、恕谷论学，体用贯彻，上接周孔，尤于今日之世为切要"②。其个人学术兴趣也逐渐完成从笃信宋明理学向推崇颜李实学的明显转变。

　　徐世昌学术旨趣之嬗变自然会影响到《大清畿辅先哲传》中《儒林传》部分的写作。徐在同诸位同仁商议编纂事宜时，总不忘与之就颜李学术研讨一番。这在贺葆真的《收愚斋日记》中颇有体现：

　　　　（徐）又言及新编《畿辅传》曰：颜李为吾畿辅自有之学派，吾于程朱陆王诸儒学派之取诸他省者，尚为之分别立传。夫程朱陆王各派吾皆重之，然究不若颜李为吾畿辅自有之学派，尤宜特著之也。颜李之传，无论其及门及同

　　　① 徐世昌：《韬养斋日记》，天津图书馆影印本，民国五年四月初二日。
　　　② 徐世昌：《韬养斋日记》，天津图书馆影印本，民国六年十一月二十日。

时讲学诸君，或传其学行，或列举其名，以附见可也。①

相国因大论颜李之学。又曰：李、王不可共为一传。盖二人虽学术同而李之学尤大，且颜为李所推大，撰著尤多，非特立传不足以显其学。又曰：颜李门徒属直隶者既皆录以为传矣。其在他省者亦可搜集之，以备他日作渊源录另成一书也。②

又相国曾以颜习斋门人钟峻其家藏有颜李遗书，问余已访求否？余以未求得对，相国曰：天津有蠡县齐君者知之。③

（徐）又曰：余欲选颜李书之精辟者为一编，以便改良教育。④

揆诸徐之以上言论，可知在他看来，程朱陆王之学虽在畿辅地区名家辈出，甚为兴盛，但这并非"畿辅自有之学派"，唯有颜李之学称得上是本土原创。申言之，徐世昌认为若想复兴北

①　贺葆真撰，徐雁平整理：《贺葆真日记》，凤凰出版社 2014 年版，第 334—335 页。
②　贺葆真撰，徐雁平整理：《贺葆真日记》，凤凰出版社 2014 年版，第 337 页。
③　贺葆真撰，徐雁平整理：《贺葆真日记》，凤凰出版社 2014 年版，第 351 页。
④　贺葆真撰，徐雁平整理：《贺葆真日记》，凤凰出版社 2014 年版，第 357 页。

学，必须推崇最具北学特质的学术流派，以其作为争夺民初学术话语权的有力武器，颜李学无疑是最佳选择。是故他们于《大清畿辅先哲传》中特意辟出较大篇幅来倡扬颜李学则显得合情入理。

那么徐世昌究竟认准了颜李学中的哪种特质，为何称其"尤于今日之世为切要"？徐之意图其实于《师儒传》中已有所展现。按照《例言》中所述，"是编意在网络往哲，阐发幽潜，间有论断，皆本前人成说，以守述而不作之旨"①。故编纂者撰文时当秉持述而不作之旨，不妄加评骘，即使偶有论断，亦应是综合前人成说，不带个人主观色彩。然而在谈及颜李学时，编纂者却并未谨遵宗旨，而是罕见地大发议论：

> 塨以颜元崛起间巷，学初不显，塨为传其说于京师，与四方知名士正言婉喻，转相传布，声斐风流，不数年遂被天下。然其时，学者狃于二千年之锢习，相率诋为立异，其与者亦疑信参半。至于今西学东渐，凡其国之政治艺能，一切皆出自学，而其为学之次第科目，亦与我古昔教人之法，大概相同。贫富强弱，国与国既已相形见绌，学士大夫乃易视移听，革其心志，痛我学之不足以立事，

---

① 徐世昌主编：《例言》，《大清畿辅先哲传》，北京古籍出版社1993年版，第4页。

不惜尽舍弃之,而一变于夷。而不知我古昔之学,固一一可施诸实事,数百年前早有人见及此,且其为学之次第科目,固至详备。至于今门弟子私相传授者固不绝,其书固具在也,他书且不论,元年谱记躬行实践,塙年谱详经济作用。后有兴者,践迹而入,由元、塙以上,寻孔孟之教,尧舜禹汤文周之治时,会既至用以康济民艰,廛求上理,育万物,位天地,二帝三王,古昔郅治之隆,庶几其不远人,而西人所谓乌托邦,亦庶几其于吾国见之也。①

依照其意,颜李学之研习方式和学科内容皆与今日之西学相通,若清初学人虚心接受颜李之学,则中国之学术定当同西人并驾齐驱,难分高下。故今日要振兴学术,其正途并非一味西化,而应从研讨颜李学入手,"寻孔孟之教,尧舜禹汤文周之治时,会既至用以康济民艰,廛求上理,育万物,位天地,二帝三王,古昔郅治之隆,庶几其不远人,而西人所谓乌托邦,亦庶几其于吾国见之也"。这反映出徐世昌诸人一种较为保守的文化立场。时已民初,其对西学的态度依然颇为暧昧:一面承认西学有其优越性,一面又坚持颜李学中有与现代性近似的因素,故其结论仍归于以复兴古学来挽救危亡。其目的还是在

① 徐世昌主编:《李塙》,《师儒传七》,《大清畿辅先哲传》卷十六,北京古籍出版社 1993 年版,第 518—519 页。

于以传统排拒西学，抵抗西学对传统的冲击与蚕食。此举亦为后来的系列文化保守活动定下了思想基调。

下野之后，徐氏仍不忘尊崇北学。其人生最后十年召集前清遗民宿儒所编纂总结清代学术的《清儒学案》，亦特意加重北学名儒分量。例如编者将孙奇逢学案置于全书开篇首卷，称誉其"与同时梨洲、二曲两派同出阳明，气魄独大，北方学者奉为泰山北斗"，"承明季讲学之后，气象规模，最为广大，被其教者，出为名臣，处为醇儒，世以比唐初河汾之盛云"。[①] 对于颜李之学，徐世昌诸人在篇幅甚短的总序里着意交代一句"习斋、恕谷，艰苦卓绝，别辟门庭而不诡于正者也"，[②] 可见北学名家在其心中分量之重。具体到颜李二人的评价，亦大致延续了徐氏编纂《大清畿辅先哲传》中的观点，如其认为颜元"直揭其于周、孔之道，体用犹未大备，此二千年学术之转关。当时汉学诸家亦思力矫宋儒，而仍囿于章句，颜、李之说引而未申；使推阐其说而昌大之，礼、乐、兵、农、工、虞、水、火，胥显其用，即欧西之科学、哲学，亦不出其范围，治术、学术庶获一贯之效欤"[③]！至于黄彭年、张裕钊、吴汝纶、贺涛、王

---

① 徐世昌编纂：《夏峰学案》卷一，《清儒学案》（第一分册），人民出版社 2010 年版，第 1—2 页。

② 徐世昌编纂：《〈清儒学案〉序》，《清儒学案》（第一分册），人民出版社 2010 年版，第 2 页。

③ 徐世昌编纂：《习斋学案》卷十一，《清儒学案》（第一分册），人民出版社 2010 年版，第 334 页。

树楠、范当世等诸位与北学复兴关联甚密的学人，学案也逐一为之树传，予以好评，从而彰显北学之显赫与脉络之清晰。

通过编纂《大清畿辅先哲传》，徐世昌诸人在充分研究资料的基础之上，对有清一代北学大貌与内在脉络进行了完善与再建，可视作晚清数十年来莲池学术群体几代积淀后的一个总结。同时，编纂者有意将颜李学升格为"北学之魁首"，然而若想使"一地学"跃升为"天下学"，使颜李二人跻身孔门圣贤的行列，从而博取更多的学术话语权，则必须依靠强大的政治资源方可实现。于是待徐世昌当选民国大总统后，更宏大的推崇北学的风潮由之兴起。

结语 重拾谱系与学风交融下的
清季民初北学

回顾清季民初北学发展之历程，可谓曲折复杂。北学传统由来既久，且硕儒辈出，故其学术底蕴非常深厚。然由于有清一代文化政策之束缚，加之彼时直隶鲜有著名学者或学派产生，清前中期北学实处于隐而不彰的状态。近代以降，西学东渐愈发明显，同时地域之间学术交流与熏染亦更加活跃，随着湖湘学术、桐城古文、西学等纷纷引入直隶，北学面貌因之发生嬗变。而恰恰是学风交融之影响与刺激，直隶藉政学人士逐渐意识到重振北学之重要性，于是他们在此共识下重拾谱系建构，开启了北学复兴的大幕。综观这一进程，大致有如下三方面特点：

第一，北学谱系不断构建是直隶学人十分关注的一大方面。明末清初，大儒孙奇逢开建构北学谱系之先河，其弟子魏一鳌、后世乡人尹会一等几代北学学人的建构、补充与完善，北学谱系愈见清晰，大体成型，逐渐成为后世学人较为认可的一条学术脉络。正是确立了这条主峰可指、源流有序的学术脉络，为清季民初的北学复兴提供了至为关键、可供凭依的学术资源与素材。故北学得以在晚清复兴，谱系建构之功不可或缺。而清季民初直隶学者也将重拾与再塑北学谱系视为复兴北学的一大枢纽，故王树楠对于清代中期之后北学谱系无人接绪的情形耿耿于怀，"读魏莲陆、尹元孚《北学正续》诸编，叹其取材太狭，且不无入主出奴门户之私识者病焉。光绪初元，树楠尝辑直隶人物，依圣门四科之目分类纂录，曰德行科，性理之学属之；曰言语科，词章之学属之；曰政事科，经济之学属之；曰文学科，考据之学属之，总名之曰《北学师承记》。惜其时搜讨未备，迄未成书"①。进入民国，徐世昌又接续复兴北学重任。莲池学派重新聚拢在徐氏左右。1914 年由徐世昌牵头组织编纂的《大清畿辅先哲传》即是他们欲图复兴北学的一次尝试。此书保存了清代一朝的北方文献，分名臣、名将、师儒、文学、高士、贤能、忠义、孝友，并附以列女传，共计九大类，"有清一代畿辅先哲，大半具于是编"②，为今后学界研究清代北学发展提供了重要参考资料。同时，诚如沈云龙先生所言，该丛书"重在扶名教而植纲常，正人心而维教化，不只于表彰先达，保存一乡一邦之文献而已"③。其赓续北学谱系之用心，至为明显。

---

① 徐世昌主编：《序》，《大清畿辅先哲传》，北京古籍出版社 1993 年版，第 1 页。

② 徐世昌主编：《例言》，《大清畿辅先哲传》，北京古籍出版社 1993 年版，第 4 页。

③ 沈云龙：《徐世昌评传》，台湾传记文学出版社 1979 年版，第 718—719 页。

第二，清季民初北学之复兴，体现出异地学术与本土学术相融合的趋势。由本书正文可知，清季民初北学的崛起，既非夏峰北学的重新复苏，已不是颜李学派的再领风骚，而是多种异地学术及西学与北学交融互动下的结果。时值晚清，曾国藩出督直隶，在其身体力行之下，直隶一地之学风、文风与士风为之一变。曾氏撰写《劝学篇》，名为振兴北学，意在扩张湘学，推广古文，实有一番深意蕴含其间。曾氏之后，其得意门生李鸿章出掌直督，其间与其后张树声、袁世凯诸人亦曾接踵署理该职。李氏督直期间，承继乃师曾国藩的文教思路并有所改进。就任不久，李氏延聘名儒黄彭年出任《畿辅通志》总纂，编修了有关直隶一省的大部头地方志。纂修通志之际，黄氏与直隶本地士绅王灏合作，搜集刊刻《畿辅丛书》，为其后北学复兴预作文献基础。之后黄氏更是出任莲池书院山长，引入朴学，令直隶学风更加趋实。

黄氏之后，张裕钊继之主掌莲池。入主莲池书院，张氏在延续前任黄彭年教育理念的基础之上，又引入新的内容。接掌张氏教鞭者，乃同为曾门高足的吴汝纶。吴氏在继续强调古文熏染之余，大力引介西学，使得莲池古文兼具时代韵味，诚可谓藉桐城古文为载体，融传统文化与近代新学于一炉，以期达到经世致用之效。作为莲池书院培养的优秀人才与古文后劲，直隶武强人贺涛在秉承张、吴二师桐城文风之外，注重与北学厚重特质的结合，终使莲池文派古文风格趋于雄奇。要之，历数清末四十余载北学发展，堪称四变：黄彭年承乾嘉考据遗绪，引入朴学；张裕钊接续曾国藩之衣钵，推展桐城古文；吴汝纶以古文为基石，侧重近代新学传播；贺涛集二师大成，力铸北学古文新风。几代学人共同努力，以莲池书院作为"北学关会"，使得古文于清末直隶映射出一缕余晖。

第三，清季民初北学于复兴的过程中，直隶藉政学人士出力尤多，且彼此间渗透联合，体现出学术与政治互动而缠绕的独特态势。作为北学偶像型人物的杨继盛，后人为纪念他不畏权贵之精神，而在宣武门外修建了松筠庵。晚清同光之际，直隶籍官员李鸿藻、张之洞、张佩纶等人合力兴修畿辅先哲祠，这两个祠堂作为场域，成为沟通直隶政学两界资源与人脉的机构，清季许多重大政学事件，背后皆隐含松筠庵、畿辅先哲祠的因素。故直隶藉政学人士如何利用北学资源，聚集人脉，共同参与一些政治、学术事务的谋划与运作，十分值得深入研讨。且步入民初，徐世昌延续直隶政学之传统，利用莲池书院相应的学术资源和人才储备，对清初颜李学尽心大力尊崇，这实由北学复振与政治需求两相合力促成。身为天津籍旧式政客，徐世昌进入民初仍对权力充满觊觎之心。当登上总统之位后，徐氏急需一套儒家学说来为自己的正统合法性加以辩护，亦要应对风云汹涌的五四新文化思潮。因徐世昌对北学的地域文化认同和之前曾经主持北学丛书《大清畿辅先哲传》的编纂工作，使得他自然而然地极力将颜李学这一"畿辅自有之学派"

抬升为"天下学"，以为其加强意识形态控制服务，这是徐氏尊崇颜、李学的现实动因。故民初的颜、李学研究，并非纯粹停留在学术研讨的层面，而是呈现出学术与政治的复杂交织。

由上可知，谱系建构与延续，学风交融与改化，政治与学术的复杂交织，乃清季民初北学发展的三大特色。当然，限于笔者学养与精力，对于北学在近代儒学地域化中的位置、直隶籍政学官绅如何利用北学资源来聚合力量，参与政学事务，本书涉及较少。这是拙作薄弱之处，亦是笔者将来研究当着力解决之方向。

附录：莲池诸子师承学行表 ①

姓名	字、号	籍贯	师承	学行大概
贺涛	字松坡	河北武强	张裕钊 吴汝纶	"读书辄究讨其文章义法，因文以探作者之微旨，既冥契于古人，有以自得。其为文导源盛汉，泛滥于周秦诸子，矜练生创，意境自成，善能敛其才于学之中。其规模藩域，一仿张、吴二公。历主信都、文瑞、文学馆等讲席。讲求古文义法，以为义法明而古人之精神乃可见。目盲二十年，诵讲不辍。"
王树楠	字晋卿	保定新城	张裕钊 吴汝纶	"气锐识敏，善能发其学于才之内，浸淫于两汉，而出入于昌黎、半山之间。其气骨遒上，实有得于阳刚之美。谨守桐城家法，并谓：'义法者，文之质干也。舍义法则无以言文，知义法则质干立'。其于方、姚等人绪论，尤津津道之不厌。群经子史皆有撰述。于外国载籍搜讨尤勤。"

① 资料出处：刘声木：《桐城文学渊源考》。

姓名	字、号	籍贯	师承	学行大概
范当世	字无错，号肯堂	江苏南通	张裕钊 吴汝纶	"其为文，创意造言皆绝奇，非凡俗所有，恢谲怪玮不可测量，辞气昌盛不可御，自言谨守桐城义法。诗才尤雄健，震荡开阖，变化无方。"
赵衡	字湘帆	河北冀州	吴汝纶 贺涛 王树楠	"其诗文能窥古人崖岸，循途守辙，兢兢焉尺寸不敢逾越，其独到处或可智过其师。"
李刚己	字刚己	河北南宫	张裕钊 吴汝纶	"其为文雄肆淋漓，才气宏伟，涵浑逶演，殆为绝诣。"
吴闿生	字辟疆，号北江	安徽桐城	贺涛 范当世 姚永概	"生有异禀，濡染家学，本极渊深……其思力过绝于人，能冥契古人之精微，抉白秘隐，以发明其滞奥，厘定其高下，开导后学。其为文雄古简奥，序次有节奏神采。"
刘若曾	字仲鲁	直隶盐山	张裕钊	"受古文法，至性纯笃，抗心希古"。光绪二十四年（1898）进士，官至直隶布政使。进入民国先后任直隶民政长、北洋政府参政院参政等职。

姓名	字、号	籍贯	师承	学行大概
安文澜	字翰卿	直隶定州	张裕钊 吴汝纶	"其为文笔势廉悍。"
刘春霖	字润琴, 号石云	直隶肃宁	吴汝纶	清光绪三十年（1904）甲辰科状元，历任直隶法政学校提调、总统府秘书帮办兼代秘书厅厅长、直隶省教育厅厅长等职。
谷钟秀	字九峰	直隶定州	张裕钊 吴汝纶	"才学桀特冠一时，称高第弟子"。1912 年为南京临时政府参议院议员。次年为宪法起草委员。1914 年在上海和欧阳振声创办泰东书局，任总编辑。
李景濂	字右周	直隶邯郸	张裕钊 吴汝纶	"称高第弟子"。光绪三十年（1904）进士，历任直隶文学馆副馆长、北洋大学帮办、北洋政府众议院议员、清史馆协修、北京大学文科左传门教员等职。
阎志廉	宁鹤泉	直隶安平	张裕钊 吴汝纶	"以古文名，颇有得于古人，称一时才士。"
梁建章	字式堂	直隶大城	张裕钊 吴汝纶	"受古文法，称一时才士"。先后任陆军部秘书、直隶警务司司长、国民政府监察院监察委员。

续表

姓名	字、号	籍贯	师承	学行大概
冯国璋	字华甫	直隶河间	吴汝纶	北洋军阀直系首领，曾任中华民国代总统。
贾恩绂	字佩卿，号河北男子	河北盐山	吴汝纶	"治《仪礼》有家法，读书有特见，文甚奇肆"。近代著名方志学家，任过直隶通志局总纂、北京政府财政部盐法志总纂、临时政府顾问、东方文化事业总委员会委员等职。贾著述颇丰，有《直隶通志》《导河一得》《盐山新志》《心灵探源》《定县志》《定武记》《水经注纠谬》《南宫县志》等。
高步瀛	字阆仙	河北霸县	吴汝纶	著名古文学家，曾任学部侍郎，辛亥后先后任教育部佥事、教育部编审处主任、育部社会司司长、北京师范大学教授等职。
张以南	字化臣	河北沧州	张裕钊 吴汝纶	"才高识远，熟于杜、马典章之学，有用世志，称一时才士……守高不仕，与刘若曾、孟庆荣本为莲池书院高材生，蔚为通才。"

姓名	字、号	籍贯	师承	学行大概
刘春堂	字治琴	河北肃宁	吴汝纶	"师事吴汝纶十一年，受古文法。其为文论议闳博，记序诗歌亦清静沉穆"。清末进士，出任甘肃知县，江苏高淳县知事。
弓汝恒	字子贞	河北安平	吴汝纶	"在张、吴弟子中年最长，好考据辞章之学。其文蹛厉腾倬，甚雄而劲。吴汝纶撰《深州风土记》，汝恒为之具资材。""专心舆地之学三十年，贯穴经传。"
常堉璋	字济生	河北饶阳	张裕钊 吴汝纶	"通古今中外学，晓世务，能文章，恢奇雄放，才思精练。"
王振尧	字古愚	河北定州	张裕钊 吴汝纶	"其古文以马、班之词采，运韩、欧之气势，来如云兴，聚如车屯，豪恣酣放，反复不穷；其文中撑挺特起之笔，尤为独擅绝调，往往令人神远，于前代诸家，可自树一帜。"
张宗瑛	字献群	河北南皮	孙葆田 贺涛	"一意于文，寻途窥进。虽其业未就，文采未极，然文有奇气，豪宕自喜，规模法度意量所到，固已夐然独绝。"

续表

姓名	字、号	籍贯	师承	学行大概
赵彬	字磷章	河北冀州	吴汝纶 王树楠	不详
王景逵	字用仪	河北衡水	吴汝纶 王树楠 贺涛	"刻意励学，其为文鑱削爬落，不取人一言一句，不烦规绳而自合于义法。"
严钊	字翼亭	安徽桐城	吴汝纶	"其为文澄思独往，创辟蹊径，用比矫变，极意生新，往往能测窥太史公微妙处，然多牢愁抑郁之思。"
王恩绂	字绎如	河北清苑	吴汝纶	"能为诗、古文词，得桐城义法之传。"
李书田	字子畲	不详	吴汝纶 贺涛	"有志于古学，文甚雄厚，不易得之才。"
刘培极	字宗尧	河北任丘	张裕钊 吴汝纶	"撰《左传文法读本》二十卷。"
尚秉和	字节之	河北行唐	张裕钊 吴汝纶	"夙雄于文，尤留心故实。撰《辛壬春秋》四十八卷，文成法立，词简事赅。"
武锡珏	字合之	河北深州	张裕钊 吴汝纶 贺涛	"为入室弟子，纯朴好学，文特醇雅，于文字致力尤深。"
吴兆璜	字稚鹤	江苏江宁	吴闿生	"能窥文章涂辙与古圣贤精微之蕴。"
贺培新	字孔才	河北武强	吴闿生	"贺涛孙。于文章义法途径得所法式。"

姓名	字、号	籍贯	师承	学行大概
李葆光	字子建	河北南宫	吴闿生	"（李）刚己子，官吉林地方审判厅推事……受古文法，作诗颇有父风。"
吴鋆	字君倩	安徽桐城	吴闿生	"（吴）汝纶从子。师事吴闿生，日夕为之讲贯，又时时督课。"
贾应璞	字献庭	河北冀州	吴闿生	"京师大学法科毕业生……谨厚有志行。"
籍忠寅	字亮侪	直隶任丘	张裕钊吴汝纶	"才而学，百家之书无不究切，称高第弟子。"
邓毓怡	字和甫	直隶大城	张裕钊吴汝纶	"工诗，一本性灵，不尚雕斲。真、行、篆、隶无不工，兼善八法，自谓'画不如书，书不如诗'。"
马鉴滢	字晓珊	直隶定州	吴汝纶	"受古文法，亦工文章。"
韩德铭	字缄古	直隶高阳	张裕钊吴汝纶	"受古文法，称一时才士。"
刘彤儒	字翊文	直隶盐山	张裕钊吴汝纶	"受古文法，翚翚雅才。"
孟庆荣	字苇臣	直隶永年	张裕钊吴汝纶	"受古文法，其学不务华饰，翚翚雅才。"
崔栋	字上之	直隶无极	张裕钊	"深于经学，翚翚雅才。"
张殿士	字丹卿	直隶宣化	张裕钊	"其为文雕琢精练，复纵恣自喜，翚翚雅才。"

续表

姓名	字、号	籍贯	师承	学行大概
刘登瀛	字际唐	直隶南宫	张裕钊 吴汝纶	"受古文法。绩学为文，广蓄博采，久而益勤。"
李广濂	字芷洲	直隶深州	张裕钊 吴汝纶	"受古文法。其为文瑰词奥旨，能传师法，意所措注，固可质之当世。"
王宾基	字叔鹰	江苏海盐	吴汝纶 范当世	"其文似张惠言，得力于当世为多。诗则风骨遒上，有汉、魏、六朝遗音。"
何其巩	字克之	安徽桐城	吴闿生	"受诗、古文法。"
吴铠	字凯臣	直隶武邑	张裕钊 吴汝纶 范当世	"工古文，名与赵衡相埒，称一时才士。"
刘乃晟	字平西	直隶衡水	张裕钊 吴汝纶 贺涛 范当世	"受古文法，称一时才士。"
步其诰	字芝郼	直隶枣强	张裕钊 吴汝纶	"诗才健拔，时复作名隽语。"
赵宗忭	字铦卿	直隶深泽	张裕钊 吴汝纶	"受古文法，称一时才士。"
傅增湘	字沅叔	直隶江安	吴汝纶	"受古文法，亦一时才士。收藏宋、元旧本书籍甚富，精于校勘。"

姓名	字、号	籍贯	师承	学行大概
孟君燕	不详	直隶冀州	吴汝纶 范当世	"受古文法，称高第弟子。"
阎凤华	不详	直隶冀州	吴汝纶 范当世	"受古文法，称高第弟子。"
廉泉	字惠卿	江苏金匮	吴汝纶 孙葆田 马其昶	"师事从舅吴汝纶，受古文法，工诗。"
胡源清	字间渠	直隶永年	吴汝纶	"官内阁中书……受古文法。"
王树森	不详	直隶祥符	孙葆田	"官工部学习郎中……受古文法。"
钟广生	字笙树	浙江仁和	王树楠	"受古文法。尝谓'道、咸以降，古文义法渐为龚自珍辈所乱。自邵懿辰出，原本经术，发摅义理，文体始复轨于正'。"
王仪型	字式文	直隶沧州	吴汝纶	"吴汝纶主讲莲池书院，门人从游者争为诗、古文之学，独仪型与张化南研习《三礼》，化南兼及政治，仪型则专精礼制，兼治小学、音韵之学，尤精《唐韵》。"

参考文献

一、文献论著

班固:《汉书》,中华书局 1962 年版。

陈亮:《陈亮集》,中华书局 1974 年版。

程颐、程颢:《二程集》,中华书局 1981 年版。

范晔:《后汉书》,中华书局 1965 年版。

黄宗羲:《黄宗羲全集》,浙江古籍出版社 2005 年版。

李延寿:《北史》,中华书局 1974 年版。

陆九渊:《陆九渊集》,中华书局 1980 年版。

孙奇逢:《孙奇逢集》,中州古籍出版社 2006 年版。

王夫之:《船山全书》,岳麓书社 1996 年版。

魏收:《魏书》,中华书局 1974 年版。

魏徵等:《隋书》,中华书局 1973 年版。

叶适:《叶适集》,中华书局 1961 年版。

张载:《张载集》,中华书局 1978 年版。

朱熹:《朱子全书》,上海古籍出版社、安徽教育出版社 2002 年版。

戴震:《戴震全书》,黄山出版社 1997 年版。

方苞:《方苞集》,上海古籍出版社 1983 年版。

郭嵩焘:《郭嵩焘日记》,岳麓书社 1980 年版。

黄彭年:《陶楼文钞》,民国十二年(1923)江苏书局刻本。

刘蓉:《刘蓉集》,岳麓书社 2008 年版。

皮锡瑞：《经学历史》，中华书局 2008 年版。

阮元主编：《清经解》，上海书店 1988 年版。

宋恕：《宋恕集》，中华书局 1993 年版。

孙宝瑄：《忘山庐日记》，上海古籍出版社 1983 年版。

唐鉴：《清学案小识》，上海商务印书馆 1947 年版。

王灏编：《畿辅丛书目录》，清末刻本，国家图书馆馆藏。

王灏编：《畿辅丛书初编》，民国二年（1913）版。

王先谦编：《清经解续编》，上海书店 1988 年版。

吴汝纶：《吴汝纶全集》，黄山书社 2002 年版。

颜元：《颜元集》，中华书局 1987 年版。

尹会一：《续北学编》，莲池书院藏本，同治七年（1868）重刊。

曾国藩：《曾国藩全集》，岳麓书社 2011 年版。

张裕钊：《张裕钊诗文集》，上海古籍出版社 2013 年版。

广州图书馆主编：《张之洞致张佩纶未刊书札》，广西师范大学出版社 2012 年版。

张佩纶：《张佩纶家藏信札》，上海人民出版社 2016 年版。

朱一新：《佩弦斋杂存》，顺德龙氏葆真堂本，清光绪二十二年（1896）。

朱一新：《无邪堂答问》，中华书局 2000 年版。

丁文江、赵丰田：《梁启超年谱长编》，上海人民出版社 1983 年版。

〔日〕渡边秀方著：《中国哲学史概论》，刘侃元译，商务印书馆 1926 年版。

范寿康：《中国哲学史通论》，上海开明书店 1937 年版。

冯友兰：《中国哲学史》，上海商务印书馆 1934 年版。

傅斯年：《傅斯年全集》，湖南教育出版社 2003 年版。

贺葆真：《贺葆真日记》，凤凰出版社 2014 年版。

贺葆真：《贺葆真与徐世昌等来往函稿》，中国社会科学院近代史档案馆藏稿本。

贺涛：《贺先生文集》，民国三年（1914）天津徐氏刻本。

贺涛撰：《贺涛文集》，华东师范大学出版社 2011 年版。

何其章修，贾恩绂主纂：《定县志》，民国二十三年（1934）版。

胡适著，曹伯言整理：《胡适日记全编》（1919—1922），安徽教育出版社 2001 年版。

胡适：《胡适全集》，安徽教育出版社 2003 年版。

贾恩绂：《定武学记》，中华报社民国十七年（1928）刻本。

贾丰臻：《中国理学史》，上海商务印书馆 1936 年版。

警民：《徐世昌》，中央书局 1922 年版。

梁启超：《饮冰室合集》，中华书局 1989 年版。

刘承幹：《吴兴丛书》，民国年间刻本。

刘声木：《苌楚斋随笔 续笔 三笔 四笔 五笔》，中华书局 1998 年版。

刘声木：《桐城文学渊源考（撰述考）》，黄山书社 2012 年版。

刘师培：《刘师培全集》，中共中央党校出版社 1997 年版。

刘师培著，万仕国辑校：《刘申叔遗书补遗》，广陵书社 2008 年版。

吕振羽：《中国政治思想史》，上海黎明书局 1937 年版。

钱穆：《国学概论》，商务印书馆 1997 年版。

钱穆：《中国近三百年学术史》，商务印书馆 1997 年版。

钱穆：《中国学术思想史论丛》，安徽教育出版社 2004 年版。

钱穆：《八十忆双亲·师友杂忆》，生活·读书·新知三联书店 2005 年版。

钱玄同：《钱玄同文集》，中国人民大学出版社 1999 年版。

容肇祖：《清代的几个思想家》，北京大学出版社 1935 年版。

容肇祖：《明代思想史》，上海开明书店 1941 年版。

王树楠：《陶庐老人随年录》，近代史料笔记丛刊，中华书局 2007 年版。

王治心：《值得提倡的颜李精神》，《大众》1944 年第 8 期。

王钟翰点校：《清史列传》，中华书局 1987 年版。

王闿运：《湘绮楼日记》，岳麓书社 1996 年版。

沃丘仲子：《徐世昌》，崇文书局 1919 年版。

吴闿生编：《吴门弟子集》，莲池书院民国十九年（1930）刊本。

萧一山：《清代通史》，中华书局 1986 年版。

徐世昌：《祀孔典礼》，政事堂礼制馆 1914 年版。

徐世昌：《祭祀冠服制》，政事堂礼制馆 1914 年版。

徐世昌：《祭祀冠服图》，政事堂礼制馆 1914 年版。

徐世昌：《祀天通礼》，政事堂礼制馆 1914 年版。

徐世昌：《关岳合祀典礼》，政事堂礼制馆 1914 年版。

徐世昌：《忠烈祠祭礼》，政事堂礼制馆 1915 年版。

徐世昌主编：《颜李丛书》，四存学会 1923 年版。

徐世昌：《海西草堂诗集》，天津徐氏民国二十一年（1932）刊本。

徐世昌：《欧战后之中国》，台北文海出版社 1967 年版。

徐世昌：《退耕堂政书》，台北文海出版社 1968 年版。

徐世昌：《水竹村人诗集》，台北文海出版社 1971 年版。

徐世昌：《颜李师承记》，台湾文海出版社 1972 年版。

徐世昌：《将吏法言》，台北文海出版社 1974 年版。

徐世昌：《清儒学案小传》，台北明文书局 1985 年版。

徐世昌主纂：《大清畿辅先哲传》，天津徐氏刊印，国家图书馆馆藏。

徐世昌：《大清畿辅先哲传》，北京古籍出版社 1993 年版。

徐世昌：《退耕堂集》，年代不详。

徐世昌：《晚晴簃诗汇》，民国十八年（1919）天津徐世昌退耕堂刊本。

徐世昌：《韬养斋日记》，天津图书馆 2004 年影印本。

徐世昌：《清儒学案》，人民出版社 2010 年版。

严复：《严复全集》，福建教育出版社 2014 年版。

章太炎：《章太炎全集》，上海人民出版社 1984—1986 年版。

张謇研究中心、南通市图书馆编：《张謇全集》，江苏古籍出版社 1994 年版。

支伟成：《清代朴学大师列传》，泰东图书局 1928 年版。

赵尔巽：《清史稿》，中华书局 1977 年版。

赵衡：《序异斋文集》，民国二十一年（1932）天津徐氏刻本。

赵纪彬：《中国知行学说简史》，上海中国文化服务社 1943 年版。

赵纪彬：《中国哲学思想》，上海中华书局 1948 年版。

［美］艾尔曼著，赵刚译：《经学、政治和宗族——中华帝国晚期常州今文学派研究》，江苏人民出版社 1998 年版。

陈山榜：《颜元评传》，人民教育出版社 2004 年版。

陈山榜、邓子平主编：《颜李学派文库》，河北教育出版社 2009 年版。

陈祖武：《清初学术思辨录》，中国社会科学出版社 1992 年版。

陈祖武：《清儒学术拾零》，湖南人民出版社 2002 年版。

陈祖武、朱彤窗：《乾嘉学术编年》，河北人民出版社 2005 年版。

陈祖武：《中国学案史》，东方出版中心 2008 年版。

陈国安、孙建范：《范伯子研究资料集》，江苏大学出版社 2011 年版。

柴汝新主编：《莲池书院研究》，河北大学出版社 2012 年版。

葛荣晋主编：《中国实学思想史》，首都师范大学出版社 1994 年版。

葛兆光：《中国思想史》，复旦大学出版社 2001 年版。

龚书铎主编：《清代理学史》，广东教育出版社 2007 年版。

郭剑林：《北洋灵魂——徐世昌》，兰州大学出版社 1997 年版。

何炳棣：《读史阅世六十年》，广西师范大学出版社 2005 年版。

何冠彪：《明末清初学术思想研究》，台北学生书局 1991 年版。

侯外庐、邱汉生、张岂之主编：《宋明理学史》，人民出版社 1984—1987 年版。

胡楚生：《清代学术史研究》，台湾学生书局 1988 年版。

黄进兴：《优入圣域——权力、信仰与正当性》，台湾允晨文化实业股份有限公司 1995 年版。

姜广辉：《颜李学派》，中国社会科学出版社 1987 年版。

嵇文甫：《嵇文甫文集》，河南人民出版社 1985 年版。

李春光：《清代学人录》，辽宁大学出版社 2001 年版。

李帆：《刘师培与中西学术——以其中西交融之学和学术史研究为核心》，北京师范大学出版社 2003 年版。

李帆：《章太炎、刘师培、梁启超清学史著述之研究》，商务印书馆 2006 年版。

李纪祥：《明末清初儒学之发展》，台北文津出版社 1992 年版。

林聪舜：《明清之际儒家思想的变迁与发展》，台北学生书局 1990 年版。

林志宏：《民国乃敌国也：政治文化转型下的清遗民》，中华书局 2013 年版。

林存阳：《清初三礼学》，社会科学文献出版社 2002 年版。

刘芹：《王树楠史学研究》，天津人民出版社 2012 年版。

刘凤强：《〈清儒学案〉研究》，光明日报出版社 2013 年版。

刘仲华：《世变、士风与清代京籍士人学术》，中国人民大学出版社2013年版。

陆宝千：《清代思想史》，台北广文书局1978年版。

卢钟锋：《中国传统学术史》，河南人民出版社1998年版。

欧阳哲生：《自由主义之累——胡适思想之现代阐释》，江西教育出版社2003年版。

潘荣胜主编：《明清进士录》，中华书局2006年版。

秦燕春：《清末民初的晚明想象》，北京大学出版社2008年版。

丘为君：《戴震学的形成——知识论述在近代中国的诞生》，新星出版社2006年版。

容肇祖：《颜元的生平及其思想》，《容肇祖集》，齐鲁书社1989年版。

桑兵：《晚清民国的学人与学术》，中华书局2008年版。

沈云龙：《徐世昌评传》，台北传记文学出版社1979年版。

苏全有：《徐世昌家族》，金城出版社2000年版。

孙延钊撰，徐和雍、周立人整理：《孙衣言孙诒让父子年谱》，《温州文献丛书》第一辑，上海社会科学院出版社2003年版。

陶清：《明遗民九大家哲学思想研究》，台北洪业文化事业出版社1997年版。

［美］托马斯·库恩：《科学革命的结构》，北京大学出版社2003年版。

王达敏：《姚鼐与乾嘉学派》，学苑出版社2007年版。

王汎森：《中国近代思想与学术的系谱》，台北联经事业股份有限公司2003年版。

王汎森：《晚明清初思想十论》，复旦大学出版社2004年版。

王汎森、陈弱水主编：《思想与学术》，中国大百科全书出版社2005年版。

王应宪：《清代吴派学术研究》，华东师范大学出版社2009年版。

王学斌：《颜李学在晚清民国的复兴与命运》，台湾花木兰文化出版社2013年版。

王坚：《无声的北方：清代夏峰北学研究》，商务印书馆2018年版。

韦政通：《中国思想史》，台北大林出版社1982年版。

杨念群:《儒学地域化的近代形态——三大知识群体互动的比较研究》,生活·读书·新知三联书店 1997 年版。

杨培之:《颜习斋与李恕谷》,湖北人民出版社 1956 年版。

杨向奎:《清儒学案新编》(1—8 卷),齐鲁书社出版社 1985—1994年版。

严仁增编:《严修年谱》,齐鲁书社 1990 年版。

曾光光:《桐城派与晚清文化》,黄山书社 2011 年版。

张舜徽:《清儒学记》,华中师范大学出版社 2005 年版。

张舜徽:《爱晚庐随笔》,华中师范大学出版社 2005 年版。

赵纪彬:《赵纪彬文集》,河南人民出版社 1985 年版。

郑师渠:《晚清国粹派文化思想研究》,北京师范大学出版社 1997年版。

郑宗义:《明清儒学转型探析》,香港中文大学出版社 2000 年版。

朱义禄:《颜元、李塨评传》,南京大学出版社 2006 年版。

二、报刊杂志

《大公报》

《东方杂志》

《国粹学报》

《教育杂志》

《申报》

《四存月刊》

《燕京学报》

三、档案史料

北京市档案馆所藏四存中学档案

国家第二历史档案馆所藏北洋政府内务部档案

天津市档案馆所藏四存中学分校档案

四、学术论文

户华为：《船山崇祀与近代湖湘地方文化建构》，《湖南大学学报（社会科学版）》2003 年第 6 期。

户华为：《晚清社会思想变迁与圣庑的最后演出——顾、黄、王三大儒从祀风波探析》，《社会科学研究》2005 年第 2 期。

李帆：《清末民初学术史勃兴潮流述论》，《吉林大学学报》（社会科学版）2005 年第 5 期。

梁世和：《北学与燕赵文化》，《河北学刊》2004 年第 4 期。

刘巍：《二三十年代清学史整理中钱穆与梁启超、胡适的学术思想交涉——以戴震研究为例》，《清华大学学报（哲学社会科学版）》1999 年第 4 期。

马魁隆：《颜习斋先生学术思想之研究》，《新知识》1943 年第 7 卷 1 期。

吴秀华：《燕地贾恩绂手稿中所见桐城派学者资料》，《文献》2003 年第 4 期。

吴秀华：《略谈桐城派在北方的传播》，《燕赵学术》2007 年春之卷。

吴秀华：《贾恩绂〈年谱〉》，安徽省桐城派研究会主办：《桐城派研究》2007 年第 9、10 期合刊。

夏晓虹：《明末"三大家"之由来》，《瞭望》1992 年第 35 期。

朱鸿林：《阳明从祀典礼的争议和挫折》，《中国文化研究所学报》1996 年第 5 期。

五、学位论文

王春阳：《颜李学的形成与传播研究》，博士学位论文，华中师范大学，2005 年。

王坚：《无声的北方：夏峰北学及其历史命运》，硕士学位论文，华中师范大学，2006 年。

责任编辑：翟金明

封面设计：周方亚

图书在版编目（CIP）数据

清季民初的北学研究：基于谱系建构与学风交融视角 /
  王学斌 著 . — 北京：人民出版社，2019.9
ISBN 978－7－01－021339－2

I. ①清⋯　II. ①王⋯　III. ①思想史－研究－中国－清代
  IV. ① B249.05

中国版本图书馆 CIP 数据核字（2019）第 216914 号

清季民初的北学研究
QINGJI MINCHU DE BEIXUE YANJIU
——基于谱系建构与学风交融视角

王学斌　著

人民出版社 出版发行
（100706　北京市东城区隆福寺街 99 号）

环球东方（北京）印务有限公司印刷 新华书店经销

2019 年 9 月第 1 版　2019 年 9 月北京第 1 次印刷
开本：880 毫米 ×1230 毫米 1/32　印张：9.375
字数：190 千字

ISBN 978－7－01－021339－2　定价：49.00 元

邮购地址 100706　北京市东城区隆福寺街 99 号
人民东方图书销售中心　电话（010）65250042　65289539